आज के प्रश्न–6

हरिजन से दलित

ओमप्रकाश वाल्मीकि बालेश्वर राय प्रवीण मू. वक्षी नीलम गुप्ता
अरुण कुमार त्रिपाठी कँवल भारती विनोद अग्निहोत्री
पुरुषोत्तम अग्रवाल मस्तराम कपूर गणेश मंत्री
अशोक कुमार धर्मवीर राजकिशोर किशन पटनायक

आज के प्रश्न

इस पुस्तक शृंखला का लक्ष्य है समकालीन राजनीतिक, आर्थिक और सामाजिक दृश्यपट की प्रखर, विस्तृत और वस्तुपरक पड़ताल। कम मूल्य पर विचारपूर्ण सामग्री देने की इस योजना के तहत चार महीने के अन्तराल पर दो ऐसी पुस्तकें प्रकाशित की जा रही हैं, जो किसी महत्वपूर्ण घटना, मुद्दे या समस्या से जुड़ी हों। शृंखला सम्पादक हैं प्रसिद्ध लेखक और पत्रकार राजकिशोर।

'आज के प्रश्न' शृंखला में अब तक प्रकाशित पुस्तकें :

1. **अयोध्या और उससे आगे**
2. **भारतीय मुसलमान : मिथक और यथार्थ**
3. **हिन्दू होने का मतलब**
4. **विनाश को निमंत्रण : भारत की नयी अर्थनीति**
5. **कश्मीर का भविष्य**
6. **हरिजन से दलित**
7. **स्त्री के लिए जगह**
8. **भारत का राजनीतिक संकट**
9. **भ्रष्टाचार की चुनौती**
10. **मानव अधिकारों का संघर्ष**
11. **हिन्दुत्व की राजनीति**
12. **अश्लीलता का हमला**
13. **जाति का जहर**
14. **स्त्री, परम्परा और आधुनिकता**
15. **बच्चे और हम**
16. **हिंसा की सभ्यता**
17. **मुस्लिम आतंकवाद बनाम अमेरिका**
18. **दलित राजनीति की समस्याएँ**
19. **नैतिकता के नये सवाल**
20. **माओवाद, हिंसा और आदिवासी**

हरिजन से दलित

सम्पादक

राजकिशोर

वाणी प्रकाशन

वाणी प्रकाशन
4695, 21-ए, दरियागंज, नयी दिल्ली 110 002
शाखा
अशोक राजपथ, पटना 800 004
फ़ोन : +91 11 23273167 फ़ैक्स : +91 11 23275710
www.vaniprakashan.in
vaniprakashan@gmail.com
sales@vaniprakashan.in

HARIJAN SE DALIT
Edited by Rajkishor

ISBN : 978-81-8143-246-9
Aaj Ke Prashna

संस्करण 2004, 2008, 2012
आवृत्ति 2017

मूल्य : ₹ 150

तुषार कलर प्रोसेस, दिल्ली-110 093 में मुद्रित

वाणी प्रकाशन का लोगो मक़बूल फ़िदा हुसेन की कूची से

सम्पादक की बात

हरिजन, दलित और उससे आगे

कल का हरिजन आज अपने को दलित कहता है। दूसरे भी अब उसे दलित ही कहने लगे हैं। यह एक दृष्टि से अच्छी बात है और दूसरी दृष्टि से चिंताजनक। अच्छी बात इसलिए कि यह भारत के अछूत वर्ग को एक पृथक और पीड़ित सामाजिक-राजनीतिक वर्ग के रूप में मान्यता है, जो तथ्य-सम्मत है। डॉ. भीमराव आंबेडकर ने इसके लिए अथक प्रयास किया था, किन्तु उन्हें सीमित सफलता ही मिल सकी। भारत के अछूतों ने मोटे तौर पर डॉ. आंबेडकर के बजाय महात्मा गाँधी का नेतृत्व स्वीकार किया और अपने लिए 'हरिजन' शब्द को नाराज निगाह से नहीं देखा। दलित गुस्से का शब्द है, जबकि हरिजन प्रेम का। स्पृश्य हिंदू समाज ने भी गाँधी का नेतृत्व स्वीकार किया और अछूतों को हरिजन कहने की आदत डाली, किंतु उसके पीछे कोई बहुत जागरूक प्रेरणा नहीं थी। गाँधी जी ने 1932 में हरिजनों की सेवा के लिए हरिजन सेवक संघ की स्थापना की, जो अब भी कायम है, किंतु हरिजन उपेक्षा या अपमान का नहीं, सेवा का पात्र है, यह भाव कुछ लोगों तक ही सीमित रह गया—व्यापक नहीं हो पाया। आज सवर्ण समाज भी 'हरिजन' संज्ञा को छोड़ रहा है और अनुसूचित जातियों को 'दलित' मानने को विवश है, क्योंकि इन जातियों के सदस्य अपने को 'दलित' के रूप में ही पेश कर रहे हैं। हर वर्ग को अपना नाम चुनने का हक है। 'दलित' एक सटीक शब्द है, क्योंकि यह न केवल उनकी पूरी स्थिति का निचोड़ है, बल्कि संघर्ष की भी प्रेरणा देता है। लेकिन गाँधी जी को 'हरिजन' शब्द प्रिय था, तो इसके ठोस कारण थे। वे दलितों को सवर्ण समाज की ओर से संबोधित कर रहे थे। जब हम उस वर्ग को अपने द्वारा चुना गया नाम देना चाहते हैं, तो इसके लिए हमें समुचित प्रयास करना होगा—उस वर्ग में अपनी स्वीकार्यता बढ़ानी होगी। गाँधी ने अपनी तमाम अन्य व्यस्तताओं के बावजूद यह कोशिश की, किंतु उनके चेले इतने संवेदनशील नहीं निकले। न किसी और ने उस संवेदना को आगे बढ़ाने का

प्रयास किया। इस बीच 'दलित' होने की चेतना बढ़ती गयी, जो स्वाभाविक भी था। लोकतंत्र में अन्ततः हर वर्ग को उभरने का मौका मिलता है। इस दृष्टि से दलित उभार का स्वागत किया जाना चाहिए। लेकिन यह प्रक्रिया भारत के सवर्ण समाज की एक बहुत बड़ी विफलता को भी प्रतिबिम्बित करती है। वह हरिजनों या दलितों को देश की मुख्य धारा का सम्मानित सदस्य नहीं बना सका। यह विफलता देश को महँगी पड़ेगी। 'हरिजन से दलित' इस पूरी ट्रेजेडी को समझने की एक छोटी-सी कोशिश है।

स्वतंत्र भारत में हरिजन की यातना के प्रति जागरूकता रही है, यह सिद्ध करने के लिए भारतीय संविधान के श्रेष्ठ प्रावधानों का उल्लेख निरर्थक है, क्योंकि जिस समय हमारा संविधान लिखा जा रहा था, वह माहौल ही अलग था। स्वतंत्रता संघर्ष के प्रायः सभी आदर्शों ने भारतीय संविधान में स्थान पाया। किंतु संविधान का शायद ही कोई मूल्य हो, जिसकी बाद में अवमानना नहीं हुई। इसके बावजूद हरिजनों की सुरक्षा के लिए लगातार कठोर कानून बनाये गये और उनके आर्थिक उत्थान के लिए कई अच्छे कार्यक्रम भी शुरू किये गये। यहाँ तक कि हरिजनों को त्वरित न्याय मिल सके, इसके लिए विशेष अदालतें तक गठित की गयीं, जिनमें गवाही देने जानेवाले मजदूर को उसकी मजदूरी की क्षतिपूर्ति तक की व्यवस्था है। किंतु ध्यान देने की बात यह है कि ये सभी मुख्यतः प्रशासनिक कदम हैं, जबकि हरिजन समस्या मूलतः एक सामाजिक समस्या है। कोई भी कानून किसी ब्राह्मण को बाध्य नहीं कर सकता कि वह हरिजन के साथ बैठ कर खाना खाये। यह सामाजिक जागरण से ही संभव है। किंतु सामाजिक स्तर पर जाति भेद और छुआछूत मिटाने का कोई सजग अभियान नहीं चलाया गया। प्रशासनिक उपायों की घोषणा करना एक राजनीतिक आवश्यकता है। क्रूर से क्रूर व्यवस्था भी लोकतांत्रिक ढाँचे में, जहाँ प्रत्येक आदमी के वोट की कीमत बराबर है, इस आवश्यकता की उपेक्षा नहीं कर सकती। स्वतंत्र भारत में हरिजन की यातना के प्रति जागरूकता ज्यादातर इसी स्तर पर प्रकट होती है। स्पष्टतः सामाजिक परिवर्तन के लिए प्रयास ऐसी राजनीति की जरूरत नहीं है, जिसका मुख्य लक्ष्य सत्ता हो। राजनेता सिर्फ सत्ता की ओर देखता है, जबकि नेता का लक्ष्य व्यापक परिवर्तन होता है। गाँधी और आंबेडकर, दोनों ऐसे ही नेता थे। उस तरह का नेतृत्व स्वतंत्रता संघर्ष के बाद दिखाई नहीं पड़ा है। इस सिलसिले में सिर्फ कांग्रेस को दोष देना बेकार है। यह सच है कि वामपंथी और समाजवादी कार्यकर्ता व्यक्तिगत आचरण में कुछ कम रूढ़िवादी हैं, किंतु जहाँ तक सामाजिक प्रगतिशीलता के फैलाव का प्रश्न है, उन्होंने भी कोई विशेष प्रयत्न नहीं किया। सर्वाधिक दुखद है शिक्षा और आधुनिकता की विफलता। एक शिक्षित और आधुनिक आदमी से उम्मीद की जाती है कि वह जन्म या जाति के आधार पर किसी से भेदभाव नहीं करेगा। किंतु

भारत के शिक्षित समाज में यह चेतना न्यूनतम है। समाज को अच्छा और प्रगतिशील नेतृत्व देना एक महान कार्य है। इतनी ऊँचाई सबमें नहीं हो सकती। किंतु आधुनिक शिक्षा और तकनीकी विकास भी यदि सामाजिक रूढ़ियों और पोंगापंथ को ध्वस्त न कर सकें, तो फिर व्यापक परिवर्तन के लिए किस चीज से उम्मीद की जाये ? क्या भारत में आधुनिकता एक बिल्कुल सतही घटना नहीं है ?

लेकिन दलित की यंत्रणा क्या सिर्फ एक सामाजिक प्रश्न है ? युवा कथाकार ओमप्रकाश वाल्मीकि के आत्मवृत्त से यह प्रकट है कि आधुनिक और मध्य वर्गीय जीवन के बढ़ते हुए वृत्त में शामिल होने के बावजूद दलित की जाति उसका पीछा करती रहती है, लेकिन यह भी सच है कि आज के ओमप्रकाश की सन्तानों को अपने परिवेश में ठीक उतनी और उस प्रकार की यंत्रणाएँ नहीं सहन करनी पड़तीं, जैसी पिता को अपने बचपन में तथा गाँव के परिवेश में सहन करनी पड़ी थीं। दलित वृत्तान्तों में सभी जगह जूठन या उच्छिष्ट खाने का वर्णन जरूर आता है। किसी का जूठन कोई और सिर्फ प्रेम से खा सकता है या फिर निपट अभाव के ऐसे दबाव में जहाँ मनुष्य और पशु के बीच कोई अन्तर नहीं रह जाता। शायद इसीलिए डॉ. लोहिया ने '60 के दशक में सुझाव दिया था कि मेहतरों का वेतन एक हजार रुपया महीना कर देना चाहिए। आज के मूल्य स्तर पर यह पाँच हजार से कम न होगा। यदि सभी दलित परिवारों की आय इस हिसाब से बढ़ जाये तब भी उनके प्रति सामाजिक तिरस्कार की भावना क्या ऐसी ही रहेगी ? अर्थ की देवी दूसरे सभी देवी-देवताओं को दबोच लेती है। पुस्तक में शामिल कई विश्लेषणों से यह पूरी तरह स्पष्ट हो जाता है कि दलित समस्या एक वर्ग समस्या भी है। जाति पर सरकार की ओर से बहुत चोट नहीं की जा सकती। यह और बात है कि जितनी की जा सकती थी, उतनी भी नहीं की गयी, किंतु दलितों का जीवन स्तर तो उठाया ही जा सकता है। इसमें एक बड़ी मुश्किल यह है कि जो दलित नहीं हैं, उनकी आर्थिक स्थिति भी कुछ खास बेहतर नहीं है–खासकर गाँवों में। ऐसी स्थिति में लगभग 16 प्रतिशत आबादी की आय नाटकीय ढंग से बढ़ा दी जाये, तो कई तरह के तूफान आ सकते हैं। फिर भी दलितों की स्थिति दो कारणों से बहुत ही चिंताजनक है। एक, एक समुदाय के रूप में उनके पास काम नहीं है या जो काम है, उससे नकद आय बहुत कम होती है। दो, वे ज्यादातर ऐसे कामों में लगे हैं, जिन्हें समाज में नीची दृष्टि से देखा जाता है। इस दूसरी समस्या का समाधान तत्काल संभव है। इनमें से कुछ कामों को तकनीकी सुधार द्वारा समाप्त किया जा सकता है। फिर भी जो काम जरूरी हैं–जैसे शहर की सड़कों पर झाड़ू लगाना या रोगी का टट्टी-पेशाब साफ करना, उनका वेतन तत्काल किसी भी प्रोफेसर या इंजीनियर के वेतन के बराबर कर देना चाहिए। इस मामले में लोहिया का सुझाव जादुई असर पैदा कर सकता है। जाति का एक स्तर वर्ग

का है, तो वर्गान्तरण के द्वारा भी जाति पर प्रहार किया जा सकता है। यह काम उन राज्य सरकारों को तो करना ही चाहिए, तो अपने को दलित हितैषी घोषित करती हैं। फिर भी असली चुनौती रह ही जाती है। दलितों की बहुसंख्यक आबादी खेतिहर या ग्रामीण मजदूरों की है। इनकी क्रय शक्ति कैसे बढ़ायी जाये ? इसके लिए तो भूमि सुधार, ग्रामीण उद्योगीकरण आदि ही करना पड़ेगा। गाँवों की आम हालत सुधरेगी तभी दलितों की आर्थिक स्थिति भी बदलेगी। देश का आम भौतिक सुधार हुए बिना दरिद्रतम तबके की उन्नति का कोई उपाय दिखाई नहीं देता। चूँकि कृषि या गाँव का क्षेत्र बहुत ही निर्धन है, अतः वहाँ वर्ग संघर्ष सिर्फ कलह ही बढ़ा सकता है। पंजाब का किसान अपने मजदूर को न्यूनतम मजदूरी से अधिक दे सकता है, किंतु बिहार, उड़ीसा और आंध्र का किसान न्यूनतम मजदूरी भी नहीं दे सकता, तो इसके ठोस आर्थिक कारण भी हैं, यद्यपि इसके लिए सामन्ती संस्कार भी कुछ हद तक जिम्मेदार हैं। यहाँ सिर्फ राज्य शक्ति के प्रयोग या संघर्ष से वर्गान्तरण बहुत अधिक संभव नहीं। यह तो ऐसी वर्ग प्रगति से ही हो सकता है, जिसका सभी गैर-शोषक वर्गों की प्रगति से उचित तालमेल हो।

इस प्रकार दलित संघर्ष की कुछ स्पष्ट सीमाएँ दिखाई पड़ती हैं। वह सिर्फ अपने बल पर जातिवाद से ज्यादा दूर तक नहीं लड़ सकता तथा अपनी आर्थिक स्थिति सुधारने का उसका संघर्ष एक सीमा के बाद निरर्थक रक्तपात में बदल जाता है। एक तीसरा रास्ता राजनीतिक शक्ति हासिल करने का है। डॉ. आंबेडकर को इससे बहुत आशा थी। इसी आधार पर 1932 में पूना समझौता हुआ और बाद में चुनाव तथा सरकारी नौकरियों में आरक्षण का संवैधानिक प्रावधान किया गया। किंतु स्वतंत्र भारत के 47 वर्षों के प्रयोग से यह स्पष्ट है कि जब तक प्रभावशाली दलित राजनीति न हो, चुनाव में आरक्षण का लाभ भी गैर-दलित दलों को ही मिलता है। इसके विपरीत नौकरियों में आरक्षण दलितों की स्थिति में परिवर्तन का ज्यादा कारगर उपाय सिद्ध हुआ है। कांशीराम की राजनीतिक सफलता आश्चर्यजनक लग सकती है, किंतु उनकी शक्ति का रहस्य नौकरियों में आरक्षण ही है। 1950 या 1960 में कांशीराम पैदा नहीं हो सकते थे, क्योंकि सरकारी कर्मचारियों में अनुसूचित जातियों का प्रतिशत बहुत कम था। जब यह प्रतिशत काफी बढ़ गया, तब डी. एस. फोर की जरूरत पड़ी, ताकि यह वर्ग सरकारी कार्यालयों में अपने हितों की रक्षा के लिए संघर्ष कर सके। बहुजन समाज पार्टी उसी आर्थिक संघर्ष का राजनीतिक विस्तार है। यही कारण है कि कांशीराम की राजनीति में सवर्णों के प्रति मुखर रोष तो है, किंतु दलितों में भी जो ज्यादा दलित हैं, उनके लिए किसी कार्यक्रम की गुंजाइश नहीं है। ऐसे किसी कार्यक्रम के अभाव में सवर्णों के प्रति लगातार जहर उगलना असुरक्षित दलितों का जीवन और मुश्किल कर सकता है। इस शब्द युद्ध से कांशीराम जैसे लोगों की राजनीतिक शक्ति बढ़ेगी,

किंतु उनकी हालत नहीं सुधेरगी, जिनके नाम पर कांशीराम राजनीति करते हैं। यह उम्मीद करना बेकार है कि राजसत्ता में आंशिक हिस्सेदारी से आम दलित की स्थिति सुधर जायेगी। कुछ स्त्रियों के मंत्री बनने से शेष स्त्रियों की हालत में कोई सुधार नहीं आया था। बेशक बहुजन समाज पार्टी के मंत्रियों की स्थिति भिन्न है, किंतु जब तक किसी भी प्रशासन का चरित्र आम तौर पर जनोन्मुख नहीं होता, वह दलितोन्मुख भी नहीं हो सकता। फिर बसपा के दबाव से यदि प्रशासन द्वारा दलित रक्षा की ओर विशेष ध्यान दिया जाये, तब भी बात पूरी नहीं बनेगी, क्योंकि सवाल सिर्फ दलितों पर अत्याचार रोकने का नहीं, बल्कि उन भौतिक-सांस्कृतिक परिस्थितियों को बदलने का है, जिनमें ये अत्याचार संभव होते हैं। अत्याचार को रोकना सिर्फ हरिजन यातना के पत्ते नोचना है। फौरी और सामयिक महत्व के कदम उठाना प्रशासनिक दृष्टि है, राजनीतिक दृष्टि दीर्घकालीन लक्ष्यों तक भी जाती है। दलित विकास आम विकास के प्रखर कार्यक्रम से ही संभव है, जिसके बारे में दलित राजनीति सोचना तक नहीं चाहती, जबकि इससे सर्वाधिक सरोकार उसी का होना चाहिए। आश्चर्य है कि स्वयं डॉ. आंबेडकर ने इस बारे में कोई विशेष सूत्र नहीं छोड़े हैं।

स्पष्ट है कि अकेले दलित राजनीति दलितों का भाग्य नहीं बदल सकती। कांशीराम जैसे नेता न हों; अच्छे, समझदार और क्रांतिकारी नेता हों, तब भी दलित राजनीति सिर्फ एक सशक्त विपक्ष की भूमिका अदा कर सकती है। मौजूदा राजनीतिक दलों के साथ गठबंधन और उनकी मदद से सत्ता में आने पर भी वह सिर्फ एक दबाव ग्रुप के रूप में काम कर सकती है, जब तक पूरी राजनीति का चरित्र नहीं बदलता। यह मानना धोखादेह है–जैसा कि किशन पटनायक ने अपने लेख में दिखाया है–कि दलितों, पिछड़ों और मुसलमानों के मिल कर राजनीति करने पर स्वाभाविक रूप से क्रांतिकारी राजनीति का जन्म होगा। दलित एवं पिछड़े लोगों में क्रांतिकारी राजनीति की संभावना बीज रूप में होती है, किंतु हर बीज अनिवार्यतः फल नहीं बनता। उसके लिए उचित तैयारी करनी होती है। इसी तरह दलित-पिछड़े वर्ग में भी क्रांतिकारी राजनीति को संभव करने के लिए इच्छाशक्ति पैदा करनी होगी, संगठन बनाना होगा और जोखिम उठाने के लिए तैयार रहना होगा। दलितों के प्रगतिशील नेता इस राष्ट्रीय प्रक्रिया में उत्प्रेरक का काम जरूर कर सकते हैं। पर मुख्य प्रक्रिया तो गैर-दलित समाज में ही चलेगी। दलित का आर्थिक और राजनीतिक संघर्ष यदि सिर्फ भूमि पर कब्जा करने तक सीमित रह जाये, तो यह दुर्भाग्यपूर्ण है। इस तरह की हिंसक कार्रवाई से कुछ सीमित और सामयिक लाभ हो सकते हैं, किंतु यह यथास्थिति में घुसपैठ है, न कि ऐसी व्यवस्था के लिए पहल, जिसमें सभी को सम्मानपूर्ण जीविका की सुविधा होगी। यह आदर्श स्थिति तो उत्पादन के साधनों के विवेकसंगत सामाजिक इस्तेमाल की परिस्थिति पैदा करने

के संघर्ष से ही संभव है। दलित गाँधीवादी न बनना चाहे, तो कोई बात नहीं, किंतु वह समतावादी बनने से कैसे बच सकता है ?

एक क्रांतिकारी माहौल सभी स्तरों पर बदलाव लाता है। लेकिन दलित अपनी सामाजिक स्थिति सुधारने के लिए क्रांति का इंतजार नहीं कर सकते। इसके लिए उन्हें तत्काल संघर्ष करना होगा। लेकिन यह संघर्ष सफल तभी होगा, जब सवर्णों में प्रायश्चित की प्रक्रिया शुरू हो। चूँकि संघर्ष और प्रायश्चित एक ही सिक्के के दो पहलू हैं, अतः संघर्ष ऐसा होना चाहिए जो प्रायश्चित को संभव बना सके और प्रायश्चित ऐसा जो संघर्ष का सम्मान कर सके। वस्तुतः हमारे समाज में दलितों की स्थिति एक तरह से अल्पसंख्यकों की तरह है। अल्पसंख्यकों की भाँति उन्हें भी विशेष सुरक्षा चाहिए, किंतु उनके सर्वतोमुखी विकास और स्वयं इस सुरक्षा के लिए जरूरी है कि वे मुख्य धारा के ज्यादा से ज्यादा करीब आयें। इस प्रक्रिया में भारत के गैर-दलित समाज की निर्णायक भूमिका है। 3 अप्रैल 1927 को डॉ. आंबेडकर ने जिस मराठी पाक्षिक की शुरुआत की थी, उसका नाम था 'बहिष्कृत भारत'। दलित आज भी बहिष्कृत है। लेकिन क्या वह लड़ कर अपने को मुख्य भारत का अंग बना सकेगा ? इस बहिष्कार को समाप्त करना वस्तुतः उन्हीं का कर्तव्य है, जिन्होंने बहिष्कृत करने का गंदा काम किया था। इसलिए यह दलित संघर्ष का ही एक जरूरी आयाम है कि गैर-दलित समाज में भी गहरा संघर्ष चलाया जाये। कहने की जरूरत नहीं कि इसकी प्रेरणा गैर-दलित समाज में स्वयं पैदा होनी चाहिए। इसमें दलित भी मदद कर सकते हैं, किंतु तब उनका मुख्य स्वर रचनात्मक होगा, जैसा कि दलित वर्ग से आये हुए मध्यकालीन सन्त कवियों का था। अकेले दलित सिर्फ अपने स्वाभिमान की रक्षा कर सकता है, जो उसे करना ही चाहिए। लेकिन अगर वह चाहता है कि व्यापक समाज के साथ उसकी मानवीय हिस्सेदारी हो, रोटी-बेटी का रिश्ता भी बने तथा साझा राष्ट्रीय उद्देश्यों के लिए संघर्ष किया जाये, तो एक व्यापक, उदार और प्रगतिशील दलित दर्शन की जरूरत होगी।

'हरिजन' एक सुन्दर शब्द है। इस पर गाँधी जी के व्यक्तित्व की मिठास की छाप है। लेकिन आज कोई गाँधी नहीं है। अतः 'हरिजन' शब्द का अर्थ भी तिरोहित हो चुका है। गाँधी जी भी नहीं चाहते होंगे कि कोई हरिजन आजीवन हरिजन ही बना रहे। गाँधी के विरुद्ध आक्रोश व्यक्त करने पर कांग्रेस के लोगों और उनके सहचरों को तकलीफ होती है, किंतु समाज में कोई हरिजन न रह जाये, इसके लिए उन्होंने किया क्या है ? वस्तुतः यह आक्रोश गाँधी के प्रति कम, गाँधी के अनुयायियों के प्रति ज्यादा है। जब कोई दलित गुस्से में आता है, तो वह सवर्ण समाज के सभी मिथकों और देवी-देवताओं को ध्वस्त कर देना चाहता है। यदि भारत का सवर्ण गाँधी को सिर्फ अपना देवता नहीं मानता—बल्कि मौजूदा

अंधकार में प्रकाश-स्तंभ समझता है, तो उसे हरिजनों को ऊपर लाने के लिए जी-जान से कूद पड़ना चाहिए। प्रेम की परीक्षा कर्म से ही होती है। वैसे भी समाज के किसी खास वर्ग के लिए कोई स्थायी नामकरण नहीं होना चाहिए। इस दृष्टि से हरिजन और दलित, दोनों निरर्थक शब्द हैं। हरिजन प्रेम और दलित संघर्ष दोनों की श्रेष्ठ परिणति यही होगी कि ये शब्द हमारे कोश से क्रमशः बाहर होते जायें। अब हरिजन शब्द इसी रूप में चल सकता है कि हम सभी हरिजन हैं—सवर्ण या अवर्ण नहीं। इसी तरह दलित को नीग्रो की तरह नस्लीय शब्द नहीं बनाना चाहिए। जाति प्रथा बनानेवालों ने सोचा होगा कि वे कुछ शाश्वत कोटियों की रचना कर रहे हैं। उन्हें सम्पूर्ण रूप से पराजित करने से बड़ा सामाजिक सुख इस समय भारत में क्या हो सकता है ?

क्रम

एक दलित की आत्मकथा/*ओमप्रकाश वाल्मीकि* 15

मेरे गाँव के दलित/*वालेश्वर राय* 26

कानून क्या कहता है/*प्रवीण मू. बक्षी* 38

कानूनों और कार्यक्रमों के बावजूद/*नीलम गुप्ता* 42

धर्मांतरण : मुक्ति या मरीचिका ?/*अरुण कुमार त्रिपाठी* 54

मंदिर में क्या रखा है/*कँवल भारती* 67

कांशीराम और उनकी बसपा/*विनोद अग्निहोत्री* 79

जातिवादी कौन/*पुरुषोत्तम अग्रवाल* 89

ब्राह्मणवाद का नया छल/*मस्तराम कपूर* 101

आंबेडकर और गाँधी/*गणेश मंत्री* 112

आंबेडकर और मार्क्स/*अशोक कुमार* 121

दलितों का दर्शन क्या हो/*धर्मवीर* 143

अगर मैं दलित होता/*राजकिशोर* 156

शूद्र राजनीति का भविष्य/*किशन पटनायक* 167

लेखक परिचय 174

एक दलित की आत्मकथा

ओमप्रकाश वाल्मीकि

बात 1980 के आसपास की है। मैं और मेरी पत्नी चंदा राजस्थान-भ्रमण के बाद दिल्ली हो कर चन्द्रपुर (महाराष्ट्र) लौट रहे थे। जयपुर से पिंक सिटी एक्सप्रेस में सीट मिली थी। पास की सीट पर एक संभ्रांत परिवार–पति, पत्नी और दो छोटे बच्चे–बैठे थे। जयपुर से दिल्ली जा रहे थे। बातचीत में पता चला कि पति किसी मंत्रालय में अधिकारी हैं।

सामान्य बातचीत चल रही थी। सहज और सुखद वातावरण था। राजस्थान की खूबसूरती पर चर्चा चल रही थी। मेरी पत्नी और अधिकारी की पत्नी घुल-मिल कर बतिया रही थीं। स्त्रियों में अपरिचय की दीवार जल्दी टूटती है।

अचानक बातचीत के बीच विषय बदल गया ! अधिकारी की पत्नी ने मेरी पत्नी से पूछा, 'बहन जी, आप लोग बंगाली हैं ?'

मेरी पत्नी ने सहजता से उत्तर दिया, 'जी नहीं, उत्तर प्रदेश के हैं। मेरे पति आर्डनेंस फैक्टरी, चन्द्रपुर (महाराष्ट्र) में पोस्टेड हैं।'

'कौन जात हो ?' अधिकारी की पत्नी ने दूसरा सवाल दागा।

प्रश्न सुनते ही मेरी पत्नी का चेहरा फक्क पड़ गया और वह मेरी ओर देखने लगी। सारा माहौल बिगड़ गया था। जैसे अचानक स्वादिष्ट व्यंजन में मक्खी गिर गयी हो। जब तक मेरी पत्नी कुछ उत्तर देती, मैंने उत्तर दे दिया, 'भंगी।' 'भंगी' शब्द सुनते ही सन्नाटा छा गया।

रास्ते भर दोनों परिवारों में कोई संवाद नहीं हुआ। एक ऐसी दीवार बीच में खड़ी हो गयी थी, जैसे हमने किसी चोर दरवाजे से घुस कर उनकी हँसी-खुशी में खलल डाल दी थी। माहौल बोझिल हो गया था। बहुत तकलीफदेह हो गयी थी यात्रा।

ऐसी एक नहीं, अनेक घटनाएँ हैं। बचपन से ले कर आज तक न जाने कितने दंश जिस्म पर ही नहीं, मन पर भी चुभे हैं। इस घृणा-द्वेष के पीछे कौन-से

ऐतिहासिक कारण हैं ? जब-जब भी वर्ण व्यवस्था को आदर्श माननेवालों और हिंदुत्व पर गर्व करनेवालों से पूछता हूँ, तो सीधे उत्तर देने के बजाय वे बात को अक्सर टाल जाते हैं या नाराज हो जाते हैं। ज्ञान की बड़ी-बड़ी बातें कहेंगे, लेकिन इस सच्चाई को स्वीकार नहीं करेंगे कि आदमी को जन्म के आधार पर मानवीय सम्मान से वंचित रखना किसी भी तरह न्यायसंगत नहीं है। सवर्णों के मन में कई प्रकार के पूर्वाग्रह हैं, जो आपसी संबंधों को सहज नहीं होने देते।

भारतीय समाज में जाति एक महत्वपूर्ण घटक है। जाति पैदा होते ही व्यक्ति की नियति तय कर देती है। पैदा होना व्यक्ति के अधिकार में नहीं होता। यदि होता तो मैं भंगी के घर पैदा क्यों होता ? जो स्वयं को इस देश की महान सांस्कृतिक धरोहर के तथाकथित अलमबरदार कहते हैं, क्या वे अपनी मर्जी से उन घरों में पैदा हुए हैं ?

इस देश में तरह-तरह के मिथक रचे गये। वीरता के, आदर्शों के। कुल मिला कर परिणाम क्या निकला ? पराजय, निराशा, निर्धनता, अज्ञान, संकीर्णता कूप-मंडूकता, धार्मिक जड़ता और पुरोहितवाद के चंगुल में फँसा, कर्मकांड में उलझा समाज, जो टुकड़ों में बँट कर कभी यूनानियों से हारा, कभी शकों से, हूणों से। कभी अफगानों से, कभी मुगलों, फ्रांसीसियों और अंग्रेजों से हारा। फिर भी अपनी वीरता और महानता के नाम पर कमजोर और असहायों को पीटते रहे। घर जलाते रहे। औरतों को अपमानित कर उनकी इज्जत से खेलते रहे। आत्मश्लाघा में डूब कर सच्चाई से मुँह मोड़ लेना, इतिहास से सबक न लेना आखिर किस राष्ट्र के निर्माण की कल्पना है ?

मेरा जन्म जनपद मुजफ्फरनगर (उत्तर प्रदेश) के बरला गाँव में हुआ था। बरला गाँव में त्यागियों का बाहुल्य है। शक्ति, सम्पन्नता पर उनका हक है। गाँव की 35 प्रतिशत जमीन पर त्यागियों का कब्जा है।

जहाँ हम रहते थे, लगभग तीस परिवारों का बगड़ (परिवार-आँगन) था। गाँव के पश्चिम में तीन ओर से एक बड़े-से जोहड़ ने सीमा बाँध रखी थी इस बगड़ की। हमारा घर चन्द्रभान तगा के घेर से सटा हुआ था। उसके बाद कुछ परिवार मुसलमान जुलाहों के थे। चन्द्रभान तगा के घेर के ठीक सामने एक छोटी-सी जोहड़ी (जोहड़ का स्त्रीलिंग) थी, जिसने चूहड़ों के बगड़ और गाँव के बीच एक फासला बना दिया था। जोहड़ी का नाम डब्बोवाली था। डब्बोवाली नाम कैसे पड़ा, कहना मुश्किल है। हाँ, इतना जरूर है कि इस डब्बोवाली जोहड़ी का रूप एक बड़े गड्ढे के समान था, जिसके एक ओर तगाओं के पक्के मकानों की ऊँची दीवारें थीं, जिनसे समकोण बनाती हुई झीवरों के दो-तीन परिवारों के कच्चे मकानों की दीवारें थीं। उसके बाद फिर तगाओं के मकान थे।

जोहड़ी के एक किनारे पर चूहड़ों के मकान थे। उनके पीछे गाँव भर की

औरतें, जवान लड़कियाँ, बड़ी-बूढ़ी, यहाँ तक कि नयी-नवेली दुल्हनें भी इसी डब्बोवाली के किनारे खुले में टट्टी-फराकत के लिए बैठ जाती थीं। रात के अँधेरे में ही नहीं, दिन के उजाले में भी परदों में रहनेवाली त्यागी महिलाएँ घूँघट काढ़े, दुशाला ओढ़े इस सार्वजनिक खुले शौचालय में निवृत्ति पाती थीं। तमाम शर्म-लिहाज छोड़ कर वे डब्बोवाली के किनारे अपना गोपनीय जिस्म उघाड़ कर बैठ जाती थीं। इसी जगह गाँव भर के किस्से, लड़ाई-झगड़े गोल मेज कांफ्रेंस की शक्ल में चर्चित होते थे। चारों तरफ गंदगी भरी होती थी। ऐसी दुर्गंध कि मिनट भर में साँस घुट जाये। तंग गलियों में घूमते सूअर, नंग-धड़ंग बच्चे, कुत्ते। रोजमर्रा के झगड़े। बस यह था वह वातावरण, जिसमें मेरा बचपन बीता। इस माहौल में यदि वर्ण व्यवस्था को आदर्श व्यवस्था कहनेवालों को दो-चार दिन रहना पड़ जाये, तो वर्ण व्यवस्था के बारे में उनकी राय बदल जायेगी।

उसी बगड़ में हमारा परिवार रहता था। पाँच भाई, एक बहन, दो चाचा, एक ताऊ का परिवार। चाचा और ताऊ अलग रहते थे। घर में सभी कोई न कोई काम करते थे। फिर भी दो जून की रोटी ठीक ढंग से नहीं चल पाती थी। तगाओं के घरों में साफ-सफाई से ले कर खेती-बाड़ी, मेहनत-मजदूरी सभी काम होते थे। ऊपर रात-बे-रात बेगार करनी पड़ती। बेगार के बदले कोई पैसा नहीं या अनाज नहीं मिलता था। बेगार के लिए ना कहने की हिम्मत किसी में नहीं थी। गाली-गलौज, प्रताड़ना अलग। नाम ले कर पुकारने की किसी को आदत ही नहीं थी। उम्र में बड़ा है तो 'ओ चूहड़े', बराबर या उम्र में छोटा है तो 'अबे चूहड़े के'—यही तरीका था संबोधन का।

अस्पृश्यता का ऐसा माहौल कि कुत्ते-बिल्ली, गाय-भैंस को छूना बुरा नहीं था, लेकिन यदि चूहड़े का स्पर्श हो जाये तो पाप लग जाता था। सामाजिक स्तर पर इन्सानी दर्जा नहीं था। सिर्फ जरूरत की वस्तु थे। काम पूरा होते ही उपयोग खत्म। इस्तेमाल करो, दूर फेंको।

हमारे मुहल्ले में एक ईसाई आते थे। नाम था सेवकराम मसीही। चूहड़ों के बच्चों को घेर कर बैठे रहते थे। पढ़ना-लिखना सिखाते थे। सरकारी स्कूलों में तो कोई घुसने नहीं देता था। सेवकराम मसीही के पास सिर्फ मुझे ही भेजा गया था। भाई तो काम करते थे। बहन को स्कूल भेजने का सवाल ही नहीं था।

मास्टर सेवकराम मसीही के खुले, बिना कमरों, बिना टाट-चटाईवाले स्कूल में अक्षर ज्ञान शुरू किया था। एक दिन सेवकराम मसीही और मेरे पिता जी में कुछ खटपट हो गयी। पिता जी मुझे ले कर बेसिक प्राइमरी विद्यालय, जो कक्षा पाँच तक था, गये। वहाँ मास्टर हरफूल सिंह थे। उनके सामने मेरे पिता जी ने गिड़गिड़ा कर कहा था, 'मास्टर जी, थारी मेहरबान्नी हो जागी जो म्हारे इस जाकत (बच्चा) कू बी दो अच्छर सिखा दोगे।'

मास्टर हरफूल सिंह ने अगले दिन आने को कहा। पिता जी अगले रोज फिर गये। कई दिन तक स्कूल के चक्कर काटते रहे। आखिर एक रोज स्कूल में दाखिला मिल गया। उन दिनों देश को आजादी मिले आठ साल हो गये थे। गाँधी जी के अछूतोद्वार की प्रतिध्वनि सुनाई पड़ती थी। सरकारी स्कूलों के द्वार अछूतों के लिए खुलने शुरू तो हो गये थे, लेकिन जनसामान्य की मानसिकता में कोई विशेष बदलाव नहीं आया था। स्कूल में दूसरों से दूर बैठना पड़ता था, वह भी जमीन पर। अपने बैठने की जगह तक आते-आते चटाई छोटी पड़ जाती थी। कभी-कभी तो एकदम पीछे दरवाजे के पास बैठना पड़ता था, जहाँ से बोर्ड पर लिखे अक्षर धुँधले दिखते थे।

त्यागियों के बच्चे 'चूहड़े का' कह कर चिढ़ाते थे। कभी-कभी बिना कारण पिटाई भी कर देते थे। एक अजीब-सी यातनापूर्ण जिंदगी थी, जिसने मुझे अंतर्मुखी और चिड़चिड़ा, तुनकमिजाजी बना दिया था। स्कूल में प्यास लगे तो हैंडपंप के पास खड़े रह कर किसी के आने का इंतजार करना पड़ता था। हैंडपंप छूने पर बावेला हो जाता था। लड़के तो पीटते ही थे, मास्टर लोग भी सजा देते थे। तरह-तरह के हथकंडे अपनाये जाते थे, ताकि मैं स्कूल छोड़ कर भाग जाऊँ और उन्हीं कामों में लग जाऊँ, जिनके लिए उनके अनुसार मेरा जन्म हुआ था। स्कूल आना मेरी अनधिकार चेष्टा थी।

मेरी ही कक्षा में राम सिंह और सुक्खन सिंह भी थे। राम सिंह जाति से चमार था और सुक्खन सिंह झीवर। राम सिंह के पिता और माँ खेतों में मजदूरी करते थे। सुक्खन सिंह के पिता इण्टर कॉलेज में चपरासी थे। हम तीनों साथ-साथ पढ़े, बड़े हुए। बचपन के खट्टे-मीठे अनुभव समेटे। तीनों पढ़ने में हमेशा आगे रहे। लेकिन जाति का छोटापन कदम-कदम पर छलता रहा।

बरला गाँव में कुछ मुसलमान त्यागी भी थे। त्यागियों को सभी तगा कहते थे। मुसलमान तगाओं का व्यवहार भी हिंदुओं जैसा ही था। कभी कोई अच्छा साफ-सुथरा कपड़ा पहन कर निकले, तो फब्तियाँ सुननी पड़ती थीं। ऐसी फब्तियाँ, जो बुझे तीर की तरह भीतर तक उतर जाती थीं। साफ-सुथरे कपड़े पहन कर कक्षा में जाओ, तो साथ के लड़के कहते, 'अबे चूहड़े का, नये कपड़े पहन कर आया है ?' मैले-पुराने कपड़े पहन कर स्कूल जाओ तो कहते, 'अबे चूहड़े के दूर हट, बदबू आ रही है।'

अजीब हालात थे। दोनों ही स्थितियों में अपमानित होना पड़ता था।

चौथी कक्षा में थे। हेडमास्टर बिशम्बर सिंह की जगह कलीराम आ गये थे। उनके साथ एक और मास्टर आये थे। उनके आते ही हम तीनों के बहुत बुरे दिन आ गये थे। बात-बे-बात पिटाई हो जाती थी। राम सिंह तो कभी-कभी बच भी जाता था, लेकिन सुक्खन सिंह की और मेरी पिटाई आम बात थी। मैं वैसे

भी काफी कमजोर और दुबला-पतला था उन दिनों।

सुक्खन के पेट पर पसलियों के ठीक ऊपर एक फोड़ा हो गया था, जिससे हर वक्त पीप बहती रहती थी। कक्षा में वह अपनी कमीज ऊपर की तरफ इस तरह मोड़ कर रखता था, ताकि फोड़ा खुला रहे। एक तो कमीज पर पीप लगने का डर था, दूसरे मास्टर की पिटाई के समय फोड़े को बचाया जा सकता था।

एक दिन मास्टर ने सुक्खन सिंह को पीटते समय उस फोड़े पर ही एक घूँसा जड़ दिया। सुक्खन की दर्दनाक चीख निकली। फोड़ा फूट गया था। उसे तड़पता देख कर मुझे भी रोना आ गया था। मास्टर हम लोगों को रोता देख कर लगातार गालियाँ बक रहा था। ऐसी गालियाँ, जिन्हें शब्दबद्ध कर दूँ तो हिंदी की आभिजात्यता पर धब्बा लग जायेगा।

अध्यापकों का जो रूप मैंने देखा, वह अभी तक मिटा नहीं है। जब भी कोई आदर्श गुरु की बात करता है, मुझे वे तमाम शिक्षक याद आ जाते हैं जो माँ-बहन की गालियाँ देते थे। सुन्दर लड़कों के गाल सहलाते थे और उन्हें अपने घर बुला कर उनसे वाहियातपन करते थे।

एक रोज हेडमास्टर कलीराम ने अपने कमरे में बुला कर पूछा, 'क्या नाम है बे तेरा ?'

'ओमप्रकाश।' मैंने डरते-डरते धीमे स्वर में अपना नाम बताया। हेडमास्टर को देखते ही बच्चे सहम जाते थे। पूरे स्कूल में उनसे दहशत थी।

'चूहड़े का है ?' हेडमास्टर का दूसरा सवाल उछला।

'जी।'

'ठीक है··· वह जो सामने शीशम का पेड़ खड़ा है, उस पर चढ़ जा और टहनियाँ तोड़के झाड़ बणा ले। पत्तोंवाली झाड़ू बणाना। और पूरे स्कूल कू ऐसा चमका दे जैसा सीसा। तेरा तो यो खानदानी काम है। जा···फटाफट लग जा काम पे।'

हेडमास्टर के आदेश पर मैंने स्कूल के कमरे, बरामदे साफ कर दिये। तभी वे खुद चल कर आये और बोले, 'इसके बाद मैदान भी साफ कर दे।'

लंबा-चौड़ा मैदान मेरे वजूद से कई गुना बड़ा था। उसे साफ करने में मेरी कमर दर्द करने लगी। धूल से चेहरा, सिर अट गये। मुँह के भीतर धूल घुस गयी थी। मेरी कक्षा में बाकी बच्चे पढ़ रहे थे और मैं झाड़ू लगा रहा था। हेडमास्टर अपने कमरे में बैठे थे, लेकिन निगाह मुझ पर टिकी थी। पानी पीने तक की इजाजत नहीं थी। पूरा दिन मैं झाड़ू लगाता रहा। अपने घर में तमाम अभावों के बावजूद कभी इतना काम नहीं किया था। न कभी झाड़ू लगाने का काम ही किया था। वैसे भी घर में भाइयों का मैं लाड़ला था।

दूसरे दिन स्कूल पहुँचा। जाते ही हेडमास्टर ने फिर झाड़ू के काम पर लगा

दिया। पूरे दिन झाड़ू देता रहा। मन में एक तसल्ली थी कि कल से कक्षा में बैठ जाऊँगा।

तीसरे दिन मैं कक्षा में जा कर चुपचाप बैठ गया। थोड़ी देर बाद उनकी दहाड़ सुनाई पड़ी, 'अबे ओ चूहड़े के, मादरचोद कहाँ घुस गया··· अपनी माँ··· '

उनकी दहाड़ सुन कर मैं थरथर काँपने लगा। एक त्यागी लड़के ने चिल्ला कर कहा, 'मास्साब, वो बैठा है कोणे में।'

हेडमास्टर ने लपक कर मेरी गर्दन दबोच ली। उनकी उँगलियों का दबाव मेरी गर्दन पर बढ़ रहा था। जैसे कोई भेड़िया बकरी के बच्चे को दबोच कर उठा लेता है, कक्षा से बाहर खींच कर उन्होंने मुझे बरामदे में ला पटका। चीख कर बोले, 'जा लगा पूरे मैदान में झाड़ू··· नहीं तो गाँड़ में मिर्ची डाल के स्कूल से बाहर काढ़ (निकाल) दूँगा।'

भयभीत हो कर मैंने तीन दिन पुरानी वह शीशम की झाड़ उठा ली। मेरी तरह ही उसके पत्ते भी सूख कर झरने लगे। सिर्फ बची थीं पतली-पतली टहनियाँ। मेरी आँखों से आँसू बहने लगे थे। रोते-रोते मैदान में झाड़ू लगाने लगा। स्कूल के कमरों की खिड़की, दरवाजों से मास्टरों और लड़कों की आँखें छिप कर तमाशा देख रही थीं। मेरा रोम-रोम यातना के बाणों से बिंध गया।

मेरे पिता जी अचानक स्कूल के पास से गुजरे। मुझे स्कूल के मैदान में झाड़ू लगाता देख कर ठिठक गये। बाहर से ही आवाज दे कर बोले, 'मुंशी जी यो क्या कर रहा है ?' वे प्यार से मुझे मुंशी जी ही कहा करते थे। उन्हें देख कर मैं फफक पड़ा। वे स्कूल के मैदान में मेरे पास आ गये। मुझे रोता देख कर बोले, 'मुंशी जी··· रोते क्यों हो ? ठीक से बोल, क्या हुआ है ?'

मेरी हिचकियाँ बँध गयीं। हिचक-हिचक कर पूरी बात पिता जी को बता दी कि तीन दिन से रोज झाड़ू लगवा रहे हैं। कक्षा में पढ़ने भी नहीं देते।

पिता जी ने मेरे हाथ से झाड़ू छीन कर दूर फेंक दी। उनकी आँखों में आग की गर्मी उतर आयी थी। हमेशा दूसरों के सामने तीर-कमान बने रहनेवाले पिता जी की लंबी-लंबी घनी मूँछें गुस्से में फड़फड़ाने लगी थीं। चीखने लगे, 'कौण-सा मास्टर है वो द्रोणाचार्य की औलाद, जो मेरे लड़के से झाड़ू लगवावे है··· '

पिता जी की आवाज पूरे स्कूल में गूँज गयी थी, जिसे सुन कर हेडमास्टर के साथ सभी मास्टर बाहर आ गये थे। कलीराम हेडमास्टर ने गाली दे कर मेरे पिता जी को धमकाया। लेकिन पिता जी पर उनकी धमकी का कोई असर नहीं हुआ। उस रोज जिस साहस और हौसले से पिता जी ने हेडमास्टर का सामना किया, मैं उसे कभी भूल नहीं पाया। कई तरह की कमजोरियाँ थीं पिता जी में, लेकिन मेरे भविष्य को जो मोड़ उस रोज उन्होंने दिया, उसका प्रभाव मेरी शख्सियत पर पड़ा।

हेडमास्टर ने तेज आवाज में कहा था, 'ले जा इसे यहाँ से··· चूहड़ा होके पढ़ाने चला है··· जा, चला जा··· नहीं तो हाड़-गोड़ तुड़वा दूँगा।''

पिता जी ने मेरा हाथ पकड़ा और ले कर घर की तरफ चल दिये। जाते-जाते हेडमास्टर को सुना कर बोले, 'मास्टर हो··· इसलिए जा रहा हूँ··· पर इतना याद रखिए मास्टर···यो चूहड़े का यहीं पढ़ेगा··· इसी मदरसे में। और यो ही नहीं, इसके बाद और भी आवेंगे पढ़ने कू···।''

पिता जी को विश्वास था कि गाँव के त्यागी मास्टर कलीराम की इस हरकत पर उसे शर्मिंदा करेंगे। लेकिन हुआ ठीक उलटा। जिसका दरवाजा खटखटाया, यही उत्तर मिला, 'क्या करोगे स्कूल भेज के' या 'कौवा कव्वी हंस बण सके', 'तुम अनपढ़ गँवार लोग क्या जाणो विद्या ऐसे हासिल ना होती', 'अरे ! चूहड़े के जाकत कू झाड़ू लगाने कू कह दिया तो कोण-सा जुल्म हो गया।' या फिर 'झाड़ू ही तो लगवायी है, द्रोणाचार्य की तरियों गुरु-दक्षिणा में अँगूठा तो नहीं माँगा'। आदि-आदि।

पिता जी थक-हार निराश लौट आये। बिना खाये-पिये रात भर बैठे रहे। पता नहीं कितनी गहन पीड़ा भोग रहे थे मेरे पिता जी। सुबह होते ही उन्होंने मुझे साथ लिया और प्रधान सगवा सिंह त्यागी की बैठक में पहुँच गये।

पिता जी को देखते ही प्रधान बोले, 'अबे, छोटन··· क्या बात है। तड़के ही तड़के आ लिया ?'

'चौधरी साहब, तम तो कहो से सरकार ने चूहड़े-चमारों के जाकतों (बच्चों) के लिए मदरसों के दरवाज्जे खोल दिये हैं। और यहाँ वो हेडमास्टर मेरे इस जाकत कू पढ़ाने के बजाये किलास से बाहर लाके दिन भर झाड़ू लगवावे है। जिब यो दिन भर मदरसे में झाड़ू लगावेगा, तो इब तम ही बताओ पढ़ेगा कब ?' पिता जी प्रधान के सामने गिड़गिड़ा रहे थे। उनकी आँखों में आँसू थे। मैं पास खड़ा पिता जी को देख रहा था।

प्रधान ने मुझे अपने पास बुला के पूछा, 'कोण-सी किलास में पढ़े है ?'

'जी, चौथी में।'

'म्हारे महेन्दर की किलास में ही हो ?'

'जी।'

प्रधान जी ने पिता जी से कहा, 'फिकर ना कर। कल मदरसे में इसे भेज देणा।''

अगले रोज डरते-डरते मैं स्कूल पहुँचा। डरा-डरा कक्षा में बैठा रहा। हर क्षण लगता था अब आया हेडमास्टर··· अब आया। जरा-सी आहट पर दिल घबराने लगता था। उसके बाद स्थिति सामान्य हो गयी थी। फिर भी कलीराम हेडमास्टर को देखते ही मेरी रूह काँप जाती थी। लगता जैसे सामने से मास्टर नहीं, कोई

जंगली सूअर थूथन उठाये चिंचियाता चला आ रहा है।

गेहूँ की फसल कटने के वक्त मुहल्ले के सभी लोग तगाओं के खेतों में गेहूँ काटने जाते थे। तपती दुपहर में गेहूँ काटना बहुत कष्टप्रद और कठिन होता है। सिर पर बरसती धूप। नीचे तपती जमीन। नंगे पाँव में कटे पौधों की जड़ें शूल की तरह तलवों में चुभती थीं। उनसे भी ज्यादा चुभन होती थी सरसों और चने की जड़ों से। चना काटने में एक कठिनाई और थी। चने के पत्तों पर खटाई होती है, जो काटते समय पूरे शरीर पर चिपक जाती है। नहाने पर भी कम नहीं होती। कटाई करनेवाले अधिकतर चूहड़े या चमार ही होते थे, जिनके तन पर कपड़े सिर्फ नाम भर के होते थे। पाँव में जूता होने का तो सवाल ही नहीं होता था। नंगे पाँव फसल कटने तक बुरी तरह घायल हो जाते थे।

फसल कटाई को ले कर अक्सर खेतों में हुज्जत चलती रहती थी। मजदूरी देने में ज्यादातर तगा कंजूसी बरतते थे। काटनेवालों की मजबूरी थी। जो भी मिलता, थोड़ी-बहुत ना-नूकर के बाद ले कर घर लौट आते। घर आ कर कुढ़ते रहते या तगाओं को कोसते रहते। लेकिन भूख के सामने विरोध दम तोड़ देता था। हर साल फसल कटाई को ले कर मुहल्ले में बैठकें होतीं। सोलह पूली पर एक पूली मेहनताना लेने की कसमें खायी जातीं। लेकिन कटाई शुरू होते ही बैठकों के तमाम फैसले हवा हो जाते थे। इक्कीस पूली पर एक पूली मजूरी मिलती थी। एक पूली में एक किलो से भी कम गेहूँ निकलता था। भारी से भारी पूली में भी एक किलो गेहूँ नहीं निकलता था। यानी दिन भर की मजदूरी एक किलो गेहूँ से भी कम। कटाई के बाद बैलगाड़ी या झोटा बुग्गी (भैंसा बुग्गी) में लदाई, उतराई अलग। उसका कोई पैसा या अनाज नहीं मिलता था। देर-सबेर खलिहानों में बैल हाँकने की बेगार सभी को करनी पड़ती थी। उन दिनों गेहूँ सफाई के 'थ्रेशर' नहीं हुआ करते थे। बैलों को गोलाई में घुमा-घुमा कर गेहूँ के पौधों को भूसे की शक्ल में बदला जाता था। फिर भूसे से गेहूँ छाज से हवा में उड़ा कर अलग किया जाता थे। यह एक काफी लंबा और थका देनेवाला काम था, जिसे अधिकतर चमार या चूहड़े ही करते थे।

मेरी माँ इन सब मेहनत-मजदूरियों के साथ-साथ आठ-दस तगाओं (हिंदू, मुसलमान) के घर तथा घेर (मर्दों का बैठकखाना तथा मवेशियों को बाँधने की जगह) में साफ-सफाई का काम करती थी। इस काम में मेरी बहन, बड़ी भाभी तथा जसबीर और जनेसर (दो भाई) माँ का हाथ बँटाते थे। बड़ा भाई सुखबीर तगाओं के यहाँ वार्षिक नौकर की तरह काम करता था।

प्रत्येक तगा के घेर में दस से पंद्रह मवेशी (गाय, भैंस और बैल) होना सामान्य बात थी। उनका गोबर उठा कर गाँव से बाहर कुरड़ियों पर या उपले बनाने की जगह डालना पड़ता था। प्रत्येक घेर से रोज पाँच-छह टोकरे गोबर निकलता था।

सर्दी के महीनों में यह काम बहुत कष्टदायक होता था। गाय, भैंसों और बैलों को सर्दी से बचाने के लिए बड़े-बड़े दालानों में बाँधा जाता था, जिनमें गन्ने की सूखी पाती या फूँस बिछा होता था। रात भर जानवरों का गोबर और मूत्र पूरे दालान में फैल जाता था। दस-पन्द्रह दिनों में एक बार पाती बदली जाती थी या उसके ऊपर सूखी पाती बिछा दी जाती थी। इतने दिनों में दालानों में भरी दुर्गंध से गोबर ढूँढ़-ढूँढ़ कर निकालना बहुत तकलीफदेह होता था। दुर्गंध से सिर भन्ना जाता था।

इन सब कामों के बदले मिलता था दो जानवर पीछे फसल के समय पाँच सेर अनाज यानी लगभग ढाई किलो अनाज। दस मवेशीवाले घर से साल भर में 25 सेर (लगभग 22-23 किलो) गेहूँ। दोपहर को प्रत्येक घर से एक बची-खुची रोटी, जो खास तौर पर चूहड़ों को देने के लिए आटे में भूसी मिला कर बनायी जाती थी। कभी-कभी जूठन भी भंगन की टोकरी में डाल दी जाती थी।

शादी-ब्याह के मौकों पर, जब मेहमान या बाराती खाना खा रहे होते थे, तो चूहड़े दरवाजों के बाहर बड़े-बड़े टोकरे ले कर बैठे रहते थे। बारात के खाना खा चुकने पर जूठी पत्तलें उन टोकरों में डाल दी जाती थीं, जिन्हें घर ले जा कर वे जूठन इकट्ठी कर लेते थे। पूरी के बचे-खुचे टुकड़े, एक आध मिठाई का टुकड़ा या थोड़ी-बहुत सब्जी पत्तल पर पा कर बाँछें खिल जाती थीं। जूठन चटखारे ले कर खायी जाती थी। जिस बारात की पत्तलों से जूठन कम उतरती थी, कहा जाता था कि भुक्खड़ लोग आ गये हैं बारात में जिन्हें कभी खाने को कुछ नहीं मिला, सारा चट कर गये। अक्सर ऐसे मौकों पर बड़े-बूढ़े ऐसी बारातों का जिक्र बहुत ही रोमांचक लहजे में किया करते थे कि उस बारात से इतनी जूठन आयी थी कि महीनों तक खाते रहे थे।

पत्तलों से जो पूरियों के टुकड़े एकत्र होते थे, उन्हें धूप में सूखा लिया जाता था। चारपाई पर कोई कपड़ा डाल कर उन्हें फैला दिया जाता था। अक्सर मुझे पहरे पर बैठाया जाता था, क्योंकि सूखनेवाली पूरियों पर कौवे, मुर्गियाँ, कुत्ते अक्सर टूट पड़ते थे। जरा-सी आँख बची कि पूरियाँ साफ। इसलिए डंडा ले कर चारपाई के पास बैठना पड़ता था।

ये सूखी पूरियाँ बरसात के कठिन दिनों में बहुत काम आती थी। इन्हें पानी में भिगो कर उबाल लिया जाता था। उबली हुई पूरियों पर बारीक मिर्च और नमक डाल कर खाने में मजा आता था। कभी-कभी गुड़ डाल कर लुगदी जैसा बन जाता था, जिसे सभी बहुत चाव से खाते थे।

आज जब मैं इन सब बातों के बारे में सोचता हूँ तो मन के भीतर काँटे उगने लगते हैं। कैसा जीवन था !

दिन-रात मर-खप कर भी हमारे पसीने की कीमत मात्र जूठन। फिर भी

किसी को कोई शिकायत नहीं। कोई शर्मिन्दगी नहीं, कोई पश्चात्ताप नहीं।

जब मैं छोटा था, माँ के साथ जाता था। माँ-पिता जी का हाथ बँटाने। तगाओं (त्यागियों) के खाने को देख कर अक्सर सोचा करता था, हमें ऐसा खाना क्यों नहीं मिलता। आज जब सोचता हूँ, तो जी मितलाने लगता है।

अभी पिछले वर्ष मेरे निवास पर सुखदेव सिंह त्यागी का पोता सुरेन्द्र आया था, किसी इन्टरव्यू के सिलसिले में। गाँव से मेरा पता ले कर आया था। रात में रुका। मेरी पत्नी ने उसे यथासंभव अच्छा खाना खिलाया। खाना खाते-खाते वह बोला, 'भाभी जी, आपके हाथ का खाना तो बहुत जायकेदार है। हमारे घर में तो कोई भी ऐसा खाना नहीं बना सकता।'

उसकी बात सुन कर मेरी पत्नी तो खुश हुई, लेकिन मैं काफी देर विचलित रहा। बचपन की घटनाएँ स्मृति का दरवाजा खटखटाने लगीं।

सुरेन्द्र तब पैदा भी नहीं हुआ था। उसकी बड़ी बुआ यानी सुखदेव सिंह त्यागी की लड़की की शादी थी। उनके यहाँ मेरी माँ सफाई करती थी।

शादी से दस-बारह दिन पहले से माँ-पिता जी ने सुखदेव सिंह त्यागी के घर-आँगन से ले कर बाहर तक के अनेक काम किये थे। बेटी की शादी का मतलब गाँव भर की इज्जत का सवाल था। कहीं कोई कमी न रह जाये। गाँव भर से चारपाइयाँ ढो-ढो कर जनवासे में इकट्ठी की थीं पिता जी ने।

बारात खाना खा रही थी। माँ टोकरा लिये दरवाजे से बाहर बैठी थी। मैं और मेरी छोटी बहन माया माँ से सिमटे बैठे थे। इस उम्मीद में कि भीतर से जिन मिठाइयों और पकवानों की महक आ रही है, वे हमें भी खाने को मिलेंगे।

जब सब लोग खाना खा कर चले गये, तो मेरी माँ ने सुखदेव सिंह त्यागी को दालान से बाहर आते देख कर कहा, 'चौधरी जी, ईब तो सब खाणा खाके चले गये··· म्हारे जाकतों (बच्चों) कू भी एक पत्तल पर धर के कुछ दे दो। वो बी तो इस दिन का इंतजार करे ते।'

सुखदेव सिंह ने जूठी पत्तलों से भरे टोकरे की तरफ इशारा करके कहा, 'टोकरा भर तो जूठन ले जा रही है–ऊपर से जाकतों के लिए खाणा माँग री है। अपणी औकात में रह, चूहड़ी। उठा टोकरा दरवाजे से और चलती बन।'

सुखदेव सिंह त्यागी के वे शब्द मेरे सीने में चाकू की तरह उतर गये थे। वे आज भी अपनी जलन से मुझे झुलसा रहे हैं।

उस रोज मेरी माँ की आँखों में दुर्गा उतर आयी थी। माँ का वैसा रूप मैंने पहली बार देखा था। माँ ने टोकरा वहीं बिखेर दिया था। सुखदेव सिंह से कहा था, 'इसे ठाके अपने घर में धर ले। कल तड़के बारातियों को नाश्ते में खिला देणा···'

हम दोनों भाई-बहनों का हाथ पकड़ कर तीर की तरह उठ कर चल दी

थी। सुखदेव सिंह माँ पर हाथ उठाने के लिए झपटा था। लेकिन मेरी माँ ने शेरनी की तरह सामना किया था। बिना डरे।

उसके बाद माँ कभी उनके दरवाजे पर नहीं गयी और जूठन का सिलसिला भी उस घटना के साथ बंद हो गया था।

वही सुखदेव सिंह मेरे निवास पर एक बार आया था। मेरी पत्नी ने गाँव-देहात के बुजुर्ग के नाते उसका आदर-सत्कार किया था। उसने मेरे घर खाना भी खाया था। लेकिन जब वह चला गया, तो मेरे भतीजे संजय खैरवाल ने, जो बी. एस-सी. का छात्र है, बताया कि चाचा जी, उन्होंने सिर्फ आपके घर खाया है, हमारे घर तो पानी भी नहीं पिया था।

वक्त बदला है। लेकिन कहीं कुछ है जो सहज नहीं होने देता है। कई विद्वानों से जानना चाहा कि सवर्णों के मन में दलितों, शूद्रों के लिए इतनी घृणा क्यों है ? पेड़-पौधों, पशु-पक्षियों को पूजनेवाला हिंदू दलितों के प्रति इतना असहिष्णु क्यों है ? आज जाति एक विशिष्ट और महत्वपूर्ण घटक है। जब तक यह पता नहीं होता कि आप दलित हैं, तो सब कुछ ठीक रहता है। जाति मालूम होते ही सब कुछ बदल जाता है। फुसफुसाहटें, सन्नाटे दलित होने की पीड़ा चाकू की तरह नस-नस में उतर जाती है। गरीबी, अशिक्षा, छिन्न-भिन्न दारुण जिन्दगी, दरवाजे के बाहर खड़े रहने की पीड़ा भला 'अभिजात' गुणों से संपन्न सवर्ण हिंदू कैसे जान पायेंगे ?

जाति ही मेरी पहचान क्यों ? कई मित्र मेरी रचनाओं में मेरी 'लाउडनेस', मेरे 'एरोगैंट' हो जाने की ओर इशारा करते हैं। उनका इशारा होता है कि मैं संकीर्ण दायरे में कैद हूँ। साहित्यिक अभिव्यक्ति को व्यापक फलक पर प्रकट होना चाहिए। संकीर्णता से बाहर आना चाहिए। यानी मेरा दलित होना और किसी विषय पर अपने परिवेश, अपनी सामाजिक, आर्थिक स्थिति के अनुसार दृष्टिकोण बनाना 'एरोगैंट' हो जाना है, क्योंकि मैं उनकी नजर में सिर्फ एस. सी. हूँ। दरवाजे के बाहर खड़ा रहनेवाला।

मेरे गाँव के दलित

बालेश्वर राय

मधुबनी जिले (बिहार) के एक सुदूरवर्ती गाँव मोगलाहा का मैं रहनेवाला हूँ। 17 वर्ष की उम्र से कलकत्ता में पिछले 13 वर्षों से नौकरी कर रहा हूँ। सारा बचपन गाँव में बीता है और बाद के वर्षों में हर साल कम से कम दो बार घर गया हूँ। इस तरह शहर में रहते हुए भी गाँव से हमेशा सम्पर्क बना ही रहता है। हमारा गाँव एक ऐसा गाँव है, जहाँ डाक का बम्बा भी नहीं है। मिडिल की पढ़ाई के लिए पाँच साल पहले तक ढाई मील दूर एक कस्बे अन्धरा ठाढ़ी में जाना पड़ता था। गाँव में ब्राह्मण, राजपूत, भूमिहार, यादव, आमात्य जैसी अगड़ी और पिछड़ी जातियों के घरों के अलावा दलितों के कुछ घर हैं। दलितों में तीन जातियों के ही लोग हैं। धुर दक्षिण में चमारों के दस-पंद्रह घर और धुर उत्तर में एक तरफ मल्लाहों के पाँच-छह और दूसरी तरफ डोमों के दो घर। दुसाध हमारे गाँव में नहीं हैं, बगल के गाँव में हैं।

चमार खेत मजदूरी करने के साथ घर बनाने, पेड़ काटने, जलावन की लकड़ी चीरने और मृत मवेशियों को फेंकने का काम करते हैं। उनकी स्त्रियाँ अगड़ी और पिछड़ी जातियों के घरों में प्रसव करवाती हैं। गाँव में पूजा, पर्व, त्यौहार आदि के अवसरों पर बाजा बजाने का काम चमारों के ही जिम्मे है। इसके एवज में पर्व-त्यौहार में बचा हुआ खाना उन्हें दिया जाता है। विवाह और मृत्यु के अवसर पर उन्हें अलग बैठा कर खिलाया जाता है। गाँव में कोई सभा होने पर चमार ही ढोल पीट-पीट कर उसकी सूचना देते हैं।

मल्लाह मछली पकड़ने और बेचने के अलावा खेती-बारी का काम करते हैं। गाँव के जीवन में चमारों की अपेक्षा उनकी भागीदारी बहुत कम है। उनका परम्परागत पेशा उनसे छीना जा रहा है। गाँव में उनके अस्तित्व का बोध ही नहीं होता।

डोम मुख्य रूप से सूअर पालते हैं। हमारे यहाँ पशुओं का पर्व (हुर्रा-हुरी)

होता है। इसमें गाँव के पशुओं के साथ सूअर का खेल होता है। सारे लोग यह देखने के लिए इकट्ठा होते हैं कि किसकी भैंस या गाय सूअर को मारने में सफल होती है। यह पर्व दीपावली के छह दिन बाद होता है। जब सूअर मर जाता है, तो उसे डोम को वापस दे दिया जाता है और साथ में कुछ पैसे भी। पर्व और त्यौहारों के अवसर पर डोमों की सूप, डगरी आदि बेच कर कुछ अतिरिक्त आय हो जाती है। वैसे दैनंदिन के जीवन में डोमों द्वारा बनायी हुई वस्तुएँ लोगों के काम में हमेशा आती रहती हैं–जैसे बैल के लिए जाबी, धान व अन्य अनाज रखने के लिए बखारी, ढक व पथिया और सूप, चलनी तथा कई प्रकार की अन्य छोटी-छोटी वस्तुएँ। डोम को इन्हीं कामों से फुरसत नहीं मिलती। गाँव में किसी न किसी के यहाँ विवाह और मृत्यु पर भोज होता ही रहता है। उस दिन डोम पहले से ही मौजूद रहता है। जब लोग खा कर उठ जाते हैं, तो डोम जूठन इकट्ठा करने में जुट जाता है। एक तरफ कुत्ते खाने में लगे रहते हैं, तो दूसरी तरफ डोम जल्दी-जल्दी बटोरने में।

गाँव में जमीन बहुत कम लोगों के पास है और होने पर भी उससे जीवन निर्वाह संभव नहीं। गाँव में वही लोग खाते-पीते हैं, जिनके घर का कोई न कोई सदस्य शहर में नौकरी करता है। गाँव की अगड़ी और पिछड़ी जातियों के घरों से प्रायः कोई न कोई सदस्य शहर में नौकरी करता है। इन 'शहरी' सदस्यों के चलते ही घर का खर्च चल पाता है। अगर शहर से पैसा नहीं आये तो पता नहीं कैसे ये जीवन-निर्वाह करेंगे। लेकिन दलितों में गाँव छोड़ कर रोजगार की तलाश में शहर जानेवालों की संख्या नगण्य है। उनके कहीं रसूख नहीं कि शहरों में कोई काम मिल सके। कलकत्ता में हमारे गाँव के जो लोग हाथ रिक्शा चलाते हैं, उनमें भी कोई दलित नहीं। उनकी रोजी-रोटी पूरी तरह ग्राम की अर्थव्यवस्था पर ही आधारित है। यह कहने की जरूरत नहीं होनी चाहिए कि सभी दलित जातियों के लोग गरीबी रेखा से कई स्तर नीचे रह रहे हैं।

चौदह-पन्द्रह वर्ष पहले की बात है। हमारे गाँव के एक ब्राह्मण को दीवार जोड़ने के लिए मसाला बनवाना था। उसने गाँव के एक चमार को कहा कि वह उसके यहाँ आ कर मसाला बना दे। इस चमार को उस दिन एक दूसरे गाँव में अपने कुटुम्ब के यहाँ जाना था। सो उसने कहा कि एक दिन बाद आ कर वह काम कर देगा। लेकिन ब्राह्मण ने कहा, उसे आज ही करना होगा। चमार उस दिन काम करने नहीं गया। यह उस ब्राह्मण को बहुत अखरा। उसने उसी दिन ब्राह्मणों की सभा बुलायी। सभा में कहा गया कि चमार अपनी औकात से आगे बढ़ गये हैं, उन्हें ठिकाने लगाना होगा। सभा में तीन निर्णय किये गये : (1) चमारों से कोई काम न लिया जाये। (2) ब्राह्मणों के खेतों में चमारों के पशुओं को चरने न दिया जाये। (3) चमार स्त्रियों को ब्राह्मणों के बगीचे में जलावन

के लिए पत्ते चुनने और खेतों में घास काटने न दिया जाये, चुनने और काटने पर सजा दी जाये।

इन निर्णयों से चमार काफी घबरा गये। एक-दो दिन तक वे अपने पशुओं को सड़क के किनारे ही चराते रहे यानी एक तरह से उन्हें धूल चटाते रहे। एकाध ने तो पोसिया पशु तक लौटाना शुरू कर दिया। उधर ब्राह्मणों ने अपने खेतों में दूसरी जातियों के लोगों से काम करवाना शुरू कर दिया। इत्तफाक से इसी वक्त एक ब्राह्मण की भैंस मर गयी। चमारों ने भैंस फेंकने से इनकार कर दिया। ब्राह्मणों के सामने भारी संकट उपस्थित हुआ, जिसे देख कर सारे गाँव की पंचायत बुलायी गयी।

गाँव में ब्राह्मणों और भूमिहारों की जितनी संख्या है लगभग उतनी ही पिछड़ी जातियों की भी। राजपूत यद्यपि अगड़ी जातियों में आते हैं, लेकिन हमारे गाँव में अपनी विपन्न अवस्था के चलते वे पिछड़ी जातियों के साथ ही रहते हैं। (बिहार के कुछ इलाकों में कुछ अगड़ी जातियों के लोगों की आर्थिक स्थिति पिछड़ों से किसी भी दृष्टि से बेहतर नहीं है।) बहरहाल, पंचायत बैठी। पिछड़ी जातियों के लोगों ने सोचा कि अगर उन्होंने इस वक्त चमारों का साथ नहीं दिया, तो अगड़ी जातियों के लोग उनके साथ वही करेंगे जो चमारों के साथ कर रहे हैं। पंचायत में पिछड़ी जातियों के लोगों ने कहा : गाँव में सबसे सबको काम पड़ता है। ब्राह्मणों का एकतरफा निर्णय उचित नहीं। जब ब्राह्मणों ने यह देखा कि पिछड़ी जातियों के लोग एक हो गये हैं और चमारों का साथ दे रहे हैं और दूसरे, उनके दरवाजे पर मरा हुआ मवेशी भी पड़ा है, तो वे थोड़ा घबरा गये। कुछ ब्राह्मणों को यह भी लगा कि उनके कठोर निर्णयों के कारण ही भैंस की मृत्यु हुई है। उस दिन शायद अन्धविश्वास के कारण ही गाँव के ब्राह्मणों को सद्‌बुद्धि आयी और उन्होंने अपने निर्णय वापस ले लिये। गाँव में सब कोई सब का काम करने लगे।

उस दिन तो किसी तरह समस्या का निपटारा हो गया। लेकिन पिछड़ी जातियों के लोगों के मन में यह आशंका भी पैदा हो गयी कि अगड़ी जातियों के लोग उनके साथ भी कभी न कभी चमारों जैसा व्यवहार करेंगे। एक वर्ष बाद 1980 में जब चुनाव हुए तो अगड़ी जातियों के लोगों ने पिछड़ी जातियों के संपन्न लोगों तक को वोट डालने से रोका। इसके प्रतिवाद में सारी पिछड़ी जातियों के लोग पोलिंग बूथ पर इकट्ठा हो गये। दोनों पक्षों के बीच गुत्थमगुत्थी शुरू हो गयी। पिछड़ी जातियों के लोगों को पहले से ही आशंका थी कि चुनाव के दिन अगड़ी जातियों के लोग उनसे बदला निकालेंगे। सो उन्होंने दूसरे गाँवों से कुछ लठैत बुला रखे थे। इन लठैतों को देख कर अगड़ी जातियों के लोग डर गये और बूथ से भागने लगे। पिछड़ी जातियों के लोगों ने उनका कुछ दूर तक पीछा भी किया।

भागते वक्त दरभंगा और मधुबनी शहरों में पढ़नेवाले दो-तीन भूमिहार और ब्राह्मण युवकों ने पीछा करती हुई भीड़ पर बम फेंके। इससे स्थिति काफी तनावपूर्ण हो गयी। पुलिस के पहुँचने पर मामला कुछ शांत हुआ। लेकिन ब्राह्मणों ने चुन-चुन कर पिछड़ी जातियों और दलितों में एकदम विपन्न लोगों के नाम केस ठोंक दिये। इसके पीछे उनकी मंशा आतंक पैदा करने की थी–जिन पर केस ठोंके गये हैं, वे लड़ नहीं पायेंगे और अगड़ी जातियों के लोगों का हुक्म बजाने को बाध्य होंगे। इस स्थिति में पिछड़ी जातियों के कुछ युवकों ने उन लोगों को, जिन पर केस दायर किये गये थे, ढारस बँधाया कि वे चिंता न करें; उनके केस का सारा खर्च गाँव के पिछड़े लोग वहन करेंगे। इसी वक्त पिछड़े युवकों ने 'नव निर्माण कल्याण समिति' के नाम से एक संगठन भी बनाया। इस संगठन ने यह तय किया कि गाँव के लोग प्रतिमाह एक रुपया और गाँव के बाहर खासकर कलकत्ता में रहनेवाले लोग दस रुपया चंदा दें। संगठन अच्छी तरह चलने लगा। गाँव में पिछड़ी जातियों के लोगों को पानी पीने के लिए बहुत दिक्कत उठानी पड़ती थी। संगठन ने गाँव में दो ट्यूबवेल गड़वाये और पिछड़ी जातियों के बच्चों की पढ़ाई की भी व्यवस्था करवायी। एक पढ़े-लिखे बेरोजगार युवक को दो सौ रुपया मासिक पर शिक्षक भी नियुक्त किया। यहीं नहीं, संगठन की ओर से अष्टजाम और पूजा-पाठ के आयोजन भी किये जाने लगे। इन आयोजनों में खूब धूमधाम की जाती। मकसद अगड़ी जातियों को अपनी ताकत का एहसास दिलाना था।

इन आयोजनों को देख कर अगड़ी जातियों में भी सुगबुगाहट होने लगी और उन्होंने गाँव में एक हनुमान मंदिर बनाने की बात सोची। मंदिर की नींव भी पड़ गयी। जोश में नींव तो डाल दी गयी, पर पैसों के अभाव में मंदिर निर्माण का काम ठप रहा। यह एक भ्रम है कि अगड़ी जातियों के सभी लोग सम्पन्न हैं। ऐसी स्थिति में अगड़ी जातियों के लोगों ने सोचा कि मंदिर बनाने में सहयोग देने के लिए 'नव निर्माण कल्याण समिति' के लोगों को कहा जाये, क्योंकि पूजा-पाठ के आयोजनों में वे काफी पैसा खर्च कर रहे थे। गाँव का एक पढ़ा-लिखा भूमिहार कलकत्ता भी आया और उसने नव निर्माण कल्याण समिति की कलकत्ता शाखा के लोगों से कहा कि वे हनुमान मंदिर के लिए चंदा इकट्ठा करें। चन्दा इकट्ठा भी किया गया। जाते वक्त इस भूमिहार ने नव निर्माण कल्याण समिति के सदस्यों से कहा कि वे मंदिर में समिति की ओर से हनुमान जी की मूर्ति स्थापित करें। मंदिर पर समिति की पट्टिका लगा दी जायेगी। इस प्रस्ताव पर विचार करने के लिए कलकत्ता शाखा के सदस्यों की बैठक हुई। कुछ सदस्यों का कहना था, जब मंदिर बन जाये तब मूर्ति दी जाये। कुछ का कहना था कि जब देनी ही है तो क्यों न तुरत दे कर छुट्टी पायी जाये। बहरहाल, मूर्ति कलकत्ता शाखा की ओर से दे दी गयी। लेकिन मंदिर बनाने का काम शुरू नहीं हुआ। मूर्ति बिना

प्राण-प्रतिष्ठा के अगड़ी जाति के एक व्यक्ति के घर पड़ी रही। समिति में इस बात से असंतोष बढ़ता गया और आनन-फानन में मूर्ति खरीदनेवालों का जम कर विरोध होने लगा। इसका नतीजा यह हुआ कि समिति निष्क्रिय हो गयी।

पाँच-छह साल बाद मंदिर बना और मूर्ति स्थापित हुई। लेकिन समिति की पट्टिका नहीं लगायी गयी। कहने पर भी अगड़ी जाति के लोग बहाना बनाते रहे। इसके चलते नव निर्माण कल्याण समिति पूर्ण रूप से भंग हो गयी। गाँव की अगड़ी जातियों के लोगों ने कहना शुरू किया कि पिछड़ों ने बड़ा उत्पात मचा रखा था। अब इनकी हेकड़ी अपने आप चली जायेगी। मैं जब कलकत्ता से गाँव जाता, तो अगड़ी जातियों के लोग व्यंग्य करते, 'अब आप लोग स्कूल और धर्मशाला कब खोल रहे हैं ?' जो भी हो, सत्ता के नये समीकरणों के चलते पिछड़ों की हैसियत अब बढ़ी है–हर अगड़ा लालू यादव को गाली देता है तो हर पिछड़े को यह लगता है कि उसकी हैसियत बदल गयी है–वह सत्ता पक्ष में है। लेकिन गाँव के जीवन में दलितों की आज भी कोई हैसियत नहीं। जब कभी वे अपने शोषण का विरोध करते भी हैं, तो पिछड़ों के समर्थन के बिना उसका कोई नतीजा नहीं निकलता। अगर निकलता भी है, तो वह पिछड़ों तक ही सीमित रह जाता है।

मेरे गाँव का एक चमार लड़का बी. ए. पास कर शिक्षक की नौकरी हासिल करने में सफल हुआ है। उसके अपने घर में कुछ सम्पन्नता जरूर आ गयी है। वह गाँव में जमीन भी खरीद रहा है। उसके पास अब तीन-चार बीघा जमीन है। लेकिन उसके अन्य भाइयों के पास एक कट्ठा जमीन भी नहीं है। अपनी पत्नी को अब वह बाहर निकलने नहीं देता। उसकी माँ-बहन पुरुषों के साथ बैठ कर खा सकती थीं, लेकिन उसकी पत्नी के लिए यह संभव नहीं रह गया है। जिस तरह पिछड़ी जातियों के लोग थोड़ी संपन्नता आते ही सवर्णों की नकल करने लगते हैं, उसी तरह यह अध्यापक भी कर रहा है। उसके इस आचरण से उसकी पत्नी को लग रहा है कि वह जेल में है। पर अध्यापक इसमें अपनी शान मानता है। यही नहीं, वह अपने बेटे को भी चमरटोली के अन्य लड़कों के साथ उठने-बैठने नहीं देता। उसको लगता है, इससे उसका बेटा संस्कारहीन हो जायेगा। यह अध्यापक अपनी जाति के लोगों से बात करने में भी कतराने लगा है। उसके इस तरह के आचरण को देख कर गाँव के कई भूमिहार और ब्राह्मण कहते हैं, 'यह चमरकट्टू पाखाना करने जाता है तो हाथ में लोटा ले कर ही जाता है (गाँव के दलित लोटा ले कर नहीं जाते)। इसका धोती पहनना भी ब्राह्मणों की तरह होने लगा है।'

पढ़े-लिखे होने के कारण यह अध्यापक अपने बच्चे को खूब पढ़ाता है। शायद उसका बच्चा पढ़-लिख भी जाये। लेकिन उसके भाइयों और पड़ोसियों के बच्चों की हालत आज भी पहले जैसी ही है। प्रतिस्पर्धा इतनी बढ़ गयी है कि

हर खाते-पीते मध्यवर्गीय के मन में एक ही बात रहती है कि दूसरे बच्चे भाँड़ में जायें–उसका बेटा सफल रहना चाहिए। सो उस अध्यापक के बारे में सोचने पर लगता है कि उसका मध्यवर्गीकरण हो गया है। वह चाहता है कि सिर्फ उसका ही बेटा पढ़े-लिखे। उसने अपने बेटे का नाम भी नयी तर्ज के मुताबिक रखा है, कोई राम-वाम नहीं, कुमार।

मुझे तेरह-चौदह वर्ष पहले की बातें याद आती हैं–दुर्गा पूजा में आज का यह अध्यापक मंदिर के चबूतरे पर हारमोनियम बजा रहा था। ब्राह्मणों ने यह कह कर कि उसके बजाने से दुर्गा जी दुखी हो जायेंगी, उसे नीचे उतार दिया था। चमार दुर्गा जी के चबूतरे पर बैठ कर हारमोनियम बजाये, यह गाँव की अगड़ी और पिछड़ी दोनों ही जातियों के लोगों को मंजूर न था। स्कूल के दिनों में यह अध्यापक मुझसे दो क्लास जूनियर था, लेकिन हमारे साथ ही अन्धरा ठाढ़ी पढ़ने के लिए जाता था। साथ पढ़नेवाले कई भूमिहार लड़कों ने कहा था, दुर्गा जी के चबूतरे पर हारमोनियम बजायेगा तो क्या होगा। एक दिन उसने (अध्यापक ने) स्कूल जाते वक्त मुझसे कहा था कि वह नहीं पढ़ता तो अच्छा होता। ज्यों-ज्यों वह बड़ा होता जा रहा है, त्यों-त्यों उसको ऐसी बातें ज्यादा ही अखरती हैं। कभी कहता : शायद वह पढ़ रहा है, इसीलिए उसे इस तरह की बात ज्यादा महसूस होती है। उसके बाप और भाई को तो उसके जैसा महसूस नहीं होता। उसको तो हर जगह लगता है कि अपमान ही अपमान हो रहा है। यहाँ तक कि वह अपने साथ पढ़नेवाले साथियों को ट्यूबवेल चला कर पानी भी नहीं पिला सकता। सब लोग एक साथ पढ़ते हैं। एक साथ नाटक मंडली में कीर्तन करते हैं। लेकिन कभी भी किसी को उसकी जरूरत पड़ती है, तो कहते हैं चमरकट्टू को बुलाओ। क्या यह अपमान नहीं है ? वह किसी भी बच्चे को 'तुम' नहीं कह सकता, क्योंकि वह चमार है। एक ब्राह्मण लड़की से उसने इतना ही पूछा था कि उसका नाम क्या है। इस पर उसे यह सुनना पड़ा था कि चमार हो कर उस लड़की को उसने 'तुम' कैसे कहा। वह अपने साथियों के यहाँ जाता है, लेकिन कभी भी कहने पर चाय नहीं पीता। यदि पी लेगा तो जिस कप में पियेगा, वह उसका ही हो जायेगा। इस तरह के अपमान से उसे कब छुटकारा मिलेगा ?

हमारे साथ कई लड़के थे। मैं दसवीं कक्षा में पढ़ रहा था और वह आठवीं में। मैं उसे क्या कहता ! उसकी सब बातें सही थीं। सिर्फ इतना ही कहा था कि वह हम लोगों को यह सब बातें क्यों कह रहा है। इस तरह की बातें तो पहले से ही होती आयी हैं। इस पर उसने कहा था कि इस तरह की छुआछूत की बात सोचने पर लगता है सरकार उसके चलने के लिए भी अलग से रास्ता बना देती, तो अच्छा होता। हमारे एक साथी ने उसको चुप करने के लिए कहा था–क्या वह डोम की देह छू सकता है ? इस पर वह चुप हो गया था।

चार महीने पहले घर गया था तो उससे मुलाकात हुई। उसने कहा कि चमरटोली के बच्चे पढ़ना ही नहीं चाहते। बाप को बच्चों की कोई फिकर नहीं। शराब, जुए और कर्ज में डूबे रहते हैं। उसे क्या कहता, स्कूल के दिनों की याद दिला कर इतना जरूर कहा था : तुम्हें तो चमरटोली के बच्चों को पढ़ाना चाहिए। इस पर उसने कहा कि उसकी जाति के लोग जब सुधरना ही नहीं चाहते, तो वह क्या कर सकता है।

बहरहाल, इस बार गाँव में एक अजीब दृश्य देखने को मिला। जो कल तक हरिजनों और दलितों की छाया पड़ जाने से अपने को अशुद्ध मानते थे, अब वे ही लोग उनकी देह पर हाथ रख कर बात करते मिले। पहले तो लगा छुआछूत मिटने लगी है, खुशी-सी हुई। मैंने एक व्यक्ति से कहा, 'कल तक आप चमारों की छाया तक पड़ने पर नहाते थे और आज देह छू कर बात करते रहे, ऐसा देख कर मुझे बहुत अच्छा लग रहा है।' लेकिन उनका जवाब सुन कर मैं भौंचक रह गया। उन्होंने कहा, 'गाँव में मजदूर तो मिलते नहीं। सब के सब परदेस भागने लगे हैं। पंजाब तक जाने लगे हैं। जो कल तक खेत में काम किया करते थे, वे भी आज परदेस जाना चाहते हैं। सारा गाँव घूम आते हैं, कहीं भी मजदूर नहीं मिलता। अब सिर्फ चमार ही रह गये हैं। सब लोग चमारों के पास जाते रहते हैं कि उनका काम कर दें। इस स्थिति में यदि देह पर हाथ रख कर इतना भी न कहें तो वे क्यों हमारे यहाँ काम करने आयेंगे। देह पर हाथ रख कर कहते हैं तो चमार को लगता है, हम उसको इज्जत बख्श रहे हैं। देह पर हाथ उनकी खुशामद करने के लिए रखना पड़ता है।' मुझे लगा, चलो, इनकी धूर्तता भी किसी न किसी रूप में छुआछूत को मिटा रही है। अपना काम पड़ने पर लोग गधे को भी बाप कहने में नहीं हिचकते।

मैं साल में ग्यारह महीने कलकत्ता महानगर में रहता हूँ। महानगर के चमारों और मेहतरों की गंदी बस्तियाँ देखने पर मन में अपने गाँव की चमरटोली के घरों व मल्लाहों की बस्ती के घरों से उनकी तुलना करने लगता हूँ, तो पाता हूँ कि गाँव के घरों में उतना अंतर नहीं है जितना महानगर के घरों में। महानगर में अमीरों और मध्य वर्ग के घरों और बस्तियों के घरों में आकाश-पाताल का अंतर है, लेकिन गाँव की अगड़ी व पिछड़ी जातियों के घरों और दलितों के घरों में गरीबी की समानता के कारण इस तरह का अंतर नहीं दिखता। शोषण शहर जितना सूक्ष्म भी नहीं है।

चमारों के बारे में यह कहा जाता है कि वे गाय, भैंस का मांस भी खाते हैं। लेकिन हमारे गाँव के चमार तो नहीं खाते। एक बार किसी ने गाँव में यह कह दिया कि फलाँ चमार मरचर (जहाँ मृत मवेशी फेंके जाते हैं) से मांस लाया है, तो सारा गाँव उसके घर की तलाशी करने में जुट गया था। अब चमारों में

जो कम उमर के लड़के हैं, वे मवेशी फेंकने का काम नहीं करना चाहते। उनके पिता जब उनसे मवेशी फेंकने में मदद माँगते हैं, तो वे उनसे लड़ने लगते हैं और कहते हैं कि उन्हें यह काम करते हुए घिन आती है। पिता कहते हैं : एक मवेशी के फेंकने पर ढाई सौ से तीन सौ रुपये तक की कमाई हो जाती है। तुम लोगों को मास्टरवा (गाँव का वही दलित अध्यापक) का 'देखौंस' (देखा-देखी) लग गया है। उसको तो मास्टरी से तीन हजार रुपया महीना मिलता है। तुमको कहाँ से मिलेगा ? लेकिन इस तरह की बातों का लड़कों पर कोई असर नहीं होता। पिता जब चेतावनी देते हुए कहते हैं कि उनकी मृत्यु के बाद तो उन्हें ही यह काम करना पड़ेगा, तो लड़कों का जवाब होता है : गाँव बेच देंगे (गाँव बेचने का यह अर्थ है कि मवेशी फेंकने का काम दूसरे गाँव के चमारों को सौंप देंगे), मुजफ्फरपुर और पटना में रिक्शा चलाने चले जायेंगे, पर मवेशी नहीं फेंकेंगे। लेकिन चमार युवकों का यह 'संकल्प' क्या पूरा हो पायेगा ? एक ब्राह्मण का मवेशी न फेंकने पर सारे ब्राह्मण एकजुट हो गये थे। यदि उस वक्त पिछड़ी जातियों के लोगों ने साथ न दिया होता, तो चमार भयंकर मुसीबत में पड़ जाते। यदि वे 'गाँव बेच देंगे' तो क्या अगड़ी और पिछड़ी जातियों के लोग इसे स्वीकार कर लेंगे ?

गाँव के चमारों की तुलना में मल्लाहों की स्थिति बदतर है। गाँव में दो आम तालाब हैं। पहले पूरे गाँव के लोग सरकार को टैक्स दे कर मछली पकड़ने के लिए तालाब ले लेते थे। सारे गाँव के लोग मछली पकड़ते थे और इसमें मल्लाहों की भागीदारी ज्यादा ही होती थी (ज्यादा पानी रहने पर मल्लाह मछली पकड़ते थे और कम होने पर सभी लोग)। अब एक भूमिहार ने सरकारी खजाने में ज्यादा पैसे दे कर तालाब ले लिये हैं। इससे उसे साल में दस-पन्द्रह हजार का मुनाफा हो जाता है। लेकिन इससे मल्लाह बेरोजगार हो गये हैं, क्योंकि उनके पास बड़े जाल नहीं हैं।

इस बार गाँव जाने पर एक मल्लाह से मैंने मछली देने को कहा, तो वह कहने लगा, वह मछली कहाँ से लायेगा ? अब तो उसे भी जब मछली खाने की इच्छा होती है तो दूसरे गाँव जाना पड़ता है। उसे जीविका चलाने में भारी कठिनाई होने लगी है। मछली पकड़ने के लिए उसे नहीं कहा जाता। जिसके पास तालाब है, वह खुशामद करने पर यही कहता है कि तुम्हारे पास मछली पकड़ने लायक हथियार नहीं है। उसकी स्थिति बिगड़ती ही जा रही है, क्योंकि पहले मछली पकड़ते रहने और खेतों में थोड़ा-बहुत काम मिल जाने के कारण किसी तरह गुजारा हो जाता था, लेकिन अब वह भी नहीं हो पा रहा है।

गाँव में था, तो सरकार द्वारा हरिजनों के घर बनाने का बड़ा हल्ला था। चमारों और मल्लाहों की बस्तियों में तो कोई भी घर बनता हुआ दिखाई नहीं दिया। अलबत्ता डोमों के यहाँ एक घर की नींव डाली गयी थी–दो फुट ऊँची

ईंट की दीवार खड़ी थी, पर मकान बनाने की कोई तैयारी नजर नहीं आ रही थी। चार महीने बाद इस लेख के लिखने के दौरान मेरा फुफेरा भाई गाँव से आया है। पूछने पर उसने बताया कि अब डोम के यहाँ एक ईंट भी नहीं बची है।

मधुबनी की दो आत्मकथाएँ

हरिलाल सदाय

मेरा नाम हरिलाल सदाय है। हम लोग मधुबनी जिले के लखनौर प्रखंड के हरभंगा गाँव के रहनेवाले हैं। मेरे पिता का नाम श्रीलाल सदाय है। मेरा जन्म 3 फरवरी 1969 को हुआ था। हम लोग मुसहर हैं।

मेरे पिता जी मजदूरी करते थे। उन दिनों दिन भर काम करने पर तीन सेर अनाज मिलता था। उसमें भी कभी मजदूरी करने को मिलता था, कभी नहीं। सो कभी-कभी हम भूखे रह जाते थे। वैसे भी कभी भरपेट भोजन मिलता था, कभी आधा पेट भी नहीं मिलता था। पहनने के लिए कपड़ा नहीं मिलता था। माँ मुझे पुराना फटा हुआ कपड़ा दे देती थी। उसी फटे हुए कपड़े को कमर में लपेट कर मैं स्कूल जाता था। कभी नंगे बदन स्कूल चले जाते थे, तो वर्ग में शिक्षक बहुत डाँटते-मारते थे। कहते थे कि तुम्हारा पिता कैसा है। तब मैं रोने लगता था। मेरा जन्म होने के बाद मेरे पिता जी को आँख की बीमारी हो गयी थी। वह बीमारी अभी तक है। मुझे पढ़ने-लिखने में बहुत कठिनाई होती थी। किताब और कॉपी खरीदने के लिए पैसा नहीं मिलता था। फिर भी मैं किसी तरह पढ़ाई करता रहा।

सातवीं पास करने के बाद जब मुझे मजबूर हो कर घर छोड़ना पड़ा, तो मैंने वाराणसी जिले में जा कर कालीन का काम सीखा। वह काम मैंने दो वर्ष तक किया। लेकिन पढ़ाई-लिखाई छोड़ कर कालीन बनाने में मेरा मन नहीं लगता था। मैं यह सोचता रहता था कि मैं भी पढ़ता और अपने छोटे भाई को भी पढ़ाता। फिर मैंने अपने छोटे भाई को पढ़ाना शुरू किया।

जब मैं 14 वर्ष का था, तभी मेरी शादी हुई। दो साल बाद मेरा द्विरागमन हुआ। उसके बाद 1987 में बाढ़ आयी थी। बाढ़ से बहुत क्षति हुई। बाढ़ का

पानी घर में घुस गया था। कितने ही घर गिर गये। उस समय लोगों को केवल पाँच किलो गेहूँ मिला सरकारी रिलीफ से। हम लोगों के लिए अपनी जान बचाना मुश्किल हो गया था।

1988 में एक लड़का हुआ। फिर 1992 में लड़की हुई। परिवार बढ़ने से घर की समस्या भी बढ़ने लगी। 1991 में मैं पथराही की संस्था सामाजिक-शैक्षणिक विकास केन्द्र में आ कर कार्यकर्ताओं से मिला, तो संस्था के सचिव श्री दीपक भारती ने कहा कि आपके गाँव में मैं एक सेंटर चलाऊँगा। मुझे सेंटर चलाने को कहा गया, तो मैंने स्वीकार कर लिया। उसके बाद मुझे स्लेट और पेंसिल मिले। तब मैंने ग्राम हरभंगा में लोक शिक्षण केंद्र चलाना शुरू किया। उसके बाद स्वयंसेवी कार्यकर्ता श्रीहरि जी, दिगम्बर जी, निर्मला जी, योगी जी, श्रीचन्द्र जी और सदानन्द सुमन ने प्रेरणा दी कि गाँव में ग्राम कोष का निर्माण करना है। प्रशिक्षण पा कर मैंने गाँव में जा कर बैठक की और अपने समाज को बताया कि संगठन बनाना है और ग्राम कोष में रुपया जमा करना है। एक माह में हम लोग पाँच रुपया जमा करवाते हैं और गाँव में महीने में दो बार बैठक करवाते हैं। उसी संगठन और एकता से हम लोग सभी साथी मिल कर सामन्तों से संघर्ष करते हैं। हमने ब्लॉक से अपने गरीब समाज को बासगीत का परचा दिलवाया है। अभी हमारे गाँव में संगठन का काम और शिक्षा तथा स्वास्थ्य का काम चल रहा है। इससे हमारे गाँव में जागरूकता आयी है। लोगों ने अपने-अपने बच्चों को पढ़ाना-लिखाना शुरू किया है।

31.5.1992 को महतो लोग लड़ाई करने के लिए मुसहरी टोले में घुस आये थे। वे बंदूक, पिस्तौल और बम ले कर घर लूटने आये थे। घर जलाने की धमकी दे रहे थे। उन्होंने मुसहरों से मार-पीट की। लेकिन उस दिन हम लोगों ने धैर्य से काम लिया। अपने संगठन के बल से हम लोगों ने लोक शक्ति संगठन का प्रदर्शन किया और ग्राम कोष के रुपये से उन लोगों पर मुकदमा दायर कर दिया। उस जमीन को कैप्चर करने की आवाज उठायी जो एक महन्त की है। महन्त का नाम नन्दकिशोर दास है। वह केस अभी तक चल रहा है। उस केस से वह महन्त परेशान है और वे महतो लोग भी परेशान हैं।

दिनांक 13.9.93 को हम स्वयंसेवी कार्यकर्ता सभी साथी मिल कर अनुमंडल कार्यालय पर विशाल प्रदर्शन किये थे अपनी माँगों को ले कर। 25 गाँवों से 25 हजार से ज्यादा लोग प्रदर्शन में आये थे। उसके बाद से अब सरकारी अफसर गरीबों की बात सुनते हैं और गाँव-गाँव में इन्दिरा आवास योजना के तहत हरिजन कॉलोनी बनाना शुरू किया है। गाँव में सरकारी कार्यकर्ता घूमते हैं और लोगों की समस्या लिख कर प्रखंड कार्यालय तथा अनुमंडल कार्यालय में ले जाते हैं। गाँव में चाँपा कल भी गड़वाते हैं। झोपड़ी बीमा भी लागू हो गया है।

तिलिया देवी

मैं तिलिया देवी, पति श्री नेयल सदाय, ग्राम खौये की रहनेवाली हूँ। मेरा जन्म मुसहर जाति में हुआ, जिस कारण समाज के बड़े लोग बचपन से ही घृणा करते थे। जब मैं बड़ी हुई, तो समाज के अमीर लोगों के यहाँ मजदूरी करती थी। गाय-बकरी चराती थी। जलावन-बिछका लाती थी। हमारी जाति में एक भी पढ़े-लिखे लोग नहीं थे और न ही शिक्षा के महत्व को जानते थे। समाज के ऊँचे लोग नहीं चाहते थे कि हरिजन-मुसहर का बच्चा पढ़े-लिखे। इस कारण मैं भी नहीं पढ़ सकी।

बचपन में मेरा विवाह हो गया। विवाह के कुछ ही दिनों के बाद ससुराल में मजदूरी करना शुरू कर दिया। एक वर्ष बाद पहला लड़का जन्म लिया। लड़का के जन्म लेने के बाद पति की गरदन टेढ़ी हो गयी तो परिवार का सारा भार मुझे ही उठाना पड़ा। एक के बाद एक पाँच-छह वर्षों में छह बच्चों ने जन्म लिया। चार लड़के, दो लड़कियाँ। इनमें से एक लड़का गर्भावस्था में ही ज्यादा काम करने के कारण मर गया। गरीबी और परिवार की चिंता को ले कर भारी-भारी काम करना पड़ता है।

मैं भूमिहीन हूँ। अपनी जमीन नहीं है। सरकार की जमीन पर बाँधी हुई हूँ। कास-सीकी की दौरी बना कर बेचती हूँ। साग भी बेचती हूँ। बकरी पाले हुए हूँ।

गाँव में महिला संगठन बनाने की बात शुरू हुई, तो मुझे बहुत खुशी हुई। हम लोग ग्राम कोष में 5 रुपया प्रति परिवार जमा करने लगे। पुरुष भाई सब विरोध करते थे। वे महिला बहनों को उत्पीड़ित करने लगे। हमारे पति ने हमको इतना मारा कि हम एक महीने तक पीड़ित रहे। पर हमने मन में ठान लिया था कि गाँव में संगठन बना कर जुल्म करनेवालों के विरोध में लड़ना है। महिला बहनों ने हमेशा सहयोग किया। सबसे ज्यादा सहयोग पगिया बाई ने किया। ग्राम कोष के रुपये से गाँव के लोगों को खूब फायदा होता है। ग्राम कोष से पैसा ले कर पंजाब-भदोही जाते हैं। गरीब की लड़की की शादी होती है। बीमार होने पर इलाज होता है। अब हमें महाजन के यहाँ हाथ नहीं पसारना पड़ता। सूदखोरी बन्द हो गयी हैं। लोग ग्राम कोष से रुपया लेते हैं और फिर कमा कर दे देते हैं। इस महाजन के यहाँ इज्जत नीलाम नहीं होती।

जब संगठन और ग्राम कोष से फायदा होने लगा, तो पुरुष लोग संगठन में आने लगे। तब गाँव में लोक शक्ति संगठन बना और पुरुषों का सहयोग मिलने पर ग्राम कोष में भी काफी रुपया हो गया। अभी दो वर्ष में 3 हजार 5 सौ रुपया जमा किया है। सामाजिक-शैक्षणिक विकास केंद्र के दीपक भाई की प्रेरणा से हम लोगों ने एस. डी. ओ., झंझारपुर के सामने प्रदर्शन भी किया। अब मैं

सामाजिक कार्यकर्ता हूँ। गाँव में जा कर महिलाओं की बैठक करती हूँ। हम गाँव-गाँव जाती हैं और महिला संगठन का काम करती हैं। बैठक रात में जा कर करती हूँ, क्योंकि महिला बहनें दिन भर काम में लगी रहती हैं। बैठक में हम संगठन, ग्राम कोष, शिक्षा, स्वास्थ्य, अंधविश्वास, बाल विवाह, बाल मजदूरी, दहेज, परदा प्रथा, विधवा विवाह, पुरुषों द्वारा महिला पर जुल्म आदि विषयों की जानकारी देते हैं।

कानून क्या कहता है

प्रवीण मू. बक्षी

अनुसूचित जातियों के संरक्षण के लिए भारतीय संविधान के निर्माताओं ने संविधान में विशेष प्रावधान करने का निश्चय किया। संविधान निर्माताओं के विचारों के अनुरूप सामाजिक न्याय के लक्ष्य को प्रोत्साहित करने के उद्देश्य से संवैधानिक प्रावधानों के साथ-साथ कुछ विशेष कानूनी उपाय भी किये गये हैं। भारतीय संविधान की प्रस्तावना में राजनीतिक और आर्थिक न्याय के साथ-साथ सामाजिक न्याय का जो आदर्श प्रतिपादित किया गया है, उससे ही ये प्रावधान और कानून प्रेरणा ग्रहण करते हैं।

संविधान का अनुच्छेद 14 सभी व्यक्तियों को कानून के सामने समानता और कानून की समान सुरक्षा की गारंटी देता है। इसी अधिकार का थोड़े विस्तार से अनुच्छेद 15 (1) में उल्लेख किया गया है, जिसमें राज्य को अन्य बातों के साथ-साथ जाति के आधार पर किसी नागरिक के साथ भेदभाव करने से रोका गया है। लेकिन अनुच्छेद 15 (4) में राज्य को अन्य बातों के साथ अनुसूचित जातियों के लिए विशेष प्रावधान करने की अनुमति दी गयी है। यह संरक्षणात्मक भेदभाव का एक उदाहरण है। अनुच्छेद 15 (2) में कहा गया है कि अन्य बातों के साथ-साथ किसी भी नागरिक को केवल जाति के आधार पर अक्षमता या किसी दायित्व का पात्र नहीं ठहराया जायेगा। केवल इसी आधार पर दुकानों, रेस्त्राँओं, होटलों और सार्वजनिक मनोरंजन के स्थलों पर प्रवेश या कुएँ आदि के इस्तेमाल पर कोई रोक या शर्त नहीं लगायी जायेगी। साथ ही ऐसी सड़कों और सार्वजनिक आवाजाही के ऐसे स्थलों, जिनका रखरखाव पूरे या आंशिक रूप में राज्य कोष से किया जाता है या जिन्हें जन उपयोग के लिए समर्पित किया गया हो, के इस्तेमाल पर भी अन्य चीजों के साथ-साथ केवल जाति के आधार पर रोक नहीं लगायी जायेगी।

एक अन्य संदर्भ में भी संरक्षणात्मक भेदभाव की जरूरत महसूस की गयी।

संविधान का अनुच्छेद 29 (2) कहता है कि सरकार द्वारा चलाये जा रहे या सहायताप्राप्त शैक्षणिक संस्थानों में किसी भी नागरिक को केवल जाति के आधार पर प्रवेश देने से मना नहीं किया जा सकेगा। पर अनुच्देद 15 (4) इस आम निषेध का अपवाद प्रस्तुत करता है, जिसमें अनुसूचित जातियों के लिए राज्य को विशेष प्रावधान करने की अनुमति दी गयी है।

सरकारी नौकरियों के सिलसिले में जहाँ अनुच्छेद 16 (1) और 16 (2) अन्य बातों के अलावा केवल जाति के आधार पर भेदभाव करने पर रोक लगाते हैं, वहीं अनुच्छेद 16 (4) राज्य को अन्य चीजों के अतिरिक्त किसी भी 'ऐसे पिछड़े वर्ग के नागरिकों के लिए नियुक्तियों या पदों में आरक्षण की अनुमति देता है जिनका राज्य की दृष्टि में सरकारी सेवाओं में पर्याप्त प्रतिनिधित्व नहीं है।' हालाँकि अनुसूचित जातियों का इसमें अलग से उल्लेख नहीं है, लेकिन उच्चतम न्यायालय ने यह स्पष्ट किया कि वे एक पिछड़े वर्ग के रूप में माने जायेंगे (जानकी प्रसाद बनाम जम्मू और कश्मीर राज्य, ए. आइ. आर. 1973, सु. को. 930, 937)। इसी आधार पर आरक्षण के निर्धारित कोटे के तहत उनके पक्ष में पदों का आरक्षण और सेवा शर्तों में छूट तथा अन्य चीजें बहाल रखी गयी हैं। (ए. बी. एस. के संघ बनाम भारत सरकार, ए. आइ. आर 1981, सु. को. 298)।

ऊपर वर्णित मौलिक अधिकारों और उनमें परिवर्तन के अतिरिक्त संविधान में राज्य के नीति निदेशक सिद्धांतों का एक अध्याय है। अनुच्छेद 37 में कहा गया कि 'इन प्रावधानों को किसी अदालत के जरिये लागू नहीं करवाया जा सकेगा, लेकिन यहाँ उल्लिखित सिद्धांत देश के शासन का आधार हैं और यह राज्य का कर्तव्य है कि वह कानून बनाने में इन सिद्धांतों को अमल में लाये।' राज्य के नीति निदेशक सिद्धांतों में से एक, अनुच्छेद 46 अनुसूचित जातियों के लिए प्रासंगिक है। इसमें कहा गया है कि 'राज्य जनता के कमजोर तबकों और विशेष तौर पर अनुसूचित जातियों और जनजातियों के शैक्षणिक और आर्थिक हितों को विशेष ध्यान देते हुए प्रोत्साहित करेगा और सामाजिक अन्याय तथा शोषण के सभी दूसरे प्रकारों से उनकी रक्षा करेगा।'

संविधान में अनुसूचित जातियों से सम्बन्धित लक्ष्यों के कार्यान्वयन की समीक्षा के लिए विशेष प्रावधान भी किये गये हैं। किसी जाति को अनुसूचित जाति घोषित करने का कार्य अनुच्छेद 341 (1) के अंतर्गत राष्ट्रपति करता है और इससे सम्बन्धित दूसरे प्रावधान अनुच्छेद 341 (2) के तहत संसदीय कानून बना कर किया जाता है। भारत के राष्ट्रपति ने अनुच्छेद 341 (1) के अंतर्गत संविधान (अनुसूचित जाति) आदेश, 1950 जारी किया, जिसमें तदनुसार संसदीय कानूनों के जरिये संशोधन किया जाता रहा है। उच्चतम न्यायालय ने एक फैसले में कहा कि अदालतें राष्ट्रपति की अधिसूचना के परे नहीं जा सकतीं (परसराम बनाम शिवचंद, ए. आइ. आर.

1969, सु. को. 550) अनुच्छेद 338, जिसमें 1990 में 65वाँ संशोधन किया गया, के तहत अनुसूचित जातियों और जनजातियों के लिए राष्ट्रीय स्तर पर एक आयोग बनाया गया है। मंडल आयोग से सम्बन्धित फैसले में इस आयोग के कार्यों का हवाला दिया गया है (इंदिरा साहनी बनाम भारत सरकार (1992), पूरक (3), अ. जा. आ. 217)। संविधान के अनुच्छेद 335 में कहा गया है कि संघ या राज्य के मामलों से सम्बन्धित सेवाओं और पदों के लिए नियुक्ति करते वक्त अनुसूचित जातियों और अनुसूचित जनजातियों के सदस्यों के दावों पर विचार 'प्रशासन की कार्यकुशलता के निर्वाह के अनुरूप' किया जाना चाहिए।

मौलिक अधिकारों से सम्बन्धित अनुच्छेद 17 अस्पृश्यता को खत्म कर किसी भी रूप में इसके व्यवहार पर रोक लगाता है। इसमें यह भी प्रावधान है कि अस्पृश्यता के परिणामस्वरूप किसी अक्षमता पर अमल कानून के मुताबिक दंडनीय अपराध होगा। अनुच्छेद 35 (ए) (ii) संसद को मौलिक अधिकारों से जुड़े संवैधानिक प्रावधानों के तहत अपराध करार दिये गये कृत्यों के लिए ऐसे कानून बनाने का पूरा अधिकार देता है, जिनमें दंड निर्धारित किये गये हों।

1955 में संसद ने अस्पृश्यता (अपराध) अधिनियम बनाया। 1976 में उसी वर्ष के अधिनियम 106 के जरिये इस कानून का नाम बदल कर नागरिक अधिकार सुरक्षा कानून, 1955 कर दिया गया। इस कानून की धारा 3 और 4 के तहत अस्पृश्यता के आधार पर किसी व्यक्ति को धार्मिक या सामाजिक रूप से अयोग्य करार देने के लिए दंड का प्रावधान किया गया है। विशेष रूप से किसी सार्वजनिक धार्मिक स्थल में अगर किसी व्यक्ति को प्रवेश से रोका जाता है जबकि वहाँ उसी धर्म को माननेवाले दूसरे व्यक्तियों को जाने की इजाजत होती है, तो व्यक्ति विशेष के प्रवेश पर रोक दंडनीय होगी। धारा 5 में आम जनता या उसके किसी भी वर्ग के लाभ के लिए चलाये जा रहे संस्थानों–मसलन अस्पताल, शिक्षण संस्थान आदि–में अगर अस्पृश्यता के आधार पर किसी व्यक्ति को दाखिला देने से मना किया जाता है, तो यह कृत्य दंडनीय होगा। इसी तरह धारा 6 में 'अस्पृश्यता के आधार पर किसी व्यक्ति को वस्तु बेचने से मना करने या उसे सेवा मुहैया न करना भी दंडनीय होगा। धारा 7 में व्यवस्था की गयी है कि अस्पृश्यता को समाप्त करनेवाले संवैधानिक अनुच्छेद 17 के तहत मिलनेवाले अधिकारों के प्रयोग से अगर किसी को वंचित किया जाता है, तो यह दंडनीय अपराध होगा। इसी धारा में संविधान के अनुच्छेद 17 के तहत प्रदत्त अधिकारों के प्रयोग की वजह से किसी व्यक्ति को सताने, बाधा पहुँचाने या बहिष्कृत करने या अस्पृश्यता के पालन के लिए दूसरों को उकसाने अथवा अस्पृश्यता के आधार पर अनुसूचित जाति के किसी सदस्य का अपमान करने को अपराध माना गया है। धारा 7 (ए) के तहत अस्पृश्यता के आधार पर किसी व्यक्ति को गैरकानूनी ढंग से मजदूरी

करने के लिए विवश करना दंडनीय है। धारा 10 (ए) के जरिये राज्य सरकार विशेष मामलों में कानून का उल्लंघन न करने के लिए सामूहिक जुर्माना कर सकती है। इस अधिनियम की धारा 15 में इन अपराधों को संज्ञेय घोषित किया गया है। धारा 15 (ए) में राज्य सरकार से कहा गया है कि वह जरूरी उपाय कर यह सुनिश्चित करे कि अस्पृश्यता के आधार पर अयोग्यता के पात्र बनाये गये व्यक्ति इन अधिकारों का उपयोग कर सकें। धारा 16 (ए) इस कानून के तहत दोषी करार दिये गये 14 साल से ज्यादा उम्र के व्यक्ति की परिवीक्षोत्तर रिहाई की मनाही करती है।

अनुसूचित जाति और अनुसूचित जनजाति (अत्याचार निरोध) कानून का मकसद अनुसूचित जातियों और जनजातियों के सदस्यों पर अत्याचार होने से रोकना है। इस कानून के तहत विशेष अदालतों के गठन का प्रावधान है, जिसमें अपराध करनेवालों के खिलाफ मुकदमा चलाने और ऐसे अपराधों के शिकार हुए व्यक्तियों की राहत और पुनर्वास की व्यवस्था है। धारा 3 में ऐसे अपराधों का विस्तृत उल्लेख किया गया है। धारा 4 के अंतर्गत इस कानून के तहत निर्वाह किये जाने वाले दायित्व की अगर कोई सरकारी सेवक जानबूझ कर उपेक्षा करने का दोषी पाया जाता है, तो वह दंड का भागी होगा। विशेष अदालत के आदेश के तहत धारा 7 में दोषी व्यक्तियों की सम्पत्ति जब्त कर लेने का प्रावधान है। धारा 10 के अनुसार, विशेष अदालत किसी व्यक्ति द्वारा इस कानून के तहत निर्धारित अपराध करने की आशंका के मद्देनजर उसे स्थान विशेष से हटाने का आदेश दे सकती है। धारा 16 राज्य सरकार को सामूहिक जुर्माना लगाने का अधिकार देती है। इस कानून के तहत ऐसे मामलों में अग्रिम जमानत की मनाही है, जिसमें किसी व्यक्ति पर अपराध करने का अभियोग लगाया गया हो और उसकी गिरफ्तारी संभावित हो। धारा 19 इस कानून के तहत दोषी करार दिये गये 18 साल से ज्यादा उम्र के व्यक्ति की परिवीक्षोत्तर रिहाई की मनाही करती है।

कानूनों और कार्यक्रमों के बावजूद

नीलम गुप्ता

देश के राजनीतिक, सामाजिक व आर्थिक मानचित्र पर कल तक जो निम्नतम स्तर पर थे, आज वे राजनीति में अपनी जगह तय कर रहे हैं, आर्थिक क्षेत्र में अपने हितों को छीन कर ले रहे हैं और अभी तक अपने पर हुक्म चलानेवालों से पूछ रहे हैं : तुम मुझ पर हुक्म चलानेवाले कौन ? जी हाँ, ये वही हरिजन हैं, जिनके सामाजिक, आर्थिक व राजनीतिक विकास के लिए संविधान में आरक्षण तथा अन्य विशेष व्यवस्थाएँ की गयी थीं और नीति-निदेशक तत्वों में खास हिदायत दे कर कहा गया था कि भारत में एक समतामूलक समाज की स्थापना करनी है, लेकिन जिनकी यातना दूर करने का कोई ठोस प्रयत्न अभी तक नहीं हुआ है।

सवाल उठता है कि क्या 44 साल बाद हमने बराबरी का स्तर हासिल कर लिया ? जवाब है, नहीं। तो क्या हरिजनों की स्थिति में कुछ भी सुधार नहीं हुआ ? जवाब 'हाँ' और 'नहीं' दोनों में है। जो कल तक राजनीति में कहीं नहीं थे, आज अगर वे खुद राजनीति कर रहे हैं (बसपा), तो कैसे कह दें कि वे ताकतवर नहीं हुए ? पर जिसका 60 फीसदी हिस्सा आज भी सामंती अर्थव्यवस्था की हिंसा का शिकार हो और जिसकी औरत को सरेआम नंगा कर गाँवों में घुमाया जा सकता हो, जिसके पेशों के नाम पर आज भी समाज में गाली दी जाती हो और जिसके लिए गाँव के कुएँ-बावड़ी, मंदिर सभी वर्जित हों, कैसे कह दें कि बाकी समाज ने उसे अपने बराबर मान लिया है ? नहीं, वह बराबर नहीं है, किसी भी रूप में नहीं, लेकिन इतना फर्क जरूर आया है कि कल तक उसे सामाजिक अत्याचारों का एहसास नहीं था, आज वह उन अत्याचारों को सहने को तैयार नहीं। कल तक उसे अपनी गरीबी के कारणों का पता नहीं था, आज उसे पता लग गया है और वह उनके खिलाफ लड़ने की ताकत बटोर रहा है। राजनीतिक सत्ता हासिल करना उसकी यही ताकत बटोरने की कोशिश और उसके व उच्च वर्गों के बीच बढ़ती हिंसा रूढ़िवादी ताकतों की ओर से इस कोशिश को नाकाम

कर यथास्थिति को बनाये रखने के संघर्ष का नतीजा है।

दिल्ली में जनमा-पला कोई युवक हो सकता है पूछे कि अछूत क्या होता है ? उससे मेरा सवाल होगा–तुम्हारे घर में शौचालय का कमोड तुम या तुम्हारी मम्मी साफ करती हैं या फिर मेहतर ? शौचालय की इस नयी तकनीकी व्यवस्था में आज अगर हम कमोड की सफाई मेहतर से नहीं करवा रहे हैं, तो सिर्फ इसलिए कि मेहतर को अपने घर के भीतर लाने की मानसिकता हमारी नहीं है। यही व्यवस्था अगर घर की किसी ऐसी जगह पर होती जहाँ मेहतर बाहर से ही उसे साफ करके चला जाता, तो अपने आपसे ही पूछ कर देख लीजिए, क्या आप उससे साफ करवाना ज्यादा पंसद न करते ? तो जो लोग कहते हैं कि शहरों में छुआछूत नहीं रही, उनसे निवेदन है कि शहरों में भी इस मानसिकता का अंत अभी नहीं हुआ है–हाँ, यह कम जरूर हुई है। और गाँवों में ? आइए, कुछ उदाहरण देखें। कुछ साल पहले गैर-सरकारी संगठन हरिजन सेवक संघ ने 13 राज्यों में एक सर्वेक्षण कराया। कर्नाटक के सौ गाँवों में यह सर्वेक्षण किया गया और पाया गया कि वहाँ सौ के सौ गाँवों में हरिजनों को सार्वजनिक कुएँ से पानी नहीं भरने दिया जाता, वे मंदिरों में नहीं जा सकते और होटलों में उनका प्रवेश वर्जित है। केरल तो पूरी तरह साक्षरों का राज्य है न ! वहाँ के 60 गाँवों का सर्वेक्षण हुआ और एक भी गाँव ऐसा नहीं मिला, जिसमें किसी हरिजन को इन तीनों में से कोई छूट हो। आर्थिक और शैक्षणिक दृष्टि से अपेक्षाकृत कमजोर उड़ीसा में भी यही स्थिति थी।

राष्ट्रीय अनुसूचित जाति-जनजाति आयोग ने 1989 में सात राज्यों का सर्वेक्षण किया और पाया कि इनके हरिजन-बहुल इलाकों में छुआछूत किसी न किसी रूप में मौजूद है। 1990 की उसकी रपट के मुताबिक उत्तर प्रदेश, तमिलनाडु, केरल, कर्नाटक और राजस्थान में दलित मंदिर व सार्वजनिक पूजा स्थलों पर नहीं जा सकते। सामाजिक समारोहों में भाग लेने के मामले में भी उनसे भेदभाव बरता जाता है। तमिलनाडु में वे पानी के आम स्रोतों से पानी नहीं ले सकते। उत्तर प्रदेश, राजस्थान और केरल में भी कहीं-कहीं ऐसी स्थिति है। उन्हें चाय के स्टालों और होटलों में नहीं बैठने दिया जाता। तमिलनाडु में दलितों के एक वर्ग को नाई और एक वर्ग को धोबी की सेवाएँ उपलब्ध नहीं। उत्तर प्रदेश में भी यही स्थिति है। राजस्थान, कर्नाटक और केरल में भी कुछ वर्ग नाई की सेवाओं से वंचित हैं। ग्राम चौपालों और ग्राम सभा की बैठकों में भाग लेने के मामले में उनसे तमिलनाडु और उत्तर प्रदेश में और कुछ कम मात्रा में राजस्थान में भेदभाव बरता जाता है। राजस्थान में दलितों के एक वर्ग के साथ शिक्षा संस्थाओं, लोक स्वास्थ्य केंद्र जैसी संस्थाओं में भी भेदभाव बरता जाता है। उत्तर प्रदेश, महाराष्ट्र, तमिलनाडु और राजस्थान में आम जनता के प्रयोग के लिए रखे गये बरतनों का

इस्तेमाल वे नहीं कर सकते। तमिलनाडु और कुछ कम मात्रा में महाराष्ट्र और उत्तर प्रदेश में सार्वजनिक श्मशान, कब्रिस्तान और सार्वजनिक मार्गों का इस्तेमाल उन्हें नहीं करने दिया जाता। तमिलनाडु व उत्तर प्रदेश में कहीं-कहीं अपने लिए वे मकान और व्यावसायिक परिसरों का न तो निर्माण कर सकते हैं और न उन्हें खरीद ही सकते हैं। वे धर्मशालाओं और सरायों में भी नहीं जा सकते। बिहार में वे सार्वजनिक समारोहों में भाग नहीं ले सकते। साफ है कि हर राज्य में छुआछूत किसी न किसी रूप में मौजूद है। तमिलनाडु इसमें सबसे ऊपर है।

जो लोग समझते हैं कि सरकारी या अर्द्धसरकारी संस्थाओं में छुआछूत नहीं होती, राजस्थान उनके इस भ्रम को भी तोड़ देता है। गुजरात भी एक उदाहरण है। इंडियन रिसर्च सोसायटी फॉर बैकवर्ड क्लासेस के एक सर्वेक्षण के अनुसार गुजरात में हरिजनों को सरकारी संस्थाओं का सदस्य नहीं बनाया जाता। सहकारी बैंक और खास तौर से दुग्ध सहकारी संस्थाओं में उन्हें सदस्यता नहीं दी जाती। कारण, पटेल और क्षत्रिय उनका दूध खरीदने से मना करते हैं। भेदसाना, अहमदाबाद, कैरा और सुरेंद्र नगर जिलों में जिन हरिजन परिवारों के पास दुधारू जानवर हैं, उनमें से मात्र 8 प्रतिशत को ही दुग्ध सहकारी समिति का सदस्य बनाया गया है। कृषि सहाकारी संस्थाओं में भी उनकी सदस्यता मात्र 9 फीसदी है। इनमें से भी एडवांस राशि मात्र 3.8 फीसदी को ही दी गयी और वसूली ? वह जरूर सबसे पहले और सबसे ज्यादा इन्हीं से हुई। यह स्थिति उस राज्य की है, जिसमें शूद्र को हरिजन का नाम देनेवाले महात्मा गाँधी हुए।

ये सभी उदाहरण यही स्थापित करते हैं कि हम इक्कीसवीं सदी के तकनीकी युग में भले ही प्रवेश करने जा रहे हों, समाज के एक वर्ग को अपने से भिन्न और इसलिए अस्पृश्य समझने की सदियों पुरानी हमारी मानसिकता का अंत नहीं हुआ है। यही नहीं, अपने श्रेष्ठ होने की अवधारणा भी हममें उतनी ही मात्रा में जीवित है और इसलिए जब निम्न समझे जानेवाले इस वर्ण का कोई हिस्सा हमें बराबरी पर आता दिखाई देता है तो हम उसे बरदाश्त नहीं कर पाते। हमारी यह असहिष्णुता कितनी क्रूर है, इसके भी उदाहरण देखिए। तमिलनाडु के तंजावुर जिले में वेद्‌दामंगलम गाँव में उच्च वर्गीय मुहल्ले के लोगों ने एक महिला की शवयात्रा को घातक हथियार दिखा कर लौटा दिया। (11 नवम्बर 83) वजह, महिला हरिजन थी। कौन कहता है, मृतक की जाति नहीं होती ? बिहार के पलामू जिले के झाँसी गाँव में अनुसूचित जाति के लोगों की खड़ी फसलों को 29 मार्च '83 को सिर्फ इसलिए आग लगा दी गयी कि वे लोग भी होली मना रहे थे। तमिलनाडु के हरिजन-बहुल जिले दक्षिण अकोर के नरियेडु गाँव में 18 सितम्बर '87 को दलितों के 119 घर जला दिये गये। कारण, उन्होंने आरक्षण की माँग कर रहे बनियारों का साथ देने से मना कर दिया था। उत्तर प्रदेश में आगरा में

करीब दो साल पहले एक हरिजन बारात पर लाठियों से हमला किया गया, क्योंकि दूल्हा घोड़ी पर बैठा था। हरिजन दूल्हा घोड़ी पर बैठा हो और उसकी बारात सवर्णों के मुहल्ले में से निकलने की हिम्मत करे, यह कैसे हो सकता है !

धार्मिक स्तर पर स्थिति और भी खराब है, खास तौर से दक्षिण भारत में और उसमें भी तमिलनाडु और कर्नाटक में। 25 मार्च 1993 को मैसूर (कर्नाटक) जिले के नंजनगढ़ ताल्लुके के बंदनवाल में तीन हरिजनों की हत्या कर दी गयी, क्योंकि वे सिद्धेश्वर मंदिर में जाने की माँग कर रहे थे। यह वही मंदिर था, जिसके पुनरुद्धार के लिए गाँव में अल्पसंख्यक, पर उच्च वर्ण के लिंगायत समाज ने हरिजनों से आर्थिक व श्रमिक मदद माँगी थी और मंदिर में प्रवेश का आश्वासन मिल जाने पर उन्होंने 30 हजार रुपये और श्रम का दान किया था। लेकिन जब उद्घाटन का समय आया, तो दो-तीन हरिजन विधायकों को दाखिला दे कर बाकी किसी को मंदिर के पास भी नहीं फटकने दिया। प्रशासनिक मदद से जब हरिजनों ने अपना यह अधिकार हासिल कर लिया, तो एक रात दूसरे गाँव से मैच खेल कर लौट रही हरिजनों की टोली पर योजनाबद्ध तरीके से हमला कर दिया गया, जिसमें तीन लोग मारे गये और दो बुरी तरह घायल हो गये। मरनेवालों में एक वहीं के स्कूल के हेडमास्टर थे और हमलावरों में एक उनका छात्र। तमिलनाडु में भी हरिजनों को मंदिरों में जाने की इजाजत नहीं। पर धीरे-धीरे आ रही जागृति के बाद वे अपना यह संवैधानिक अधिकार पाने की कोशिश कर रहे हैं। 25 मई 1993 को एक दलित संस्था के 33 सदस्यों ने श्रीरंगम मंदिर में घुसने की कोशिश की, पर पुजारियों ने उन्हें आगे नहीं बढ़ने दिया। बाकी राज्यों में भी स्थिति कोई बेहतर नहीं है। हरिजन सेवक संघ के सर्वेक्षण के मुताबिक आंध्र प्रदेश के 60 में से 16, गुजरात के 141 में से 130, महाराष्ट्र के 61 में से 26, मध्य प्रदेश में 199 में से 95, उड़ीसा के 50 में से सभी 50, राजस्थान के 75 में से 63, तमिलनाडु के 148 में से 131, उत्तर प्रदेश के 170 में से 78 और हिमाचल प्रदेश के 51 में से सभी 51 गाँवों में हरिजनों को मंदिरों में जाने की छूट नहीं थी। हरियाणा में भी, जहाँ अस्पृश्यता कम मानी जाती है, 47 गाँवों में से 23 गाँवों में हरिजन मंदिरों में नहीं जा सकते थे। पंजाब में भी कई जगह हरिजनों पर मंदिरों में जाने पर रोक है।

इन आँकड़ों से साफ है कि छुआछूत आज भी हमारे समाज में, खास तौर से ग्रामीण समाज में, मौजूद है, जबकि सरकार ने 1955 में ही इसे कानूनन एक अपराध घोषित कर दिया था। सवाल उठना स्वाभाविक है कि क्या कभी इस कानून के तहत किसी को सजा हुई ? अगर हाँ, तो फिर यह इतने बड़े पैमाने पर कैसे मौजूद है ? मौजूद तो इसलिए है कि यह एक मानसिकता है, जिसे सिर्फ कानून से बदला नहीं जा सकता। हमारे कानून को लागू करनेवाली दो एजेंसियों

पुलिस व प्रशासन में बैठे ज्यादातर लोग खुद इसी मानसिकता के हैं। अपराधी की और उनकी जाति एक ही होती है। जाति अलग हो भी, तो स्वार्थ एक होते हैं। अनुसूचित जाति-जनजाति आयोग की 1990 की रिपोर्ट कहती है, अस्पृश्यता के ज्यादातर मामले इसके खिलाफ कानून के तहत दर्ज किये ही नहीं जाते। पहली बार 1955 में अस्पृश्यता विरोधी अधिनियम लागू किया गया। 1975 यानी 20 सालों में इसके तहत देश भर में मात्र 6778 मामले ही दर्ज हुए और इनमें से भी 1779 मामलों में ही कार्रवाई की गयी और उनमें मात्र 26 फीसदी को ही सजा दी गयी। 1975 में लगा कि कानून लाचार है, इसलिए खामियों को दूर करने के लिए संशोधन किया गया। सजा थोड़ी कड़ी बनायी गयी। अधिनियम का नाम भी बदल कर नागरिक अधिकार संरक्षण अधिनियम कर दिया गया और तय किया गया कि पाँच साल में देश में अस्पृश्यता का अंत कर दिया जायेगा। पर हुआ क्या ? सिर्फ इतना कि पहले जो मामले दर्ज नहीं होते थे या दर्ज कराये ही नहीं जाते थे, वे अब कराये भी जाने लगे और संभवतया दर्ज (हालाँकि सभी नहीं) भी होने लगे। समाज कल्याण विभाग के अनुसूचित जाति-जनजाति आयुक्त कार्यालय की रपट के मुताबिक 1975 से '85 के बीच देश भर में इस कानून के तहत हर साल औसतन 14,334 मामले दर्ज किये गये। इनमें से मात्र 62 फीसदी में चालान पेश किया गया। अदालतों में उनमें से भी मात्र 31 फीसदी में से भी मात्र 20 फीसदी में दोषियों को सजा हुई। यानी कुल मामलों के दस फीसदी से भी कम में अपराधी को दंडित किया जा सका।

आयोग ने 1989 में विभिन्न राज्यों में दस मामलों का अध्ययन करने के बाद कहा–इन मामलों में हिंसात्मक घटनाएँ धार्मिक, सामाजिक मामलों पर जोर देने, सार्वजनिक स्थलों में भेदभाव बरतने, अपमानजनक व्यवहार किये जाने और बेगार कराने के कारण हुईं। ये सभी मामले नागरिक अधिकार संरक्षण अधिनियम के तहत दंडनीय अपराध हैं। पर अध्ययन किये गये अधिकांश मामलों में इस कानून का सहारा नहीं लिया गया। आयोग की टिप्पणी थी, '35 साल से चले आ रहे ऐसे महत्वपूर्ण कानून की थानों को जानकारी न होना अक्षम्य है।' रिपोर्ट के अनुसार 1986 में देश भर में (बिहार को छोड़ कर) 8179 मामले इस अधिनियम के तहत लंबित थे, इनमें से 2337 पर विचार किया गया और उनमें 80 फीसदी मामलों में आरोपियों को दोषमुक्त कर दिया गया। दोषमुक्ति भी उल्लंघन की तरह सबसे ज्यादा 93 प्रतिशत तमिलनाडु में, 90 प्रतिशत आंध्र प्रदेश में और 74 प्रतिशत राजस्थान में थी।

हरिजनों के प्रति अस्पृश्यता के बीज हिंदू समाज की वर्ण व्यवस्था और उससे उपजी जाति व्यवस्था में हैं, जिसमें शूद्र को न केवल सबसे नीचा ठहराया गया, बल्कि अमनुष्य मानते हुए बाकी समाज से अलग भी कर दिया गया। आज भी

ज्यादातर गाँवों में मेहतर, चमार, ढोली आदि के मुहल्ले अलग और गाँव से बाहर हैं। सरकारी मशीनरी द्वारा उनकी उपेक्षा का कारण जाति के साथ-साथ सामंती व्यवस्था है, जिसमें भूमि का स्वामित्व कुछ लोगों तक सीमित होता है। इसीलिए भीमराव आंबेडकर कहा करते थे कि अगर दलितों को बाकी समाज के बराबर लाना है, तो जाति व सामंती दोनों व्यवस्थाओं को खत्म करना जरूरी है। पिछले 40 सालों में जाति व्यवस्था और सामंतवाद दोनों ही जटिल हुए हैं। तकनीकी विकास और उसके साथ बदलते अर्थव्यवस्था के स्वरूप ने सामंती व्यवस्था के स्वरूप को भी बदला है और वह ज्यादा ताकतवर तथा क्रूर रूप में सामने आयी है, जिससे गाँवों में हरिजनों की स्थिति और भी खराब हुई है। आज सीमांत किसान को उसकी जमीन से धकेला जा रहा है और खेतिहर मजदूर पर भूस्वामियों की निर्भरता कम हो रही है। यह निर्भरता किस हद तक कम हुई है, इसका पता इसी से लग जाता है कि 1981 में जहाँ 48.2 फीसदी हरिजन खेतिहर मजदूर थे, 1991 में उनकी संख्या घट कर मात्र 18 प्रतिशत रह गयी, जबकि 1971 में यह संख्या 51.7 थी। इसका मुख्य कारण यह माना जा रहा है कि भूमि जोतने में आधुनिक उपकरणों का इस्तेमाल ज्यादा से ज्यादा किया जा रहा है, जिसमें कम, पर प्रशिक्षित मजदूर की जरूरत होती है। ऐसे में छँटनी तो हो ही रही है, प्रशिक्षित नहीं होने के कारण जमीन से सालों पुराना अपना रिश्ता उसे तोड़ना पड़ रहा है। बड़े-बड़े बाँधों, उद्योगों और कारखानों के नाम पर भी उससे जमीन छीनी जा रही है। वैकल्पिक खेती का एक दुष्परिणाम यह हुआ है कि 'बंजर भूमि' के नाम पर अच्छी भूमि भी गैरसरकारी संगठनों व अमीरों को, पहले से ही जिनके पास काफी जमीन है, दी जा रही है। इससे एक ओर वे अधिक बड़ी भूमि के मालिक बन रहे हैं और इसलिए ताकतवर हो रहे हैं, दूसरी ओर गरीब के लिए भूमि का, जो उसकी आजीविका का साधन होती थी, टोटा पड़ता जा रहा है।

ग्रामीण सामंतों के अफसर बेटों और शहर के नवधनाढ्य वर्ग ने भी जमीन के बड़े हिस्से को अपने कब्जे में ले लिया है और उसका उपयोग वह खेती में नहीं कर रहा। उनकी दिलचस्पी भूमि के पूँजीगत मूल्य की बढ़ोतरी में है। या फिर वह फार्म हाउस बना रहा है, जिसकी उपज में गरीब मजदूर का कोई हिस्सा नहीं होता। यह पूरा वर्ग वह वर्ग है, जिसके पास धन-बल के साथ-साथ राजनैतिक सत्ता का बल भी है। प्रशासनिक-प्रबंधकीय ढाँचे में वह या तो खुद ऊँचे पदों पर बैठा है या फिर उन पदों पर बैठे लोगों तक उसकी पहुँच है। कुल मिला कर वह एक बेहद ताकतवर वर्ग के रूप में उभरा है, जिसका गाँव और शहर दोनों ही जगह काफी दबदबा है। अपने इस दबदबे के कारण वह हर क्षेत्र के सीमान्त या मझोले किसान से उचित-अनुचित तरीकों से जमीन छीनता जा रहा

है। क्योंकि हरिजन से वह प्रतिरोध की अपेक्षा नहीं करता, इसलिए उसके प्रति उसका व्यवहार बेहद हिंसक व क्रूर हो उठा है। परती भूमि का कुछ वितरण हरिजनों में हुआ, लेकिन उसमें से भी ज्यादातर जमीन धनी किसान ने उससे छीन ली।

इन सब कारणों से हरिजन पहले भी आम तौर पर भूमिहीन था और बड़ी संख्या में आज भी भूमिहीन है। 1980-81 में हरिजनों के पास मात्र 7 प्रतिशत भूमि थी, जबकि बाकी वर्गों (अनुसूचित जनजाति को छोड़ कर) के पास 82.8 प्रतिशत भूमि थी। इस 7 प्रतिशत में भी एक हेक्टेयर से कम भूमिवाले सीमांत किसान (13.8 प्रतिशत) ही ज्यादा थे। एक से दो हेक्टेयरवाले छोटे किसान 10.2 प्रतिशत, दो से चार हेक्टेयर वाले अर्ध-मध्यम 7.6 प्रतिशत, चार से 10 हेक्टेयर के बीच वाले मध्यम 5.4 प्रतिशत और 10 हेक्टेयर से ऊपरवाले किसान मात्र 4.4 प्रतिशत ही थे, जबकि अन्य वर्गों में बड़े किसानों का प्रतिशत था 84.81।

पिछले कुछ समय से हरिजनों में चेतना के विकास का एक नतीजा यह हुआ है कि उनके प्रति हिंसा बढ़ गयी है। अभी तक भूस्वामी से उनके परंपरागत संबंध जोतदार-बँटाईदार, काश्तकार-मजदूर के थे। वे भूमालिक के एहसानमंद थे, कर्जदार थे और थे बँधुआ मजदूर, जिनकी जमीन और औरत कभी अपनी नहीं होती थी। अपना शरीर तो उनका खैर अपना होता ही नहीं था। लेकिन दक्षिण भारत और बिहार में चले लंबे किसान आंदोलन ने उन्हें संगठित किया और अपने हकों के लिए आवाज उठाने की ताकत दी। शिक्षा और नौकरियों में आरक्षण से उनका आत्मविश्वास बढ़ा। लेकिन संगठित आंदोलन का जवाब सामंतों ने संगठित हिंसा से दिया। पिछले दो दशकों में इसका पहला घिनौना रूप था बेलछी। बिहार के इस गाँव में जब खेतिहर मजदूरों ने न्यूनतम मजदूरी की माँग की और नहीं मिलने पर वे पास के गाँवों में जाने लगे, तो भूस्वामियों ने सामूहिक रूप से उन पर हमला किया और 11 मजदूरों को जिंदा जला दिया। यह घटना 1978 की है। 17 साल में ऐसी घटनाएँ इतनी ज्यादा हो चुकी हैं कि आज हरिजनों की पूरी बस्ती को भी जला दिया जाता है तो कहीं कोई सिहरन नहीं होती, जबकि उस समय इस कांड पर देश भर में कोलाहल मचा था। इसके बाद वहाँ पुलिस भी खुल कर भूमिहारों के साथ हो ली थी और नक्सली हिंसा खत्म करने के नाम पर उसने जम कर हरिजनों की हत्या की थी। अरवल का गोली कांड इसकी ऐतिहासिक मिसाल है, जिसमें 27 डेसिमल जमीन के लिए 23 लोगों को मौत की नींद सुला दिया गया था। '70-80 के दशक में हरिजन चेतना का केंद्र बिहार था, इसलिए इन सालों में बिहार में संगठित हिंसा ज्यादा हुई, जिसमें कभी हरिजनों ने सामंतों को घेरा और ज्यादातर सामंतों की सेनाओं ने उन्हें मौत के घाट उतारा,

उनकी बस्तियों में कहर ढाया, फसलों को आग लगा दी और बहू-बेटियों से बलात्कार किया। आज जबकि हरिजन चेतना का विस्तार हुआ है, संघर्ष का मुख्य केंद्र बिहार से खिसक कर उत्तर प्रदेश में आ गया है। यहाँ क्योंकि हरिजनों, पिछड़ों और सवर्ण तीनों जातियों का राजनीतिक ध्रुवीकरण हो गया है और तीनों सत्ता के भी भागीदार हैं (कांग्रेस अप्रत्यक्ष रूप से मुलायम सिंह के साथ है), इसलिए तीनों ताकतवर हैं। उनके संघर्ष के तरीके भी ज्यादा जुगुप्सापूर्ण हो गये हैं।

हरिजन के खिलाफ खड़ी ताकतें जब देखती हैं कि आज उससे वे नहीं लड़ सकतीं, तो वे उसके ऐसे अंग पर चोट करती हैं जिससे वह मानसिक रूप से इतना त्रस्त हो जाये कि खुद ही हथियार डाल दे। यह तरीका है हरिजन औरतों को नंगा घुमाने का। पिछले 12 महीनों में ऐसी एक-दो नहीं, करीब आठ-दस घटनाएँ हुई हैं। सभी में औरत हरिजन थी, अभियुक्त सवर्ण या पिछड़ा और विवाद भूमि का। इलाहाबाद के दौना की शिवपतिया इस हिंसा का ताजा शिकार है। उसका परिवार ही नहीं, और भी कई हरिजन गाँव छोड़ कर चले गये हैं। सहारनपुर की नवगाँव की उषा धीमान को जिस तरह गूजरों ने अदालत के बाहर नंगा कर शहर में घुमवाया, वह बताता है कि गाँव ही नहीं, शहरों में भी ये लोग हरिजन को अपने बराबर उठना नहीं देख सकते। उसके मकान-जमीन पर इनकी निगाहें हमेशा लगी रहती हैं। मथुरा जिले के मेहराना में 27 मार्च 1993 को एक जाट लड़की और दो जाटव लड़कों को उनके माता-पिता के हाथों फाँसी दिलवायी गयी। पंचायत का आरोप था 'लड़के का लड़की को भगा ले जाना', पर इस विवाद की तह में थी भूमि।

हरिजन घरों को जला देना अब खास बात नहीं रह गयी है। 15 सितम्बर 1993 को बेतिया जिले के पूर्णिया गाँव में 21 हरिजनों के घर जला दिये गये। उड़ीसा में 26 अक्तूबर 1993 को झाँसी नगर जिले के जय शखपुरा में हरिजनों की पूरी बस्ती को भून दिया गया और 14-15 औरतों से बलात्कार किया गया। हत्या, बलात्कार, आगजनी, व दूसरे अपराधों में 1985 तक मध्य प्रदेश सबसे ऊपर, उत्तर प्रदेश दूसरे व बिहार तीसरे स्थान पर था। पिछले चार सालों में 89-90 में उत्तर प्रदेश और 91-92 में मध्य प्रदेश आगे रहा। इन चार सालों में मध्य प्रदेश में 4220, 5210, 5380 और 4018 वारदातें हरिजनों के खिलाफ हुईं। उत्तर प्रदेश में इनकी संख्या 5195, 6094, 5804 और 1109 थी। हरिजनों पर हिंसा के मामले में सबसे नीचे पश्चिम बंगाल है, जहाँ '77 से '85 के बीच अस्पृश्यता के नाम पर कोई वारदात नहीं हुई और हत्या, बलात्कार जैसी हिंसा का प्रतिशत भी सालाना मात्र 0.1 रहा। राजस्थान इस हिंसा में चौथे और महाराष्ट्र पाँचवें स्थान पर आता है। हिमाचल प्रदेश में भी यह हिंसा ज्यादा नहीं है। पंजाब में भी अपेक्षाकृत कम थी, पर तीन साँसी महिलाओं के माथे पर जेबकतरी खुदवाये

जाने की घटना के बाद पुलिस थानों में हरिजनों के प्रति पुलिस की क्रूरता बढ़ी है।

उच्च वर्ग किस तरह हरिजन के प्रति लगातार हिंसक होता चला गया है, इसका अंदाजा पिछले कुछ साल के आँकड़ों से लग सकता है। देश भर में 1955 में 180, 56 में 481, 57 में 492, 58 में 489, 68-69 में 1908, 69-70 में 2522, 1977 में 10859, 78 में 15041, 79 में 13832, 80 में 13727, 81 में 14151, 82 में 14996, 83 में 14818, 84 में 16573, 85 में 15011, 86 में 15416, 89 में 15799, 1990 में 17735, 91 में 18575, 92 में 18925 तथा 1993 के पहले दो महीनों में 1943 वारदातें दर्ज की गयी थीं। यानी 1955 में पूरे साल में जितनी वारदातें हुईं, 38 साल बाद दो महीने में उससे दस गुना ज्यादा वारदातें हो गयीं। स्थिति में गिरावट के मुख्य कारण हैं समाज में हरिजन की निम्न सामाजिक स्थिति, उसका गरीब व अशिक्षित होना और गाँव के जमींदार पर उसकी निर्भरता। फिर जमींदार का आर्थिक, राजनीतिक व प्रशासनिक तीनों दृष्टियों से ताकतवर होना, प्रशासन में उसकी घुसपैठ और प्रशासन व पुलिस तंत्र से उसकी स्वार्थपरक साठ-गाँठ। दोषपूर्ण अर्थव्यवस्था, जिसमें गरीब राष्ट्रीय आय में वृद्धि के लाभ से ज्यादातर वंचित रहा, भूमि सुधारों का लागू न किया जाना और अब विकास की उलट प्रक्रिया, जिसमें भूमि से उसका संबंध खत्म हो रहा है और उसे बेरोजगारों की श्रेणी में जा कर खड़ा होना पड़ रहा है। राष्ट्रीय अनुसूचित जाति-जनजाति आयोग ने 1990 की रपट में बढ़ते अत्याचारों के कारणों पर लिखा था, 'गरीबी, निरक्षरता, आर्थिक निर्भरता और कानून से अनभिज्ञता के कारण उनके विकास की गति अवरुद्ध है। इससे वे पुलिस व न्यायालयों के समक्ष हमेशा कमजोर पड़ जाते हैं। उनके प्रति पूर्वाग्रह और सामाजिक असमर्थता से जब पुलिस थाना और मजिस्ट्रेट भी प्रभावित हो जाते हैं, तो उन्हें भारतीय दंड संहिता, अपराध दंड संहिता, सिविल अधिकार संरक्षण कानून और अत्याचार निवारण अधिनियम, 1989 के संरक्षक और दांडिक उपबंधों के लाभ नहीं मिल पाते। यह सुनिश्चित करने के लिए कि अनुसूचित जातियाँ और जनजातियाँ कानून के अंतर्गत अपने अधिकारों को प्राप्त कर सकें, एक अनुकूल पुलिस प्रशासन का होना सबसे पहली आवश्यकता है।'

आयोग का पूरा विश्वास है, और वह गलत नहीं है, कि हरिजनों पर अत्याचारों का एक बहुत बड़ा कारण पुलिस तंत्र का समर्थ वर्ग की जेब में होना है। हरिजन-बहुल इलाकों में पुलिस तंत्र कानून और व्यवस्था का संरक्षक नहीं, खुद अपराध तंत्र का एक हिस्सा बन चुका है। ज्यादा क्रूर व हिंसक वारदातें पुलिस ने ही की हैं। आयोग के मुताबिक पुलिस रिपोर्ट दर्ज नहीं करती, कर भी ले तो मौका-ए-वारदात का निरीक्षण करने और चार्जशीट तैयार करने में देर करती

है। चार्जशीट में भी जहाँ न्यूनतम मजदूरी अधिनियम, बंधित श्रम पद्धति (उत्पादन) अधिनियम, सिविल अधिकार संरक्षण अधिनियम, अत्याचार निवारण आदि के नियम लागू होने चाहिए, वह केवल भारतीय दंड संहिता और अपराध दंड संहिता की धाराओं को ही लागू करती है। आयोग के सर्वेक्षण के मुताबिक अपराध होने और चार्जशीट लगाने में दो महीने का समय आम बात है। पर बिहार जैसे राज्यों में यह अंतर साल से भी ज्यादा हो जाता है। 750 मामलों का अध्ययन करने के बाद उसने पाया कि 50 फीसदी मामलों में रिपोर्ट दर्ज होने के बाद 12 घंटे तक मौके का निरीक्षण नहीं किया गया और 20 प्रतिशत मामलों में 12 घंटे के बाद पुलिस पहुँची। विशेष अदालतें भी लगातार अपने उद्देश्य में नाकाम सिद्ध हुई हैं।

हरिजनों के साथ बढ़ता जुल्म लेकिन इस बात का भी प्रमाण है कि हरिजन अब अन्याय को बरदाश्त करना नहीं चाहता। सवाल उठता है कि उसमें चेतना का यह संचार हुआ कैसे ? आजादी से पहले चले कई समाज सुधार आंदोलन, तथा गाँधी जी की हरिजन दृष्टि ने समाज में बहुत-से ऐसे लोग पैदा कर दिये जो हरिजनों के हितों की रक्षा के लिए आगे चलने को तैयार थे। पर खुद हरिजनों की अपनी स्थिति जिससे मजबूत हुई, वह व्यवस्था थी आरक्षण। संविधान ने उन्हें जन प्रतिनिधि संस्थाओं और सरकारी नौकरियों में जो आरक्षण दिया, उससे कुछ समय बाद ही सही, प्रशासन तंत्र और राजतंत्र दोनों में उनकी भी घुसपैठ हुई। नियम-कानूनों को उन्होंने जाना। अपने मानवीय अस्तित्व का अनुभव किया। आरक्षण से उन्हें नौकरी मिली, पढ़ाई के लिए सुविधाएँ मिलीं, जिससे अज्ञान और गरीबी दोनों कम हुए। जमींदार पर निर्भरता घटी और अत्याचारी के सामने खड़े होने की हिम्मत आयी। आरक्षण का ही नतीजा है कि आज केंद्र व राज्य सरकारों में महत्वपूर्ण पदों पर हरिजन अधिकारी बैठे हैं और सरकार में उन्हें लेना जरूरी समझा जाता है। एक सर्वेक्षण के मुताबिक 1981 में केंद्र सरकार में प्रथम श्रेणी के 9891, द्वितीय श्रेणी के 1,65,982, तृतीय व चतुर्थ श्रेणी के 1,18,282 और सभी श्रेणियों के 1,94,155 अनुसूचित जाति व जनजाति के कर्मचारी थे। हालाँकि यह आँकड़ा अन्य वर्गों के अधिकारियों के मुकाबले में नाम मात्र है, फिर भी यह उनकी स्थिति में सुधार का संकेत अवश्य देता है। चेतना का संचार इस क्षेत्र में भी हुआ है कि हरिजन अपने लिए आरक्षित स्थानों को पूरी तरह अपने लिए ही सुरक्षित करने की माँग कर रहे हैं।

नौकरियों में आरक्षण का लाभ हरिजन पूरा नहीं उठा सके तो इसलिए कि उसके लिए जैसी शिक्षा या तकनीकी कौशल की जरूरत होती है, वह उनके पास नहीं था। संविधान लागू होने के कुछ साल बाद जब इस बात का एहसास हुआ, तो व्यावसायिक व तकनीकी शिक्षा संस्थानों में उनके लिए सीटें आरक्षित हुईं।

प्राथमिक स्तर से ले कर उच्च स्तर तक कई प्रोत्साहन योजनाएँ भी शुरू की गयीं। लड़कियों की शिक्षा के लिए विशेष छात्रावास खोले गये। बुक बैंक, प्री-मैट्रिक और पोस्ट-मैट्रिक स्कॉलरशिप योजना, व्यावसायिक प्रशिक्षण योजना, लड़कों के लिए हॉस्टल आदि का लाभ छात्रों को मिला भी। फिर भी सरकार की अभी तक की कोशिशों के वांछित प्रभाव इस हद तक नहीं आ सके हैं कि हरिजनों व बाकी आबादी के बीच शिक्षा दर का अंतर कम हो जाये। उलटे हो यह रहा है कि यह अंतर लगभग बढ़ता ही जा रहा है। अनुसूचित जनजाति को छोड़ दें तो 1961 में अनुसूचित जाति और बाकी आबादी की शिक्षा दर में अंतर 13.3 प्रतिशत, 1971 में 10.67 प्रतिशत, 1981 में 18.58 प्रतिशत और 1991 में 20 प्रतिशत हो गया है। दूसरे, निरक्षरों की संख्या में भी लगातार वृद्धि हुई है। 1961 से 81 के बीच अनुसूचित जातियों के निरक्षरों की संख्या में 40 फीसदी बढ़ोत्तरी हुई। बाकी आबादी के निरक्षरों की तुलना में यह बढ़ोत्तरी डेढ़ गुनी थी। इसका एक कारण हरिजनों में आबादी की वृद्धि दर ज्यादा होना है, पर उससे भी बड़ा कारण उनके लिए शुरू की गयी कल्याणकारी योजनाओं का लाभ उन्हें नहीं मिलना है। शिक्षा संस्थानों का उनकी पहुँच से परे होना या फिर उनकी अपनी मजबूरियाँ भी उन्हें अक्षर ज्ञान की परिधि से परे रखती हैं। बिहार में लालू यादव सरकार की ओर से शुरू की गयी चरवाहा पाठशालाएँ इस दृष्टि से एक अनुकरणीय उदाहरण है। राज्य सरकारों को चाहिए कि हरिजन-बहुल गाँवों में उनकी स्थितियों के मुताबिक ऐसी शिक्षा संस्थाएँ खोलें जहाँ वे अपने काम के दौरान या बाद (जैसी भी प्रकृति हो) अध्ययन के लिए जा सकें। अभी तो स्थिति यह है कि पहली से पाँचवीं कक्षा के बीच 59.4 प्रतिशत, छठी से आठवीं के बीच 74.70 और माध्यमिक स्तर पर 35.72 प्रतिशत हरिजन छात्र पढ़ाई छोड़ देते हैं। महिलाओं की शिक्षा दर में भी लगातार बढ़ोत्तरी हुई है, पर बाकी आबादी की महिला साक्षरता दर और हरिजन महिला साक्षरता दर में अंतर बढ़ा है।

शिक्षा के कारण अपने परंपरागत धंधों से भी हरिजन को मुक्ति मिली है। आज चर्मकार या कसाई के बच्चे पढ़-लिख कर किसी भी दूसरी नौकरी में जा रहे हैं। पर मैला उठाने की प्रथा से अभी तक उन्हें मुक्ति नहीं मिल पायी है। आरक्षण की वजह से संगठित क्षेत्र में तो इस वर्ग को नौकरियाँ मिल गयीं, पर असंगठित क्षेत्र में उसकी स्थिति खराब हुई है। गाँव में रोजगार समाप्त होने से आजीविका की तलाश में उसे शहरों में नौकरी करनी पड़ रही है। आज ज्यादातर ग्रामीण हरिजन परिवारों के निरक्षर सदस्य शहरों में निर्माण कार्यों या भट्टों आदि पर दिहाड़ी करते हैं, जहाँ ठेकेदार उनकी गरीबी व अशिक्षा का लाभ उठाते हुए उन्हें न्यूनतम मजदूरी नहीं देने और भट्टा मालिक, खान मालिक बँधुआ बना कर रखते हैं। न्यूनतम मजदूरी के सवाल पर इन जगहों में कई बार उनकी हत्या

कर दी जाती है। 1991 के जनगणना आँकड़ों के मुताबिक अनुसूचित जातियों की जनसंख्या 13,82,23,277 है, जिसमें से 4,98,74,651 मुख्य मजदूर, 4,37,22,784 सीमांत मजदूर और 8,39,75,842 गैर-मजदूर (नॉन-वर्कर) यानी बेरोजगार हैं। प्रतिशत की दृष्टि से यह आँकड़ा है 31.08 प्रतिशत, 3.16 और 60.75। जिन लोगों के आर्थिक विकास के लिए 40 साल से विशेष योजनाएँ चलायी जा रही हैं, उनका 61 फीसदी हिस्सा बेरोजगार है तो कहने की जरूरत नहीं कि नीति निर्माता और विकास योजनाएँ बनानेवालों को एक बार फिर विचार करना होगा कि उनके विकास का पैमाना आखिर क्या है ? संसाधनों पर हरिजनों का अधिकार खत्म हुआ है। एकीकृत ग्रामीण विकास राष्ट्रीय रोजगार योजना जैसी बहुप्रचारित योजनाएँ संसाधनों पर उसकी पकड़ मजबूत करना तो दूर (लक्ष्य यही था), उसे बनाये भी नहीं रख पायी हैं।

दूसरी ओर हरिजन नेतृत्व का हाल क्या है ? इस सिलसिले में अपना एक अनुभव बताती हूँ। मेरे गाँव का हरिजन विधायक वहीं के सवर्णों की आर्थिक मदद से चुनाव लड़ा था। जीत जाने के बाद वह राज्य की राजधानी में जा कर बस गया। वहाँ रहते हुए उसने अपने सभी बच्चों को अच्छे स्कूलों में शिक्षा दिलायी। पाँचों लड़कियों के दूल्हे ऊँचे-ऊँचे अधिकारी ढूँढ़े और लड़के से, जिसकी पढ़ाई में ज्यादा रुचि नहीं थी, कहते रहे–बी. ए. पास कर ले जैसे-तैसे, अच्छी नौकरी मिल जायेगी। अंततः उसे मिल भी गयी। पर उस गाँव के हरिजनों का क्या हुआ ? मुझे याद नहीं आता कि इतने सालों में विधायक महोदय ने उनके लाभ के लिए कोई विशेष कार्यक्रम चलाया हो, उनके लिए कोई विशेष लाभकर योजना वहाँ लागू करवायी हो या उनकी वजह से हरिजनों का कुछ हित हुआ हो।

धर्मांतरण : मुक्ति या मरीचिका ?

अरुण कुमार त्रिपाठी

समाज में जब से धर्म का गठन हुआ तभी से धर्मांतरण होता आ रहा है। धर्मांतरण अगर न हो तो समाज में किसी नये धर्म का विस्तार ही न हो। किसी भी धर्म का प्रवर्तक, संस्थापक या पैगंबर शुरू में अकेला ही रहता है। जब लोग उसकी तरफ आकर्षित होते हैं तो निश्चित रूप में इससे धार्मिक आबादी के अनुपात में फेरबदल होता है। इसीलिए हर धर्म प्रवर्तक या पैगंबर को शुरू में विरोध का सामना करना पड़ता है। अगर वह सामूहिक धर्मांतरण का आयोजन करता है तो और भी कड़ा विरोध होता है। धर्म, जाति, और देश जैसी इकाइयों का गठन तो आखिर मनुष्य ने ही किया है। इसलिए जब भी इस दायरे में आदमी का दम घुटने लगे और वह इसे सुधारने की स्थिति में न हो, तो उसे इसे छोड़ने का अधिकार होना चाहिए। बल्कि आस्था परिवर्तन का अधिकार तो सामान्य स्थिति में भी स्वीकार किया गया है। लेकिन जब यही काम सामूहिक स्तर पर अपने-अपने धर्म की जनसंख्या बढ़ाने की होड़ के तौर पर होता है तो सामाजिक तनाव पैदा होते हैं, जो रचनात्मक दिशा में नहीं जाते।

आस्था और धर्म के अधिकार पर सभ्य समाज की व्यापक आम सहमति के बावजूद जब भी कहीं धर्मांतरण होता है तो लोग दो खेमों में बँट जाते हैं। एक तरफ उस धर्म के लोग खड़े होते हैं, जिस धर्म से पलायन हो रहा होता है। दूसरी तरफ उस धर्म के लोग जिसमें धर्मांतरण होता है। यह बेहद नाजुक और तनाव का क्षण बन जाता है। फिर दोनों तरफ से इतने झूठे आरोप लगाये जाते हैं कि इसमें उनका पक्ष गुम हो जाता है जो किसी धर्म से पीड़ित हो कर किसी और धर्म में जा रहे होते हैं। हालाँकि आस्था एक आत्मगत चीज है और धर्मांतरण एक प्रतीकात्मक विरोध, लेकिन इसके साथ इतनी वस्तुगत चीजें जुड़ी हुई हैं कि वे व्यापक सामाजिक, राजनैतिक जीवन को प्रभावित करती हैं। इसलिए धार्मिक खेमेबंदी के विवाद से हट कर उन लोगों की पीड़ा, खुशी और हानि-लाभ

पर गौर करना जरूरी है जो एक धर्म से दूसरे धर्म में पलायन करते हैं। यहाँ हम विशेष तौर पर अछूतों के धर्मांतरण संबंधी आंदोलनों और उनके अनुभवों पर विचार करेंगे। वे हिंदू धर्म की गुलामी की अँधेरी गुफा से निकल कर कितनी मुक्ति पा सके हैं ? क्या नये धर्म में उन्हें स्वतः ही बराबरी का अधिकार और सम्मान मिल गया या वे एक नयी गुफा में घुस गये ? उनके धर्मांतरण की चोट खाया हिंदू धर्म क्या सचमुच उन्हें मनाने गया ? क्या हिंदू उन्हें दुबारा अपने धर्म में लौटा सके ? अगर लौटा भी सके तो क्या बराबरी का सम्मान दिला सके ? धर्म परिवर्तन से अछूतों की आर्थिक स्थिति पर क्या फर्क पड़ा ? उनको मिलनेवाली सरकारी सुविधाओं का क्या हुआ ? क्या धर्मांतरण की राजनीति सिर्फ जनसंख्या घटाने-बढ़ाने की राजनीति है ? इन तमाम सवालों से हम संक्षेप में रूबरू होने की कोशिश करेंगे।

यहाँ इतिहास के सभी धर्मांतरण आंदोलनों का वर्णन करना संभव नहीं है। सिर्फ उन धर्मांतरण आंदोलनों का जिक्र करना काफी होगा, जिन्होंने पथ प्रदर्शक भूमिका निभायी। इसे हम निम्न श्रेणियों में बाँट लेते हैं : (1) बौद्ध धर्म ग्रहण (2) ईसाई धर्म ग्रहण (3) इस्लाम धर्म ग्रहण (4) सिख धर्म ग्रहण।

बौद्ध धर्म ग्रहण : चूँकि बौद्ध धर्म की उत्पत्ति ही भारत में हुई और यह काफी प्राचीन धर्म है, इसलिए सनातन धर्म या हिंदू धर्म से धर्मांतरण सबसे पहले इसी धर्म में हुआ। लेकिन गौरतलब है कि डॉ. भीमराव आंबेडकर ऐसा नहीं मानते कि बौद्ध धर्म के उदय के समय या मनुस्मृति जिस वक्त लिखी गयी तब भारत में अस्पृश्यता थी। उनका कहना है कि भारत में अस्पृश्य 400 ईसवी के आसपास अस्तित्व में आये। इसलिए बुद्ध के काल में या सम्राट अशोक के काल में बौद्ध धर्म को अस्पृश्यता निवारक धर्म के रूप में लिया गया होगा, ऐसा नहीं लगता। आंबेडकर कहते हैं, अस्पृश्यता का बड़े पैमाने पर अस्तित्व ब्राह्मण धर्म और बौद्ध धर्म के टकराव की उत्पत्ति है। वे मानते हैं कि समाज के वे लोग, जो हालात से टूटे हुए थे या जिन्होंने गोमांस खाना नहीं छोड़ा, ब्राह्मण धर्म के पुनरुदय के साथ अस्पृश्य होते चले गये। शायद इसीलिए आंबेडकर अस्पृश्यता से मुक्ति का मार्ग बौद्ध धर्म में ही देखते हैं। आंबेडकर के इस प्रतिपादन से सभी इतिहासकार सहमत नहीं हैं। पर हम यहाँ इस बहस में पड़ने के बजाय आधुनिक युग में लौटते हैं, जब डॉ. आंबेडकर ने 21 साल के चिंतन-मनन और शोध के बाद बौद्ध धर्म अपनाने का फैसला किया। 13 अक्टूबर 1935 को नासिक जिले के येवोला में हुए दस हजार अछूतों के सम्मेलन में डॉ. आंबेडकर ने साफ एलान किया, 'मैं आपको हिंदू धर्म से नाता तोड़ने और कोई दूसरा धर्म अपनाने का सुझाव देता हूँ। लेकिन जब आप ऐसा करें तो नये धर्म के चयन को ले कर सतर्कता बरतें और देखें कि वहाँ आपको व्यवहार, स्तर और अवसर की समानता बिना किसी

शर्त के मिले।'

डॉ. आंबेडकर के इस एलान ने हिंदू समाज के सभी बड़े नेताओं को झकझोर दिया। महात्मा गाँधी और मदन मोहन मालवीय जैसे नेताओं ने इसकी निंदा की और इसे रोकने की जरूरत व तरीकें सुझाये। वहीं अखिल भारतीय दलित वर्ग संगठन के अध्यक्ष राव बहादुर एम. सी. राजा, राव बहादुर आर. श्रीनिवासन, राय साहब वाइ. एल. मुनिस्वामी वगैरह ने आंबेडकर के विरोध में बयान दिया। उन्होंने कहा कि हिंदू धर्म हमारा है और इसे सुधारना हमारा कर्तव्य है। आंबेडकर इन हमलों को झेलते, विभिन्न धर्मों के प्रलोभन से बचते 21 साल तक 'मुक्ति के पथ' की खोज करते रहे। अंत में 13 अक्टूबर 1956 को नागपुर में विजय दशमी के दिन उन्होंने बौद्ध धर्म ग्रहण किया। कहते हैं कि यह इतिहास का सबसे बड़ा सामूहिक धर्मांतरण था। उस मौके पर करीब एक लाख लोगों ने बौद्ध धर्म की दीक्षा ली। उसके बाद धर्मांतरण का सिलसिला चल पड़ा। 1951 में कुल 1,56,000 बौद्ध थे, जो 1956 में बढ़ कर 30 लाख हो गये। उसके बाद से आज तक दलितों का बौद्ध धर्म ग्रहण जारी है। जहाँ भी दलितों पर अत्याचार की घटनाएँ बढ़ती हैं, वहाँ यह एहसास बढ़ता है कि हिंदू धर्म के दायरे में उन्हें सम्मान मिलना असंभव है। इसलिए उन्हें यह धर्म त्यागना होगा। आगरा में जाटवों पर जाटों के अत्याचार के बाद 29 सितंबर 1990 को अनुसूचित जातियों के तीस हजार लोगों ने बौद्ध धर्म ग्रहण किया। यह कार्यक्रम अखिल भारतीय भिक्षु संघ तथा भारतीय बौद्ध समाज ने आयोजित किया और इस मौके पर प्रकाश आंबेडकर और बी. पी. मौर्य मौजूद थे।

दलितों द्वारा बौद्ध धर्म अपनाने की सबसे ताजा घटना 6 दिसंबर 1993 को पटना में हुई। यह धर्मांतरण बिहार में पिछले कुछ सालों से चल रहे बोध गया मुक्ति आंदोलन का परिणाम था। उस दिन डॉ. आंबेडकर का परिनिर्वाण दिवस और अयोध्या में बाबरी मस्जिद गिराये जाने की बरसी होने के कारण यह ब्राह्मणवाद और सांप्रदायिकता के खिलाफ एक प्रतीकात्मक विरोध के रूप में भी दिखा।

लेकिन पटना की इस घटना से सामूहिक धर्मांतरण की विडंबनाएँ भी ज्यादा साफ तरीके से उभरती हैं। इस आयोजन में एक लाख लोगों के आने का दावा किया गया था, पर 10-12 हजार से ज्यादा लोग नहीं आये। मजे की बात है कि यहाँ कुछ बड़ी जाति के लोगों ने भी धर्मांतरण की कोशिश की। उनका इरादा हाल में ही नव-बौद्धों को मिलनी शुरू हुई आरक्षण की सुविधा हासिल करना था। वे सबके सब भले न सफल हुए हों, पर कुछ हो भी गये तो कौन जानता है। सामूहिक धर्मांतरण की यह खास दिक्कत है कि उसमें दीक्षा लेनेवाले लोगों की विश्वसनीयता संदेहास्पद होती है। बाद में कई लोग फिर हिंदू धर्म या पुराने धर्म

में लौट जाते हैं। या, कोई गारंटी नहीं कि वे बौद्ध बनने के बाद उसके रीति-रिवाजों का पूरी तरह से पालन करेंगे। उनकी आस्था और विश्वास में भी एकरूपता नहीं पायी जाती है। उसके मुकाबले निजी दीक्षा आध्यात्मिक अर्थों में ज्यादा श्रेष्ठ मानी जाती है।

लेकिन दलितों का धर्मांतरण सिर्फ आस्था परिवर्तन नहीं है, वह हिंदू समाज से विरोध जताने का राजनैतिक हथियार भी है। दलित आंदोलनों के समर्थक गोपाल गुरु जैसे मार्क्सवादी इसके राजनैतिक पक्ष पर ही जोर देने की बात करते हैं। बल्कि वे दलितों में बौद्ध धर्म के आध्यात्मिक विस्तार पर चिंता जताते हैं। लेकिन आंबेडकरवादी इससे सहमत नहीं। उनका मानना है कि आंबेडकर पूरी तरह धार्मिक व्यक्ति थे। इसीलिए, वे त्रिपिटक के 22 सूत्रों के अनुरूप आचरण करने पर जोर देते थे। आंबेडकर के धर्मांतरण आंदोलन को महज राजनैतिक विरोध का आंदोलन मानना उसके महत्व को कम करके आँकना होगा। वे बौद्ध दर्शन को साम्यवाद से श्रेष्ठ समतावादी दर्शन मानते थे। आंबेडकर को निजाम हैदराबाद ने मुसलमान बनने के लिए चार करोड़ रुपये देने का प्रस्ताव रखा। उनके पीछे सिख और ईसाई धर्म गुरु भी पड़े रहे। पर उन्होंने भावनात्मक प्रतिक्रिया में नहीं, बल्कि विवेक का प्रयोग करते हुए बौद्ध धर्म ग्रहण किया।

हाँलाकि डॉ. आंबेडकर ने लोगों से वायदा किया था कि वे नया धर्म ग्रहण करने के बाद उनकी कोई पुरानी सुविधा छिनने नहीं देंगे, लेकिन सामूहिक धर्मांतरण के तुरंत बाद भारत सरकार के गृह मंत्रालय ने आदेश जारी कर धर्म परिवर्तन करनेवालों से नौकरियों में आरक्षण, वजीफा वगैरह की सुविधा छीन ली। इस बीच नवंबर में डॉ. आंबेडकर का निधन हो गया।

चूँकि अनुसूचित जाति के ज्यादातर शिक्षित लोग सरकारी नौकरियों में थे, इसलिए उन्हें आदेश जारी कर जानकारी दी गयी कि अनुसूचित जाति की सुविधा उन्हें नहीं मिलेगी जो हिंदू या सिख धर्म में नहीं हैं। यानी आंबेडकर के रास्ते धर्म परिवर्तन करने पर दलितों से तमाम सरकारी सुविधाएँ छिन गयीं। उन लोगों से गाँवों में बड़ी जातियों ने रोजगार छीन लिये। इसके बावजूद हिंदू धर्म की गुलामी की पीड़ा उन्हें नये धर्म को अपनाने के लिए प्रेरित करती रही। 43 साल बाद वी. पी. सिंह सरकार ने नव बौद्धों को आरक्षण की सुविधा बहाल की। इस बीच महाराष्ट्र के नव बौद्धों ने दलित पैंथर जैसे रचनात्मक आंदोलन को जन्म दिया।

महाराष्ट्र की दो प्रमुख अनुसूचित जातियों महार और मांग में से महार ही ज्यादा बौद्ध बने, क्योंकि डॉ. आंबेडकर खुद महार जाति के थे और उन पर उनका ज्यादा असर था। धर्म परिवर्तन से दलितों ने अपने को हिंदू समाज के दमन से तो जरूर मुक्त किया, पर उनकी आर्थिक स्थिति में ज्यादा सुधार नहीं आया। गाँवों में बौद्ध बननेवाले ज्यादातर लोग अभी भी गरीबी में जी रहे हैं। भिक्षु भी

गरीब परिवारों से ही आते हैं।

बौद्ध बनने के बाद एक धार्मिक अनुशासन की जरूरत होती है। प्रबुद्ध लोग तो अध्ययन-मनन और प्रतिबद्धता की वजह से अपनी जीवन पद्धति को हिंदू धर्म की छाया से अलग कर लेते हैं। आधुनिक जीवन शैली अपना चुके ऐसे लोगों के लिए धार्मिक आस्थाएँ और संस्कार बदलना कठिन नहीं होता। फिर वे धर्म को जीवन पद्धति से ज्यादा दार्शनिक स्तर पर ग्रहण करते हैं। लेकिन जहाँ तक आम आदमी का सवाल है, उसके लिए नये धर्म का मतलब नये रीति-रिवाज से ही होता है। यह रीति-रिवाज उसे भिक्षु सिखाते हैं। इस मामले में भिक्षुओं पर उत्तरदायित्व भी होता है और विशेषाधिकार भी। इसलिए सामान्य बौद्ध अनुयायी और भिक्षु में एक तरह का द्वंद्व भी चलता रहता है। आंबेडकर ने इस बात पर बार-बार चिंता जतायी थी कि आज समाज में अच्छे बौद्ध भिक्षु नहीं हैं। उनका कहना था कि भिक्षु कम हों, पर योग्य हों।

इन सबसे महत्वपूर्ण बात है आर्थिक सहायता और राजाश्रय की। अगर सम्राट अशोक बौद्ध धर्म में दीक्षित न हुए होते तो क्या उस समय बौद्ध धर्म का भारत या दुनिया के और देशों में भी इतना प्रसार होता ? बृहदार्थ मौर्य की हत्या के बाद बौद्धों को मिलनेवाला राजाश्रय जब खत्म हुआ, तो भारत में बौद्ध धर्म की स्थिति क्या रह गयी ? हिंदू राजाओं ने बौद्धों पर ऐसे जुल्म किये कि उनकी इतिहास में मिसाल नहीं मिलेगी। उस अवसान के बाद भारत में बौद्ध धर्म फिर नहीं खड़ा हो सका, क्योंकि हिंदू राजाओं के बाद मुसलमान राजाओं ने भी बौद्धों पर कम अत्याचार नहीं किये। चटगाँव के चकमा और असम व उत्तर-पूर्व के अन्य राज्यों में रह रहे बौद्धों पर मुगल बादशाहों ने जुल्म ढाये। शाइस्ता खाँ ने 1666 में जब चटगाँव जीता तो वहाँ के बौद्ध या तो मुसलमान बन गये या जैसे-तैसे अपने को बचा पाये।

अंग्रेजों के शासन काल में भी बौद्धों को राजाश्रय मिलने का सवाल नहीं था। जब तक बर्मा भारत में था, तब तक भारत में बौद्धों की आबादी बढ़ती रही। लेकिन 1931 में बर्मा के अलग होने के बाद यह वृद्धि दर 3.65 फीसदी से घट कर 0.05 फीसदी पर आ गयी। अंग्रेजी शासन काल में ईसाई मिशनरियों को बढ़ावा मिला और बौद्धों को उनके हमले झेलने पड़े।

आज बौद्धों के किसी आंदोलन को न तो राजाश्रय मिल रहा है और न ही उन्हें किसी तरह देशी या विदेशी सहायता की उम्मीद है। बिहार के बोध गया आंदोलन को शुरू में लालू प्रसाद की सरकार ने थोड़ी-बहुत मदद दी, बाद में उन्होंने भी हाथ खींच लिया। इस आंदोलन की अगुआई कर रहे धार्मिक नेता भंते नागार्जुन सुरई सुसाई पर जापान से धन लेने का आरोप लगाया जाता रहा। लेकिन उसकी पुष्टि नहीं हो सकी। जापान से संपर्क रखनेवाले लोगों का कहना है कि वह दाँत

से पैसा पकड़नेवाला देश है। उसके बाद बौद्धों को थाईलैंड से धन मिलने की संभावना दिखती है। लेकिन वह भी कोई खास रुचि नहीं दिखा रहा है। फिर भी प्रखर आंबेडकरवादी चिंतक और 1957 में बौद्ध धर्म ग्रहण करनेवाले भगवान दास को बौद्ध धर्म के प्रसार की व्यापक संभावनाएँ दिखती हैं, क्योंकि उन्हें इस धर्म के समतावादी स्वरूप पर निश्छल आस्था है। लेकिन राजश्रय और आर्थिक मदद के बिना दुनिया में किसी धर्म का प्रसार हुआ हो, इतिहास में ऐसे प्रमाण नहीं मिलते।

ईसाई धर्म ग्रहण : वास्को डि गामा के आगमन के साथ भारत में ईसाई धर्म का पदार्पण हुआ। उसके बाद शुरू हुए पुर्तगालियों के व्यापार और दक्षिण भारत के समुद्र तटीय इलाकों में बढ़ते हस्तक्षेप के साथ धर्मांतरण हुए। केरल, तमिलनाडु और गोवा इसके मुख्य केंद्र रहे। इसमें कहीं जबरिया धर्मांतरण हुए तो कहीं हिंदू धर्म की वर्ण व्यवस्था की खामियों का फायदा उठाया गया। कहीं जातीय टकराव को धर्मांतरण का आधार बनाया गया तो कहीं गरीबी को। इन धर्मांतरणों के चरित्र पर गौर करने के लिए पुर्तगालियों के प्रभाव में हुए धर्मांतरण को तीन कालखंडों में बाँटा जा सकता है : (अ) पाद्रोआदो धर्मांतरण का आरंभिक दौर (ब) डी नोबिली दौर (स) उन्नीसवीं सदी और बीसवीं सदी की शुरुआत के धर्मांतरण।

आरंभिक पाद्रोआदो दौर में चर्च में दो गुट बन गये थे। पहला कोंकण के तटीय ईसाइयों का और दूसरा केरल-तमिलनाडु लैटिन राइट ग्रुप। पुर्तगाली शुरुआत में केरल में ज्यादा असर नहीं डाल पाये, लेकिन कोंकण और कोरोमंडेल तटवर्ती इलाकों में उन्होंने धर्मांतरण कराये। 1511 में गोरा द्वीप को जीतने के बाद अल्बकुर्की ने मुसलमानों का नरसंहार किया और ब्राह्मणों को यह कह कर पटाया कि उनके सांस्कृतिक और आर्थिक हितों की रक्षा की जायेगी। लेकिन धीरे-धीरे मंदिरों को नष्ट करने और ब्राह्मणों के धर्मांतरण का दबाव बढ़ने लगा। पुर्तगाली ब्राह्मणों से बहुत प्रभावित थे। इसलिए उन्होंने धर्मांतरण के लिए सबसे पहले ब्राह्मणों पर ही जोर दिया। उनका मानना था कि एक बार ब्राह्मण ईसाई बन गये तो अन्य जातियाँ भी उनके पीछे आ जायेंगी। लेकिन संस्कृति व शुद्धता की लंबी परंपरा की वजह से ब्राह्मणों के धर्मांतरण ने ईसाई धर्म में वर्ण व्यवस्था की समस्या खड़ी कर दी। लिहाजा पुर्तगालियों को छोटी जातियों पर धर्मांतरण की कोशिश से परहेज करना पड़ा। पर धर्मांतरण का यह दौर काफी विवादास्पद रहा। जबरिया धर्मांतरण के गंभीर आरोप लगे और उनकी पुष्टि भी हुई।

इसके बाद केरल के कोरोमंडेल तटीय मछुआरों के धर्मांतरण का दौर चलता है। छोटी जाति के पारवा मछुआरे मुसलमान व्यापारियों के आगे अपने को लाचार पा रहे थे। मोतियाँ से पटे इस तट का कर अदा कर मुसलमान व्यापारी अक्सर

वहाँ कब्जा जमा लेते थे। वह भी खास मौसम में। इस दौरान मुसलमान व्यापारियों ने मछुआरों का कत्लेआम भी किया। अनपढ़ और गरीब पारवा मछुआरों के इस संघर्ष में हिंदू राजा भी उनका साथ देने के बजाय मुसलमान व्यापारियों का साथ देते थे। मजबूर हो कर इन मछुआरों ने फिरंगियों अर्थात पुर्तगालियों का दामन पकड़ा। कहा जाता है कि इस दौरान एक लाख से ऊपर मछुआरे ईसाई बन गये। लेकिन तब तक ब्राह्मणों का आर्थिक और सांस्कृतिक दबदबा था। इसलिए मछुआरे अपने रीति-रिवाजों में परिवर्तन करने से घबराते रहे। दीव पर पुर्तगालियों का कब्जा होने के बाद उनका साहस बढ़ा। छह साल बाद 1542 ईसवी में फ्रांसिस जेवियर के आने के साथ मछुआरों का सांस्कृतिक परिवर्तन हुआ।

गोवा के प्रयोग को डी नोबिली ने दोहराने की कोशिश की, पर वह हर जगह नहीं चला। वेल्लोर और चंदनगिरी इलाके में उन्होंने ब्राह्मणों का धर्मांतरण किया, पर उन्हें जनेऊ और अन्य सांस्कृतिक प्रतीक रखने की छूट देनी पड़ी। इसका ईसाई धर्म और चर्च के स्वरूप पर उलटा असर पड़ा। उन्हें मिशन को ब्राह्मणी संन्यासी और पंडारस्वामी नाम की दो श्रेणियों में बाँटना पड़ा। पंडारस्वामी छोटी जाति के लोगों के मिशन को कहते थे। ब्राह्मण-संन्यासी पंडारस्वामियों को बराबर मानने और आगे बढ़ने का समान अवसर देने को तैयार नहीं थे। इसलिए चर्च के भीतर भिन्न जाति के ईसाइयों के पूजा की अलग-अलग व्यवस्था की गयी; अलग-अलग गेट बने। इस बीच 19वीं सदी में कम्मा, रेड्डी और अन्य शूद्र जातियों का भी धर्मांतरण हुआ। ब्राह्मण और शूद्र जातियाँ अछूत ईसाइयों के उत्थान को लगातार रोकने में लगी रहीं। तमिलनाडु के कैथलिक चर्च ने तो विभिन्न प्रथाओं और जाति विभाजन को भी बनाये रखा। लेकिन प्रोटेस्टेंट विशेषकर एंग्लिन चर्च ने अपनी सीमाओं में समानता कायम करने की कोशिश की।

केरल में सीरियाई ईसाई ऊँची जाति के थे। इसलिए उन्होंने छोटी जाति के इजावा ईसाइयों को अपने बराबर का दर्जा नहीं दिया। इजावा ईसाई अलग चर्च में पूजा करते थे। उन्हें बीसवीं सदी तक इस भेदभाव से काफी हद तक मुक्ति मिली। लेकिन शादी-विवाह और रीति-रिवाज को ले कर आज भी संकीर्णता कम नहीं हुई है। तमिलनाडु और आंध्र के नाडार ईसाई गैर-नाडार ईसाई के बजाय हिंदू नाडार से विवाह करना पसंद करते हैं, जबकि पूर्वी भारत में सामवेदी, कोली, वडवाल और सलसेट ईसाइयों का फर्क बरकरार है। हालाँकि ये जातियाँ आपस में विवाह नहीं करतीं, पर इनमें हिंदुओं जैसा भेदभाव नहीं है।

ईसाई धर्मांतरण आंदोलन 19वीं सदी के मध्य तक समुद्र तटीय इलाकों से आगे बढ़ कर पंजाब और केंद्रीय भारत तक पहुँच चुका था। इस दौर तक भक्ति आंदोलन का असर भी खत्म हो चुका था और जजमानी प्रथा भी जाती रही थी।

भक्ति आंदोलन में छोटी जाति के प्रति हिंदू वर्णव्यवस्था ने उदार रुख अपनाया था और 'अछूत' संतों को भी सम्मान की दृष्टि से देखा जाता था। दूसरी तरफ 'जजमानी' व्यवस्था में निचली जाति के लिए एक आर्थिक सुरक्षा थी।

पंजाब में पहले चर्च की स्थापना 1834 में हुई। उसी के साथ स्कूल और प्रिंटिंग प्रेस लगाया गया। फिर 1855 में वहाँ स्कॉटलैंड का चर्च आया। धीरे-धीरे पंजाब और उत्तर-पश्चिमी इलाके पर मिशनरियों का असर बढ़ता गया। 1880 आते-आते इस इलाके की अछूत जाति 'चूड़ा' का जबरदस्त धर्मांतरण शुरू हो गया। इस आंदोलन की ताकत ने हिंदू समाज को झकझोर दिया। जनगणना की हर रपट हिंदुओं के लिए चौंकानेवाली होती थी। 1891 की जनगणना रपट में पिछले दशक के मुकाबले पंजाब में ईसाइयों की तादाद में 410 फीसदी बढ़ोत्तरी हुई। उसके बाद 1931 तक ईसाइयों की तादाद उत्तरोत्तर बढ़ती गयी। 1931 में ईसाइयों की वृद्धि दर 32.5 फीसदी थी। चूड़ा भी महारों की तरह लड़नेवाली जाति मानी जाती थी। वे महाराजा रणजीत सिंह की सेना से ले कर अंग्रेजों की सेना तक में रहे। अपने संत लाल बेग के नाम पर लाल बेगी कहे जानेवाले पंजाब के 'चूड़ाओं' ने भारी पैमाने पर ईसाई धर्म ग्रहण किया। इससे एक तो उन्हें हिंदू धर्म की गुलामी से मुक्ति मिली, दूसरी तरफ फौज में नौकरी मिलती गयी। अंग्रेजों ने ईसाई चूड़ा रेजीमेंट खड़ी की। मिशनरियों ने नये ईसाइयों को लायपुर, मांटगुमरी वगैरह की कॉलोनियों में बसाया। ये लोग विभाजन के बाद पाकिस्तान में ही रह गये।

इधर इतने उग्र धर्मांतरण आंदोलन से हिंदू समाज हिल उठा। आर्य समाज ने 'शुद्धि' आंदोलन शुरू किया। आर्य समाजियों ने 'चूड़ाओं' के नेता लाल बेग को हिंदू बना लिया। लेकिन उन अछूतों का क्या हुआ, जो बड़े पैमाने पर ईसाई बने थे ? उनके शुद्धीकरण से परहेज किया गया।

इस्लाम धर्म ग्रहण : हालाँकि दक्षिण भारत में सातवीं ईसवी में ही इस्लाम का आगमन हो गया था, पर विधिवत आगमन 12 वीं सदी में मुगल आक्रमणों के बाद हुआ। इस्लाम में बराबरी और भाईचारे का जो संदेश था, उसके प्रति बड़ी संख्या में लोग आकर्षित हुए। हिंदुओं की वर्णव्यवस्था से पीड़ित छोटी जाति के लोगों ने इस्लाम की शरण ली, तो राज दरबार में ओहदे पाने के लिए बड़ी जाति के लोग भी मुसलमान बने। इस वजह से वहाँ भी ऊँच-नीच की स्थिति बन गयी। फिर जो लोग ईरान से आये थे, वे अपने को हमेशा ऊँचा मानते रहे और धर्मांतरित लोगों, विशेषकर छोटी जाति या अछूत समुदाय से आये लोगों, से शादी-विवाह करने से कतराते रहे। उन्हें अपने रक्त की शुद्धता और उच्च वर्ण का होने का हमेशा एहसास रहा।

हालाँकि इस्लाम में जाति प्रथा का कोई स्थान नहीं है, पर भारतीय समाज

में आ कर वह भी जातीय जंगल में उलझ गया। सूफी आंदोलन ने ऊँच-नीच के इस भेदभाव को मिटाने की कोशिश की। सूफी संतों की उदारता ने भी हिंदुओं की उत्पीड़ित जातियों को इस्लाम के दायरे में आकर्षित करने में बड़ी भूमिका निभायी। जो लोग कभी मंदिर नहीं जा सकते थे, जिनका छुआ पानी नहीं पिया जाता था और जिनकी छाया तक से परहेज किया जाता था, उन्हें बड़े से बड़े लोगों के साथ नमाज पढ़ने, भोजन करने और गले मिलने का अवसर मिलना बड़ी बात थी। लेकिन मुक्ति का यह मार्ग बहुत दूर तक नहीं गया। इसे इस्लाम की कट्टरता और भारतीय समाज से प्रेरित हो कर आयी जाति व्यवस्था ने बाधित कर दिया।

डॉ. भीमराव आंबेडकर ने 21 वर्ष तक धर्म परिवर्तन के सवाल पर विचार किया। उन्होंने विभिन्न धर्मों के गुण-दोष पर गौर किया। वे चूँकि अमेरिका और इंग्लैंड से उच्च शिक्षा प्राप्त कर आये थे और समता, स्वतंत्रता और बंधुत्व के सिद्धांत के हिमायती थे, इसलिए इस चश्मे से भी धर्म को परखा। डॉ. आंबेडकर ने 1935 में जैसे ही नासिक जिले के येओला में धर्मांतरण के इरादे का एलान किया, हैदराबाद के निजाम ने उनसे प्रस्ताव रखा कि अगर वे सभी अछूतों को इस्लाम धर्म ग्रहण करवा दें, तो उन्हें चार करोड़ रुपये दिये जायेंगे। डॉ. आंबेडकर ने इस प्रस्ताव को दृढ़ता से ठुकराते हुए कहा कि अछूत बाजार में बिकनेवाली भेड़-बकरियाँ नहीं हैं।

डॉ. आंबेडकर इस्लाम को आधुनिकता के संदर्भ में प्रगतिशील धर्म नहीं मानते थे। इस्लाम में महिलाओं की स्थिति और जातीय भेदभाव देख कर डॉ. आंबेडकर इसकी तरफ आकिर्षत नहीं हो सके। वहाँ भले ही दार्शनिक स्तर पर जातियों का अस्तित्व न हो, पर सामाजिक स्तर पर यह बाकायदा है। वैसे तो मुसलमानों में चार जातियाँ होती हैं–शेख, सैयद, मुगल और पठान, लेकिन सामाजिक व्यवहार में दो श्रेणियाँ पायी जाती हैं–(1) अशरफ (2) अजलाफ। अशरफ में वे लोग आते हैं जो शुद्ध रूप से विदेशी वंशज हैं या वे लोग जो हिंदुओं की ऊँची जातियों से धर्मांतरित हो कर आये हैं। इनमें मुख्य रूप से सैयद, शेख, पठान, मुगल, मलिक और मिर्जा आते हैं। इसके बाद अजलाफ यानी छोटी जाति के मुसलमान आते हैं। अजलाफ के मायने ही होते हैं कमीना, अभागा और नीच। इसमें छोटी व अछूत जातियों से मुसलमान बननेवाले लोग हैं।

अजलाफ की कुछ श्रेणियाँ इस प्रकार हैं–

खेती करनेवाले शेख और वे लोग जो पहले हिंदू थे। ये लोग किन्हीं वजहों से अशरफ श्रेणी में शामिल नहीं हो सके। उदाहरण के लिए पिराली और ठकराईं।

दर्जी, जुलाहा, फकीर, रंगरेज।

बढ़ई, भठियारा, चिक, चुड़िहार, दाई, धावा, दुखिया, कलाल, कसाई, कुला,

कुँजड़ा, लहेड़ी, महिफरोश, मल्लाह, नलिया, निकारी।

अबदाल, बाको, बेड़िया, भाट, चंबा, डुफाली धोबी, हज्जाम, मुचो, नगराची, नट, पनवारिया, मदारिया, टुनटिया।

तीसरा और सबसे निचला दर्जा 'अरजल' का है। इस वर्ग में भनार, हलालखोर, हिजड़ा, कसाबी, लालबेगी मौगता और मेहतर आते हैं।

मुसलमानों में ऊँच-नीच का यह भेदभाव पाकिस्तान से ले कर बंगाल तक फैला हुआ है। इन ऊँच-नीच जातियों में भेदभाव ही नहीं, छुआछूत भी है।

इन स्थितियों के बावजूद भारतीय प्रायद्वीप में सबसे ज्यादा धर्मांतरण इस्लाम में ही हुआ है। इस्लामी राष्ट्रों पाकिस्तान और बाँग्लादेश का गठन और आज भी भारत में दुनिया में दूसरे नंबर के सबसे ज्यादा मुसलमानों का होना इस बात का प्रमाण है। भले ही धर्मांतरण बड़ी जातियों ने भी किया है, पर छोटी और उत्पीड़ित जातियों ने उनसे कहीं बड़ी संख्या में धर्मांतरण किया है और उनके इस कदम के पीछे एक प्रमुख उद्देश्य गुलामी से मुक्ति रहा है।

19वीं सदी के आखिर और 20वीं सदी की शुरुआत में पंजाब के चूड़ा बड़ी संख्या में मुसलमान बने। 1931 में मुसलमानों की जनसंख्या वृद्धि दर 13 फीसदी और हिंदुओं की दस फीसदी रही। धर्मांतरण के छिटपुट प्रयास आज भी चल रहे हैं। हाल की सबसे चर्चित घटना तमिलनाडु के मीनाक्षीपुरम में हरिजनों का धर्मांतरण रही। 19 फरवरी 1981 को तमिलनाडु के तिरुनेलवेल्ली जिले के मीनाक्षीपुरम गाँव में 1000 हरिजनों ने इस्लाम ग्रहण कर लिया। उसके बाद आसपास के जिलों में धर्मांतरण का सिलसिला शुरू हुआ और जून 1981 तक 1693 हरिजनों ने इस्लाम ग्रहण किया। ये आँकड़े 13 अगस्त 1981 को तमिलनाडु सरकार की संसदीय समिति ने जाँच के बाद दिये। संसदीय समिति ने धर्मांतरण की तीन प्रमुख वजहें गिनायीं—(1) सवर्ण हिंदुओं के अत्याचार, (2) पुलिस के अत्याचार और (3) आर्थिक पिछड़ापन। इस घटना ने धर्मांतरण के राजनैतिक मकसद और उसके लिए उचित और अनुचित साधन के प्रयोग पर तीखी बहस खड़ी कर दी। राष्ट्रीय स्वयंसेवक संघ और अन्य हिंदू संगठन 'शुद्धीकरण' अभियान में जुट गये। हिंसा भी हुई। संसद में ओमप्रकाश त्यागी ने धार्मिक अधिकार स्वतंत्रता बिल पेश किया। इसमें धर्मांतरण रोकने की व्यवस्था थी, हालाँकि वह पास नहीं हुआ।

सिख धर्म ग्रहण : हिंदू धर्म के अपमान से मुक्त होने के लिए अछूत जातियों ने सिख धर्म भी ग्रहण किया। सिख धर्म (पंथ) का उदय भी समानता की एक उम्मीद ले कर आया। ज्यादातर निहंग अछूत जातियों से ही आये। महाराजा रणजीत सिंह की सेना में अछूत जातियाँ बड़े पैमाने पर भरती हुईं। इससे उनका सामाजिक सम्मान बढ़ा और किसी हद तक बड़ी जातियों के अत्याचार से निजात

मिली। अंग्रेजों ने सिखों को लड़ाकू जाति घोषित कर दिया। इससे भी अछूतों को सिख धर्म की तरफ झुकने को बढ़ावा मिला। बस केश और दाढ़ी बढ़ाने की जरूरत थी और उन्हें फौज में भरती मिल जाती। यह दोहरा लाभ था। एक तो अपमान से मुक्ति और दूसरी तरफ फौज की नौकरी व सम्मान। पंजाब के चूड़ा तेजी से सिख बनने लगे। 1911 से 1931 के बीच सिखों की वृद्धि दर 37 फीसदी से 33.9 फीसदी के बीच थी। 1901 से 1931 के बीच सिख चूड़ा की आबादी 21,673 से 1,69,247 हो गयी, जबकि सिख चमारों की आबादी 75,753 से 2,22,797 पहुँच गई।

उस दौरान पंजाब में आर्य समाज आंदोलन सशक्त था। आर्य समाज ने धर्मांतरण का कड़ा विरोध किया। अछूत अपनी मुक्ति के लिए जिधर भी थोड़ी गुंजाइश दिखती, उधर भाग रहे थे। वे ईसाई, सिख या मुसलमान कुछ भी बनने को तैयार थे। आर्य समाजी किसी भी तरह के धर्मांतरण के खिलाफ थे। उन्होंने 'शुद्धीकरण' अभियान चलाये। लेकिन कवीर के शंकराचार्य डॉ. कुर्तकोटि ने अछूतों के सिख धर्म अपनाने का जबरदस्त समर्थन किया। उनका कहना था कि सिख धर्म तो हिंदू धर्म का ही एक पंथ है, इसलिए सिख बनने का विरोध नहीं होना चाहिए। छोटी जाति के हिंदू इस तरह सिख बने, पर वहाँ उन्हें 'मजहबी सिख' का दर्जा मिला। यानी वे फिर बराबरी का हक नहीं पा सके।

एक के वाद एक शूद्र और अछूत जातियों के धर्मांतरण से हिंदू समाज हिल उठा। विशेषकर 1881 से 1931 के बीच हिंदुओं का जनसंख्या अनुपात तेजी से गिरा। 1881 में हिंदू कुल आबादी का 74.3 फीसदी थे। 1891 में घट कर 72.32 फीसदी पर आ गये। 1901 में वे 70.37 तक गिरे। 1911 में हिंदुओं की वृद्धि दर 5.04 फीसदी थी और 1921 में गिर कर 0.4 फीसदी पर आ गयी। हिंदुओं को अपनी इस घटती शक्ति का तेजी से एहसास हुआ। वह बौद्ध और सिख धर्म ग्रहण को ले कर भी उतना चिंतित नहीं दिखता जितना इस्लाम और ईसाई धर्म ग्रहण पर। विशेषकर विभाजन (1947) के बाद वह इस मुद्दे पर ज्यादा संवेदनशील हो गया है। लेकिन वह अभी भी अछूतों की स्थिति को ले कर उतना चिंतित नहीं दिखाई पड़ता था जितना अपनी घटती राजनैतिक और सामाजिक शक्ति को ले कर। बड़ी जाति का हिंदू इस बात से ज्यादा चिंतित था कि सभी अछूत अन्य धर्म में चले गये तो उसकी सेवा कौन करेगा। आर्य समाज, जो उच्च मध्य वर्ग का आंदोलन था, के 'शुद्धीकरण' अभियान में अछूतों को वापस लेने पर बड़े संकोच की स्थिति थी। जो वापस लौटे, उन्हें पर्याप्त सामाजिक उलाहना और पीड़ा झेलने के बावजूद सम्मान नहीं मिल सका।

आर्य समाज ने 1901 में 'शुद्धीकरण' आंदोलन तेज कर दिया। 1901-02 में मुल्तान और मुजफ्फरनगर जिलों में लगभग 23,000 लोगों को आर्य समाज

में दीक्षित किया। 1903-09 में सियालकोट और गुरदासपुर में 36,000 मेघों को आर्य समाजी बनाया। ये सब अछूत नहीं थे। 1909 में आर्य समाज ने कुछ कबीर-पंथी भंगियों और जुलाहों का शुद्धीकरण किया। लेकिन हिंदू धर्म में वापस लाये गये लोगों को बराबरी का दरजा नहीं मिला। वे आर्य रहतिया, आर्य जुलाहा, आर्य मेघ और आर्य डोम कहलाये।

उत्तर प्रदेश के अल्मोड़ा और गढ़वाल क्षेत्रों के डोम शुद्धीकरण के नाम पर ठगे गये। उन्हें जनेऊ पहनाया गया, चोटी रखने को कहा गया और गोमांस छोड़ने की दीक्षा दी गयी। उन्हें आर्य और शिलीपिकर उपनाम मिल गये। लेकिन हिंदू समाज उन्हें अछूत ही मानता रहा।

दरअसल, हिंदू समाज इतने तगड़े झटकों के बावजूद अछूतों को बराबर का दरजा देने को तैयार नहीं था। हिंदू महासभा 1924 में इलाहाबाद में यह बहस कर रही थी कि अछूतों को जनेऊ पहनाना शास्त्र-सम्मत है कि नहीं। अंत में यह निष्कर्ष निकाला गया कि यह काम महासभा के नाम से नहीं होना चाहिए। लेकिन जनसंख्या के इस खेल में उस व्यक्ति या परिवार या जाति की पीड़ा की अक्सर उपेक्षा कर दी जाती है जो आबादी का फुटबाल बन कर इस धर्म से उस धर्म में ठोकर खाता है। सवर्ण हिंदू न उस अछूत को गले से लगाने को तैयार है जो हिंदू धर्म के भीतर ही रह कर अपने को ऊपर उठाने की कोशिश कर रहा है और न ही उसे, जो शुद्धीकरण कर हिंदू धर्म में वापस लाया गया हो। '80 के दशक के अंत में केंद्रीय मंत्री जगजीवन राम के विश्वनाथ मंदिर जाने के बाद काशी हिंदू विश्वविद्यालय के छात्रों ने वहाँ का शुद्धीकरण किया। कांशीराम, जो हिंदू धर्म के भीतर ही रह कर संघर्ष कर रहे हैं, शायद ही किसी सवर्ण का निश्छल सम्मान पाते हों।

दलितों की अस्मिता भी उन्हें भेदभाववाली स्थिति में डाल देती है। दलित किसी अन्य धर्म में जा कर विलीन हो सकते हैं। लेकिन जैसे ही वे अनुसूचित जातियों को मिलनेवाली सुविधा की माँग उठाते हैं, वे उस समुदाय की सामान्य श्रेणी से अलग पहचान महसूस करने लगते हैं। यह स्थिति उनके लिए एक दुधारी तलवार साबित होती है।

यह कहना तो उचित नहीं होगा कि अन्य धर्मों में भी हिंदुओं जैसी ही वर्ण व्यवस्था और छुआछूत है। निश्चित तौर पर अछूतों ने धर्मांतरण के बाद कुछ राहत की साँस ली है। लेकिन हिंदू समाज की वर्ण-व्यवस्था का सभी धर्मों पर प्रभाव पड़ा है। इस काजल की कोठरी में घुस कर निकलते हुए कई सयाने धर्मों के हाथ काले हो गये हैं। फिर हर धर्म की अपनी सीमाएँ और समस्याएँ हैं। दरअसल, कोई धर्म पूर्ण है ही नहीं। सभी अधूरे हैं। इसलिए धर्मांतरण 'मुक्ति का मार्ग' नहीं, 'मृग मरीचिका' साबित हुआ है ? धर्मांतरण का सिद्धांत पीड़ित

जाति की मुक्ति नहीं, बल्कि अपने धर्म के अनुयायियों की संख्या बढ़ाने के उद्देश्य पर टिका है। ऐसे में धर्मांतरण की होड़ और फिर शुद्धीकरण के प्रयास होना स्वाभाविक हैं।

धर्मांतरण और शुद्धीकरण की होड़ और उसके लिए उचित-अनुचित साधनों के प्रयोग से सामाजिक तनाव बढ़ता है। नये सांप्रदायिक दलों और संगठनों का उदय होता है। ऐसी स्थिति में एक धर्मनिरपेक्ष राज्य धर्मसंकट में पड़ जाता है। वह धर्मांतरण को हतोत्साहित करता या रोकता है तो धार्मिक स्वतंत्रता के अधिकार का हनन करता है। नहीं रोकता है तो सामाजिक तनाव और सांप्रदायिकता को आमंत्रित करता है। वह किसी धर्म को राजाश्रय नहीं दे सकता, पर बहुसंख्यक समुदाय के धर्म का पक्ष लेने के आरोप से बच नहीं सकता। भारतीय राज्य पर भी हिंदू धर्म का पक्ष लेने का गंभीर आरोप है और वह अपने को इससे बरी नहीं कर सका है।

धर्मांतरण के मार्ग में लगातार बढ़ते ये तनाव मुक्ति की संभावना को और धूमिल कर देते हैं। इसका मतलब यह नहीं कि हिंदू समाज की असमानता के खिलाफ संघर्ष नहीं होना चाहिए या दलितों को सम्मान दिलाने का अभियान एक छलावा है। बेहतर हो हर धार्मिक समुदाय अपने-अपने हिस्से के दलितों का उत्थान करे और दलित अपने राजनैतिक और आर्थिक अधिकारों के लिए संघर्ष करें। दलित समाज के हर व्यापक अभियान में बढ़ कर हिस्सेदारी करें और नयी संस्कृति के निर्माण में योगदान दें। धर्मांतरण और शुद्धीकरण (पुनर्धर्मांतरण) से जितना बचा जा सके, उतना अच्छा है।

मंदिर में क्या रखा है

कँवल भारती

सिर्फ एक शतक पहले तक भारत में दलितों की स्थिति इतनी नारकीय थी कि दास और पशु उनके मुकाबले बेहतर थे। दास और पशु को उनके स्वामी छू सकते थे, पर दलितों को छूना तो दूर, सवर्ण हिंदू उनकी परछाईं तक से अपवित्र हो जाते थे और स्नान के बाद ही शुद्ध होते थे। उन्हें न सार्वजनिक कुओं, तालाबों से पानी लेने का अधिकार था और न विद्यालयों में शिक्षा ग्रहण करने का; यहाँ तक कि मंदिर के दरवाजे भी उनके लिए पूर्णतया बंद थे। दलित इसे अपनी नियति समझ कर जी रहे थे। न उनमें स्थिति-बोध था और न अधिकार-बोध।

यह वह समय था, जब कांग्रेस और महात्मा गाँधी अंग्रेजी दासता के विरुद्ध भारत-मुक्ति की लड़ाई लड़ रहे थे। इसी भारत-मुक्ति ने दलित-मुक्ति का मार्ग प्रशस्त किया। जब हिंदुओं को पराधीनता सहन नहीं है, तो दलितों को पराधीनता कैसे सहन हो सकती है ? यदि अंग्रेजी सत्ता से भारत को मुक्ति चाहिए, तो हिंदू सत्ता से दलितों को भी मुक्ति चाहिए। भारत की स्वाधीनता तभी सुरक्षित रह सकती है, जब भारतवासी भी स्वाधीन हों। यदि भारत स्वाधीन हो गया और करोड़ों दलित भारतीयों को स्वाधीनता नहीं मिली, तो भारत की स्वाधीनता का कोई मूल्य नहीं है। वह पुनः कभी भी पराधीन हो सकता है। इस विचार के साथ डॉ. आंबेडकर ने दलित स्वाधीनता की लड़ाई लड़ी।

भारत में दलित आंदोलन का एक लंबा इतिहास है। अनेक संत-महात्मा और समाज-सुधारक इस क्षेत्र में अपनी भूमिका निभा चुके हैं। पर यह भूमिका सिर्फ अपीलों और विरोधों तक ही सीमित रही। इस आंदोलन को सीधी लड़ाई से जोड़ने की पहली भूमिका मुख्यतः डॉ. आंबेडकर ने ही निभायी। उन्होंने दो सत्याग्रह किये। एक महाड का जल-सत्याग्रह और दूसरा नासिक का धर्म सत्याग्रह। सत्याग्रह गाँधी जी का अस्त्र था, जिसे वह ब्रिटिश सत्ता के खिलाफ उपयोग में लाते थे। डॉ. आंबेडकर ने इसी अस्त्र का हिंदू सत्ता के खिलाफ उपयोग किया।

कोलाबा जनपद के महाड कस्बे में एक चावदार नामक सार्वजनिक तालाब था, परंतु दलितों को उसका पानी पीने का अधिकार नहीं था। डॉ. आंबेडकर ने 19-20 मार्च 1927 को एक विशाल दलित सम्मेलन महाड में किया। यह दलितों का पहला सम्मेलन था, जिसने दलित मुक्ति के नये इतिहास की आधार शिला रखी थी। डॉ. आंबेडकर के नेतृत्व में हजारों दलितों ने तालाब मार्च किया और तालाब का पानी पिया। किंतु यह समाचार फैलते ही कि अछूतों ने चावदार को अपवित्र कर दिया है, सैकड़ों हिंदुओं ने सत्याग्रही अछूतों पर हमला बोल दिया। औरतें, बूढ़े और बच्चे तक उनकी हिंसा के शिकार हुए। चावदार के पानी से दलितों को स्वर्ग नहीं मिलना था, पर यह मानव अधिकार का प्रश्न था। यह सत्याग्रह कर डॉ. आंबेडकर ने दलितों को उनकी सामाजिक हैसियत का बोध कराया था और उन पर थोपी गयी निर्योग्यताओं के विरुद्ध उनमें सीधी लड़ाई लड़ने का साहस पैदा किया था। बाद में 20 दिसम्बर 1927 को महाड में ही डॉ. आंबेडकर ने भारी जनसभा के बीच 'मनुस्मृति' को जला कर शास्त्रों की पवित्रता में लोगों के विश्वास को तोड़ा था। यह एक महान सामाजिक क्रांति थी, जिसने बुद्ध के बाद पहली बार भारत को समता, स्वतंत्रता और बंधुत्व के शब्द दिये थे। इसलिए डॉ. आंबेडकर ने फ्रांस की राज्य क्रांति से इसकी तुलना की थी।

धर्म सत्याग्रह डॉ. आंबेडकर ने नासिक में काला राम मंदिर में दलितों के प्रवेश के अधिकार के लिए आरंभ किया था। 2 मार्च 1930 को गाँधी जी ने अपना सविनय अवज्ञा आंदोलन आरंभ किया था। ठीक उसी दिन डॉ. आंबेडकर ने नासिक में हजारों अछूतों को ले कर काला राम मंदिर की ओर कूच किया। गाँधी जी का आंदोलन ब्रिटिश निरंकुशता के खिलाफ था, तो डॉ. आंबेडकर का आंदोलन हिंदू निरंकुशता के खिलाफ। गाँधीजी के आंदोलन का दमन अंग्रेजी शासन ने किया, तो डॉ. आंबेडकर के धर्म सत्याग्रह आंदोलन को सवर्ण हिंदुओं ने सत्याग्रही अछूतों पर हमला कर कुचल दिया। अछूतों और हिंदुओं के बीच खुला संघर्ष हुआ। डॉ. आंबेडकर सहित सैकड़ों अछूतों के सिर फूटे, फिर भी अछूतों का जोश कम नहीं हुआ था। फलतः मंदिर के प्रबंधकों ने एक वर्ष के लिए मंदिर के कपाट ही बंद कर दिये।

दलित वर्गों के लोग निर्णायक लड़ाई लड़ना चाहते थे। इसलिए वे तब तक आंदोलन चलाते रहना चाहते थे, जब तक मंदिर के दरवाजे उनके लिए खोल न दिये जायें। किंतु डॉ. आंबेडकर इस सत्याग्रह को लंबे समय तक चलाने के पक्ष में नहीं थे। अतः उन्होंने इसे स्थगित कर दिया। इसका कारण स्पष्ट करते हुए उन्होंने बताया कि मंदिर आंदोलन इसलिए नहीं किया गया था कि मंदिर में बैठे हुए 'भगवान' अछूतों के कष्ट दूर कर देंगे। यह आंदोलन इसलिए आरंभ किया गया था कि उन्होंने यह अनुभव किया था कि वह दलित वर्गों को ऊर्जा

देने और उन्हें उनकी वास्तविक स्थिति का बोध करने का बेहतर मार्ग था। इस सत्याग्रह से उनका यह उद्देश्य पूरा हो गया है और इसलिए अब मंदिर प्रवेश आंदोलन की कोई आवश्यकता नहीं है। इसके स्थान पर उन्होंने दलित वर्गों को अपनी ऊर्जा राजनीति पर केंद्रित करने की सलाह दी।

इस सीमित सत्याग्रह की व्यापक प्रतिक्रिया हुई। पहली बार भारत की सीमाएँ लाँघ कर यह सत्य विश्व तक पहुँचा कि भारत में करोड़ों ऐसे लोग हैं, जो अछूत और गुलाम हैं और जिन्हें सार्वजनिक स्थानों तथा मंदिर में भी प्रवेश का अधिकार नहीं है। इसका सर्वाधिक प्रतिकूल प्रभाव भारतीय राष्ट्रीय कांग्रेस और उन संगठनों पर पड़ा, जो स्वराज की लड़ाई लड़ रहे थे। इन दलों का नेतृत्व ब्राह्मणों के हाथों में था। धर्म की आस्था और स्वराज की राजनीति के द्वंद्व ने उनकी सत्ता को हिला दिया। महात्मा गाँधी के लिए यह और भी बड़ी चुनौती थी, क्योंकि वह उस समय तक दलितों के मंदिर प्रवेश के विरोधी थे। वह हिंदू धर्म को उसके सनातन रूप में स्वीकार करते थे। उनका कथन था–'यह कैसे सम्भव हो सकता है कि 'अन्त्यज' (अछूत) सभी वर्तमान हिंदू मंदिरों में प्रवेश करने के अधिकारी हों ? जब तक जाति और आश्रम के कानून को हिंदू धर्म में प्रमुख स्थान प्राप्त है, तब तक यह कहना कि प्रत्येक हिंदू प्रत्येक मंदिर में प्रवेश कर सकता है, संभव नहीं है।' (गाँधी शिक्षण, भाग 2, पृ. 132)

दलितों के साथ अस्पृश्यता का व्यवहार मानवाधिकार के उल्लंघन का प्रश्न था। अतः विश्व भर में हिंदू व्यवहार की आलोचनाएँ हुईं और डॉ. आंबेडकर के योगदान की सराहना की गयी। गाँधी जी दक्षिण अफ्रीका में रंग-भेद के खिलाफ थे, पर भारत में जाति भेद का विरोध करने के प्रश्न पर वह धर्मसंकट में पड़ गये थे। अन्य हिंदू नेता भी इस समस्या से विचलित थे। अंततः काफी विचार-मंथन के बाद राजनीतिक चातुर्य से काम लिया गया और कांग्रेस तथा गाँधी जी मंदिर में दलितों के प्रवेश के समर्थक हो गये।

इधर डॉ. आंबेडकर ने दलित वर्गों के राजनीतिक अधिकारों की माँग करना आरंभ कर दिया। 8 अगस्त 1930 को अखिल भारतीय दलित वर्ग कांग्रेस का पहला अधिवेशन नागपुर में हुआ, जिसके सभापति डॉ. आंबेडकर थे। इस अधिवेशन में तेरह प्रस्ताव पारित किये गये। इस अधिवेशन ने माँग की कि चूँकि रूढ़िवादी हिंदू दलितों के प्रति अपने व्यवहार को नहीं बदल सकते, इसलिए कोई भी राजनीतिक संविधान तब तक मान्य नहीं होगा, जब तक उसमें दलित वर्गों के लिए समानता के अधिकार सुनिश्चित न किये गये हों। इस अधिवेशन ने स्पष्ट रूप से केंद्र और राज्यों की विधायिकाओं में दलितों के लिए समुचित प्रतिनिधित्व तथा सरकारी सेवाओं में दलितों की जनसंख्या के अनुपात से आरक्षण दिये जाने की माँग की।

यह एक बम था, जो कांग्रेस खेमे पर गिरा था। कांग्रेस खुद को सभी हिंदुओं की प्रतिनिधि संस्था मान कर चल रही थी। किंतु जिस स्वराज के लिए वह लड़ रही थी, वह दलितों के लिए भी स्वराज होगा या नहीं, इसे न कांग्रेस ने स्पष्ट किया था और न गाँधी जी ने। डॉ. आंबेडकर ने बार-बार कांग्रेस और गाँधी जी से स्वराज की योजना में दलितों की स्थिति को स्पष्ट करने को कहा तथा दलित वर्गों को उस समय तक स्वराज की लड़ाई में भाग न लेने को कहा, जब तक सत्ता में उनकी भागीदारी न तय हो जाये। अब तक सत्ता का संघर्ष हिंदुओं और मुसलमानों के बीच ही था, पर डॉ. आंबेडकर ने दलितों की माँग उठा कर इस संघर्ष को त्रिपक्षीय बना दिया। उन्होंने स्पष्ट शब्दों में कहा कि दलितों को मंदिर, कुएँ और अन्तरजातीय भोज नहीं चाहिए, बल्कि वे वैसे ही अपनी सरकार चाहते हैं, जैसे कांग्रेस चाहती है। यदि अंग्रेज वर्तमान शासन पद्धति छोड़ कर चले जाते हैं, तो उच्च हिंदू सत्ता में आ जायँगे और दलितों पर शासन करेंगे।

डॉ. आंबेडकर के इस आंदोलन का परिणाम सिर्फ यही नहीं हुआ कि दलित वर्गों में राजनीतिक चेतना पैदा हुई, बल्कि इसी समय भारतीय राजनीति में दलित चेतना का उदय हुआ। जो दलित जन हिंदू समाज के अंतर्गत उसी के अंग माने जाते थे, अब उनकी पृथक राजनीतिक महत्ता को स्वीकार किया जाने लगा था। अतः ब्रिटिश सरकार ने भारत के संविधान-निर्माण में भारतीयों की राय जानने के लिए गोल मेज सम्मेलन आयोजित किया। यह पहला अवसर था कि इस सम्मेलन में दलित वर्गों के भी दो प्रतिनिधियों डॉ. आंबेडकर और दीवान बहादुर आर. श्रीनिवासन को बुलाया गया। 12 नवंबर 1930 को सम्राट जॉर्ज पंचम ने लंदन में पहली गोल मेज सभा का उद्घाटन किया। डॉ. आंबेडकर ने इस सम्मेलन में दलित वर्गों के पृथक अधिकारों की माँग रखते हुए कहा, 'दलितों की जनसंख्या भारत की कुल जनसंख्या का पाँचवाँ भाग है। दलित वर्गों के लोग मुसलमानों से पृथक हैं और यद्यपि उन्हें हिंदुओं में शामिल किया जाता है, परंतु वे किसी भी अर्थ में हिंदू समुदाय के अंग नहीं हैं। दलितों ने हिंदुओं, सिखों और मुसलमानों से लड़ाई लड़ कर अंग्रेजों के लिए भारत के विशाल साम्राज्य को जीता था। उन्होंने आशा की थी कि अंग्रेज उन्हें हिंदुओं की दासता से मुक्त करायँगे। किंतु ऐसा नहीं हो सका। जिस बदतर स्थिति में हम अंग्रेजों से पहले थे, उसी स्थिति में हम आज भी हैं। अंग्रेजों से पूर्व हम मंदिर में प्रवेश नहीं कर सकते थे, क्या अब कर सकते हैं ? अंग्रेजों से पूर्व हमें पुलिस और सेना में नौकरी नहीं मिलती थी, क्या अब मिलती है ? यद्यपि अंग्रेजी शासन को डेढ़ सौ वर्ष पूरे हो चुके हैं, परन्तु उनके कष्टों का निवारण अभी तक नहीं हुआ है।' डॉ. आंबेडकर ने आठ सूत्री माँग-पत्र प्रस्तुत किया। ये माँगें थीं–(1) समान नागरिकता का अधिकार, (2) समान अधिकारों का उपभोग, (3) भेदभाव के विरुद्ध संरक्षण, (4) विधान

सभाओं में समुचित प्रतिनिधित्व, (5) नौकरियों में समुचित प्रतिनिधित्व, (6) दलित हितों की उपेक्षा के विरुद्ध कार्यवाही, (7) विशेष विभागीय सुरक्षा और (8) मंत्रिमण्डल में दलितों की भागीदारी। चूँकि इस सम्मेलन का कांग्रेस ने बहिष्कार किया था, इसलिए यह किसी निर्णय पर पहुँचे बिना ही समाप्त हो गया।

7 सितम्बर 1931 को गोल मेज सम्मेलन का दूसरा सत्र आरम्भ हुआ। इसमें कांग्रेस की ओर से गाँधी जी ने प्रतिनिधित्व किया। वहाँ अल्पसंख्यक समिति की बैठक में गाँधी जी ने दलितों की माँग का विरोध किया। उन्होंने कहा कि वह सिखों और मुसलमानों के विशेष प्रतिनिधित्व को स्वीकार कर सकते हैं, पर कांग्रेस ने अछूतों के उद्धार का कार्य गंभीरता से लिया है, इसलिए उन्हें राजनीतिक संरक्षण दिये जाने का कोई औचित्य नहीं है। किंतु समिति के अधिकांश सदस्यों ने दलितों की माँग का समर्थन किया। अतः 17 अगस्त 1932 को प्रधानमंत्री ने अपने प्रसिद्ध ऐतिहासिक निर्णय की घोषणा की, जिसमें दलितों के लिए पृथक निर्वाचन पद्धति को स्वीकार किया गया था। कांग्रेस और हिंदुओं ने इस निर्णय के खिलाफ प्रदर्शन किये। गाँधी जी उस समय पूना की यरवदा जेल में थे। उन्होंने 'उठ जाग मुसाफिर भोर भई अब रैन कहाँ जो सोवत है' इस भजन के साथ 20 सितंबर 1932 को जेल में ही आमरण अनशन आरंभ कर दिया। डॉ. आंबेडकर के अनुसार गाँधी जी का यह अनशन नैतिक लड़ाई नहीं थी, वरन एक राजनीतिक चाल थी। देश भर में गाँधी जी के जीवन की रक्षा चिंता का विषय बन गया। कांग्रेसी और हिंदू नेताओं ने डॉ. आंबेडकर के खिलाफ वातावरण बनाने में धरती-आकाश एक कर दिया। एक भीषण धर्मसंकट से डॉ. आंबेडकर को गुजरना पड़ा। यदि अपनी माँग पर दृढ़ रहते, तो गाँधी जी की हत्या का कलंक हमेशा के लिए उनके माथे पर लग जाता और उसकी प्रतिक्रिया देश भर में दलितों के लिए दुर्भाग्यपूर्ण हो सकती थी। अतः डॉ. आंबेडकर ने दूरदर्शिता से काम लिया और सांप्रदायिक निर्णय में परिवर्तन के लिए सहमत हो कर गाँधी जी के प्राण बचाये। इतिहास में यह समझौता पूना पैक्ट के नाम से जाता है।

पूना पैक्ट के बाद बंबई में 25 सितंबर 1932 को पैक्ट के स्वागत में एक विशाल सभा हुई, जिसमें चोटी के हिंदू नेताओं ने भाग लिया और यह प्रस्ताव पारित किया कि वे अस्पृश्यता को दूर करने का प्रयत्न करेंगे तथा अछूतों के लिए मंदिरों के दरवाजे खोलेंगे। इस प्रस्ताव के बाद यह पहला अवसर था कि कुछ जीर्ण-शीर्ण मंदिरों के द्वार अछूतों के लिए खोल दिये गये। गाँधी जी द्वारा प्रकाशित 'हरिजन' पत्र में प्रत्येक सप्ताह ऐसे मंदिरों की सूची भी छपने लगी। चूँकि इसके पीछे दलित-मुक्ति की भावना नहीं, बल्कि राजनीतिक स्वार्थ की दुर्भावना काम कर रही थी, इसलिए कांग्रेस और गाँधी जी के स्तर से कोई उल्लेखनीय सफलता इस कार्य को नहीं मिली।

इस संबंध में दो घटनाएँ विशेष रूप से उल्लेख करने योग्य हैं। एक गुरुवयूर का मंदिर सत्याग्रह और दूसरा मंदिर प्रवेश बिल। गुरुवयूर मंदिर सत्याग्रह हिंदुओं की ओर से पहला सत्याग्रह था, जो डॉ. आंबेडकर के धर्म सत्याग्रह के बाद और दलितों को कांग्रेस के साथ जोड़ने के मकसद से अस्तित्व में आया था। इस मंदिर का ट्रस्टी कालीकट का जमोरिन था। उसने 'हिंदू रिलीजस इन्डाऊमेंट्स' की धारा 40 के आधार पर मंदिर को अछूतों के लिए खोलने से इनकार कर दिया था। किंतु केलप्पन नामक एक हिंदू ने, जो मालाबार में अछूतों के लिए काम कर रहा था, मंदिर में अछूतों के प्रवेश के लिए अनशन आरंभ कर दिया। जमोरिन ने अपमान से बचने के लिए गाँधी जी से केलप्पन का अनशन कुछ समय के लिए स्थगित कराने की अपील की। गाँधी जी के अनुरोध पर केलप्पन ने दस दिन अनशन करने के बाद 1 अक्टूबर 1932 को तीन महीने के लिए अपना अनशन स्थगित कर दिया। इस बीच जमोरिन ने कुछ नहीं किया। गाँधी जी ने 5 नवंबर 1932 को प्रेस को बयान दिया कि यदि 1 जनवरी 1933 तक अछूतों के लिए मंदिर नहीं खोल दिया जाता है, तो उन्हें विवश हो कर केलप्पन के अनशन का समर्थन करना पड़ेगा। जमोरिन ने इसे मानने से इनकार कर दिया और साफ शब्दों में बयान दिया कि यह उसके अधिकार में नहीं है कि वह गुरुवयूर मंदिर को अवर्ण लोगों के लिए खोल दे। इन परिस्थितियों में गाँधी जी के लिए अनशन करना आवश्यक हो गया था, परंतु उन्होंने नहीं किया और न ही केलप्पन को पुनः अनशन करने को कहा। इसके विपरीत उन्होंने अपनी स्थिति में परिवर्तन करते हुए कहा कि यदि जनमत संग्रह कराने पर बहुमत से यह स्पष्ट हो जाये कि जहाँ मंदिर स्थित है, वहाँ के सवर्ण हिंदू अछूतों के लिए मंदिर खोलने के खिलाफ हैं, तो वह अनशन नहीं करेंगे। जनमत संग्रह हुआ और परिणाम मंदिर प्रवेश के पक्ष में आया। गाँधी जी ने फिर भी अनशन नहीं किया। इसके लिए उन्होंने मद्रास विधान परिषद में डॉ. सुब्बारॉयन द्वारा प्रस्तुत किये जाने वाले बिल को आधार बनाया। इसकी स्वीकृति वायसराय, द्वारा दी जानी थी। अतः गाँधी जी ने 29 दिसम्बर 1932 को प्रेस को बयान दिया कि डॉ. सुब्बारॉयन के बिल की स्वीकृति के विषय में वायसराय का निर्णय 15 जनवरी से पूर्व आना सम्भव नहीं है, इसलिए अनशन सरकारी फैसले तक स्थगित किया जाता है। केलप्पन भी इस स्थगन से सहमत थे। वायसराय ने बिल पेश करने की अनुमति नहीं दी। किंतु गाँधी जी ने सिर्फ अनशन करना ही नहीं छोड़ दिया, बल्कि मंदिर प्रवेश आंदोलन को बिलकुल भुला ही दिया। परिणाम यह हुआ कि गुरुवयूर मंदिर प्रवेश सत्याग्रह टाँय-टाँय फिस्स हो गया और उसके दरवाजे अछूतों के लिए बंद ही रहे।

अब मंदिर प्रवेश बिल की घटना को लेते हैं। मद्रास विधान परिषद में डॉ. सुब्बारॉयन द्वारा मंदिर प्रवेश बिल पेश किया गया था। इसी प्रकार एक बिल

सी. एस. रंगा, दूसरा बिल हर विलास शरद, तीसरा बिल लालचन्द नवल राय और चौथा बिल एम. आर. जयकर ने प्रस्तुत किया था। वायसराय से विधायिका में बिल प्रस्तुत करने की अनुमति मिलने से पूर्व ही गाँधी जी ने 21 जनवरी 1933 को प्रेस में बयान दिया कि वह राज्य द्वारा धार्मिक मामले में हस्तक्षेप करने के खिलाफ हैं। इसका मतलब यह था कि गाँधी जी मंदिर में दलितों के प्रवेश को हिंदुओं का धार्मिक मामला समझते थे और उनके अनुसार इसे कानून बना कर नहीं, बल्कि स्वयं हिंदुओं द्वारा निपटाया जाना चाहिए था। 23 जनवरी 1933 को लॉर्ड विलिंगडन ने मद्रास विधान परिषद में रंगा अय्यर को अस्पृश्यता निवारण बिल पेश करने की अनुमति दी। 24 मार्च 1933 को रंगा अय्यर ने असेम्बली में बिल पेश किया। कोलेगोड़ के राजा और श्री थम्पन ने यह कह कर बिल का विरोध किया कि यह व्यवस्थापिका के अधिकार क्षेत्र में नहीं आता। रंगा अय्यर ने 30 जुलाई तक बिल पर जनता का मत-संग्रह कराने का प्रस्ताव रखा। इस प्रस्ताव का विरोध गाँधी जी ने किया। उन्होंने ऐसा क्यों किया, जबकि वह मंदिर प्रवेश के समर्थक माने जाते थे ? इस सत्र में बिल पारित नहीं हो सका। अतः सदन के शरद कालीन सत्र में दिनांक 24 अगस्त 1933 को बिल पर पुनः बहस आरम्भ हुई। सरकार की हमदर्दी दलितों के साथ थी, इसलिए वह चाहती थी कि हिंदुओं के सभी वर्ग बिल पर पूरी तरह विचार कर लें। इसके लिए एक प्रवर समिति का गठन किया गया, जिसमें सर नृपेन्द्र सरकार, सर हेनरी क्रेक, भाई परमानंद, राव बहादुर एम. सी. राजा, राव बहादुर वी. एल. पाटिल तथा रंगा अय्यर स्वयं थे। किंतु इसी समय भारत सरकार ने असेम्बली भंग कर नये चुनाव कराने की घोषणा कर दी।

अब कांग्रेस को चुनावों में हिंदू वोटों की चिंता हो गयी। हिंदुओं ने धमकी दी कि यदि अस्पृश्यता निवारण कानून बना, तो वे कांग्रेस को हरा देंगे। इसलिए यदि कांग्रेस मंदिर प्रवेश बिल और अस्पृश्यता निवारण को चुनावी मुद्दा बनाती, तो निश्चित रूप से उसे हिंदू मतों से हाथ धोना पड़ता। फलतः कांग्रेस ने मंदिर प्रवेश का समर्थन करना बंद कर दिया। रंगा अय्यर ने असेम्बली में ही इसके लिए कांग्रेस की आलोचना की। इस संबंध में गाँधी जी ने एक कुशल राजनीतिज्ञ की भूमिका निभायी। जब-जब दलित वर्गों ने राजनीतिक अधिकारों की माँग की, तब-तब वह मंदिर प्रवेश के समर्थक बने रहे। किंतु जब भी चुनावों में कांग्रेस के लिए हिंदू शक्ति को सुरक्षित रखने का मामला आता, वह मंदिर प्रवेश का समर्थन करना छोड़ देते। यह वैसा ही था, जैसे आज भाजपा और अन्य हिंदू संगठन राजनीतिक लाभ के लिए मण्डल आयोग की सिफारिशों का समर्थन करते हैं, पर जब दलित राजनीति स्वयं की सत्ता के लिए सक्रिय होती है, तो ये दल उसे दबाने के लिए धर्म का आंदोलन आरंभ कर देते हैं।

31 अगस्त 1934 के 'हरिजन' में गाँधी जी ने लिखा था कि बिल को तो दफन होना ही था, क्योंकि किसी ने भी उसका समर्थन नहीं किया था और न वह समाज सुधारकों की ओर से प्रस्तुत किया गया था। इससे यह आसानी से समझा जा सकता है कि गाँधी जी स्वयं भी मंदिर प्रवेश बिल के पक्षधर नहीं थे। गाँधी जी के दलितोद्धार का निहितार्थ यह था कि दलित वर्गों के लोग हिंदू समाज से विद्रोह न करें। वह वर्ण व्यवस्था को हिंदू धर्म की रीढ़ मानते थे और कहते थे कि जो वर्ण व्यवस्था को स्वीकार नहीं करता, वह हिंदू नहीं हो सकता। इसलिए वह वर्ण व्यवस्था को कायम रख कर जाति भेद को दूर करना चाहते थे। उन्होंने अपनी गुजराती पुस्तक 'वर्ण व्यवस्था' में लिखा है–'मैं विश्वास करता हूँ कि वर्णों का विभाजन जन्म पर आधारित है। वर्ण व्यवस्था में किसी मनुष्य को अपनी पसंद का व्यवसाय करने की स्वतन्त्रता नहीं है। उसका व्यवसाय जन्म से निर्धारित होता है।' यही कारण था कि गाँधी जी दलितों को अपना पैतृक व्यवसाय अपनाने की सलाह देते थे। किंतु डॉ. आंबेडकर इस विचारधारा से सहमत नहीं थे। उनके अनुसार वर्ण व्यवस्था ही जाति भेद और अस्पृश्यता का मूल है। वर्ण व्यवस्था को नष्ट किये बिना न जाति भेद समाप्त हो सकता है और न अस्पृश्यता को दूर किया जा सकता है। हिंदू नेताओं ने दलित वर्गों से मंदिर प्रवेश आंदोलन को समर्थन देने की अपील की थी। किंतु डॉ. आंबेडकर इसके पीछे की राजनीति को जानते थे। इसलिए उन्होंने अपना एक लंबा वक्तव्य 14 फरवरी 1933 को प्रेस को दिया। उनके इस वक्तव्य ने जहाँ दलितों में सम्मान की भावना पैदा की, वहाँ हिंदुओं को भी यह स्पष्ट शब्दों में अवगत कराया कि दलितों की मंजिल मंदिर नहीं है।

इस वक्तव्य में उन्होंने कहा था, 'अभी ज्यादा दिन नहीं हुए, भारत में यूरोपियन कलबों के दरवाजों पर लिखा होता था–कुत्तों और भारतीयों को प्रवेश करने की अनुमति नहीं है। आज हिंदुओं के मंदिरों पर भी ऐसे ही बोर्ड टँगे हैं। अंतर सिर्फ यह है कि उनमें जानवर प्रवेश कर सकते हैं, परंतु दलितों को प्रवेश करने की अनुमति नहीं है। दोनों मामलों में स्थिति एक-सी है। किंतु भारतीयों ने अपना स्वाभिमान त्याग कर कभी भी यूरोपियनों से उनके क्लबों में जाने की भीख नहीं माँगी। फिर दलित ही अपना स्वाभिमान त्याग कर उन मंदिरों में क्यों प्रवेश करना चाहते हैं, जहाँ से हिंदुओं ने उन्हें बहिष्कृत कर दिया है ? दलितों के मंदिरों के दरवाजे खुलें या न खुलें, इस प्रश्न पर हिंदुओं को सोचना है, न कि दलितों को इसके लिए आंदोलन चलाना है। यदि हिंदू सोचते हैं कि मनुष्यता की पवित्रता का अनादर करना बुरा है, तो वे मंदिरों को खोलें और सुसभ्य व्यक्ति बनें। यदि वे हिंदू ही बने रहना चाहते हैं, तो मंदिर के दरवाजे बंद रखें। वे भाड़ में जायें, दलितों को मंदिरों में जाने की कोई चिंता नहीं है। हिंदू इस बात पर

भी विचार करें कि क्या मंदिर प्रवेश हिंदू समाज में दलितों के सामाजिक स्तर को ऊँचा उठाने का अंतिम उद्देश्य है ? या, उनके उत्थान की दिशा में यह पहला कदम है ? यदि यह पहला कदम है, तो अंतिम लक्ष्य क्या है ? यदि मंदिर प्रवेश अंतिम लक्ष्य है, तो दलित वर्गों के लोग उसका समर्थन कभी नहीं करेंगे। दलितों का अंतिम लक्ष्य है सत्ता में भागीदारी।'

अन्ततः काफी शोर-शराबे के बाद 1935 में भारत सरकार ने कानून बनाया और दलितों को मंदिर में प्रवेश करने का अधिकार मिला। निस्संदेह यह एक बड़ी उपलब्धि थी। दलितों ने एक क्षेत्र में समता की लड़ाई को जीत लिया था। पर इससे सामाजिक और आर्थिक स्तर पर दलितों के दुखों में कोई कमी नहीं आयी। न ही इससे उनके राजनीतिक अधिकारों का मार्ग प्रशस्त हुआ। यह तब सम्भव है, जब वर्ण और जाति की व्यवस्था पर प्रहार होगा और दलितों को मनुष्यता का गौरव दिया जायेगा। किंतु सवर्ण इसके लिए आज भी तैयार नहीं हैं, क्योंकि वे वर्ण व्यवस्था को हिंदू धर्म की बुनियाद मानते हैं। वर्ण व्यवस्था सवर्णों को वे विशेषाधिकार देती है, जिनके बल पर वे शासक बने हुए हैं। इसलिए जो व्यवस्था सवर्णों के लिए वरदान है, उसे वे क्यों छोड़ना चाहेंगे ? यही कारण है कि भारत में सिर्फ ब्राह्मणवाद सफल रहा है, अन्य सभी वाद, दर्शन और व्यवस्थाएँ विफल हो गयीं। यहाँ न केवल मार्क्स के साम्यवाद और पश्चिम के संसदीय लोकतंत्र ने दम तोड़ दिया, अपितु भारत में ही पैदा हुए अनेक सुधार आंदोलन भी सफलता न पा सके। उल्लेखनीय है कि हिंदू धर्म मिशनरी धर्म नहीं है, जैसा कि ईसाई और इस्लाम धर्म हैं। ईसाई और मुस्लिम प्रचारक अपने-अपने धर्मों का प्रचार इसलिए करते हैं, क्योंकि वे अधिक से अधिक दूसरे लोगों को अपने धर्म में शामिल करना चाहते हैं। पर हिंदू संतों ने हिंदू धर्म का प्रचार इसलिए किया और नगर-नगर में धर्म सम्मेलन तथा सत्संग इसलिए आयोजित किये जाते हैं, ताकि वर्ण और जाति की व्यवस्था में हिंदुओं की आस्था मजबूत बनी रहे। धर्मांतरण हिंदू धर्म का मिशन नहीं है, क्योंकि यहाँ किसी भी वर्ण में आदमी बाहर से नहीं, जन्म से शामिल होता है। यह एक ऐसी व्यवस्था है, जो शासक वर्ग को मजबूत सुरक्षा प्रदान करती है। शासक वर्ग को चुनौती दलित वर्गों से ही मिल सकती है, इसलिए हिंदू पूँजीपति और शासक वर्ग के लोग हिंदुत्व के प्रचार में पानी की तरह धन बहाते हैं, ताकि दलित वर्गों के लोग वर्ण और जाति की व्यवस्था से अटूट रूप से जुड़े रहें और उसी व्यवस्था से जीविका कमायें। यह इसी व्यवस्था का परिणाम है कि भारत में करोड़ों लोग शिक्षा से वंचित हैं और गरीबी की रेखा के नीचे जी रहे हैं।

दुर्भाग्य से भारत में जितने भी संत-महात्मा और समाज-सुधारक हुए, उन्होंने दलितों को धर्म के इसी मनोविज्ञान से जोड़ने का काम किया। डॉ. आंबेडकर

के शब्दों में, 'किसी भी संत ने जाति प्रथा पर चोट नहीं की, वरन इसके विपरीत वे जाति प्रथा में दृढ़ता से विश्वास रखते थे। उनमें से अधिकांश उसी जाति के सदस्य के रूप में मृत्यु को प्राप्त हुए, जिसमें वे पैदा हुए। ज्ञानदेव को ब्राह्मणों ने बहिष्कृत कर दिया था, फिर भी उन्होंने अपने ब्राह्मणत्व को ब्राह्मण समाज द्वारा स्वीकारे जाने के लिए जमीन-आसमान एक कर दिया था। संत एकनाथ ने अछूतों को छूने और उनके साथ भोजन करने का साहस इसलिए नहीं किया था कि वह जाति और अस्पृश्यता के विरोधी थे, बल्कि, एकनाथी भागवत (अध्याय 28) के अनुसार, उन्होंने यह सोच कर साहस किया था कि इससे उन्हें जो पाप लगेगा, वह गंगा में स्नान करने से धुल जायेगा। संत मनुष्यों के आपसी संघर्ष के प्रति उदासीन रहे। उन्होंने यही उपदेश दिया कि ईश्वर की दृष्टि में सभी मनुष्य समान है। यह एक बेमानी कथन है, जिसका उपदेश करने में कोई कठिनाई नहीं है और न उसमें विश्वास रखने में कोई जोखिम है। उन्होंने मानव समानता के उपदेश नहीं दिये। इसके विपरीत उन्होंने शास्त्रों में विश्वास करना सिखाया।' इस संबंध में आधुनिक समाज सुधारक भी अपवाद नहीं हैं। स्वामी विवेकानन्द ने भी, जो हिंदुत्व के विश्व प्रसिद्ध प्रचारक थे और जिनके शिकागो भाषण की आजकल शताब्दी मनायी जा रही है, प्राचीन धर्मशास्त्रों की पुष्टि करते हुए चातुर्वर्ण समाज व्यवस्था का समर्थन किया था। उनका सर्वाधिक जोर इस बात पर था कि हिंदू समाज के ढाँचे में कोई बुनियादी परिवर्तन किये बगैर ही दलितों के साथ आपसी व्यवहार में उच्च नैतिकता बरती जाये। दूसरे शब्दों में उन्होंने धर्म और भक्ति की राख से सामाजिक क्रांति को दबाने का काम किया था।

भारत में 19वीं शताब्दी में आर्य समाज का उदय हुआ। उसने बड़े जोर-शोर से दलितों को ऊपर उठाने के लिए शुद्धि आंदोलन चलाया, मूर्ति-पूजा का खण्डन किया और एक निराकार ईश्वर की उपासना पर बल दिया। इससे प्रभावित हो कर दलित वर्गों के बहुत-से लोगों ने आर्य समाज को अपना लिया और अपने नाम के साथ 'आर्य' शब्द जोड़ लिया। पर आर्य समाज दलितों के लिए सबसे बड़ा पाखण्ड साबित हुआ। यह वस्तुतः हिंदू धर्म में सुधार के बहाने दलितों को ईसाइयत और इस्लाम में जाने से रोकने के लिए अस्तित्व में आया था। उसने दलितों को और भी ज्यादा मजबूती से वर्ण और जाति की व्यवस्था से जोड़ा और जिन दलित संतों ने वर्ण व्यवस्था और अस्पृश्यता के खिलाफ विद्रोह किया था, उनकी आलोचना की।

आर्य समाज के प्रवर्तक महर्षि दयानंद सरस्वती मनु की समाज व्यवस्था के समर्थक ही नहीं थे, बल्कि उसकी सबसे ज्यादा वकालत उन्होंने ही की है। उन्होंने मनु की जन्म पर आधारित वर्ण व्यवस्था के स्थान पर गुण पर आधारित चातुर्वर्ण व्यवस्था को जरूर स्वीकार किया है, परंतु गहराई से देखने पर वह मनु

की व्यवस्था से भिन्न नहीं है। डॉ. आंबेडकर की यह आपत्ति गलत नहीं है कि आर्य समाज की चातुर्वर्ण व्यवस्था के अंतर्गत यदि एक व्यक्ति को उसके गुणों के आधार पर हिंदू समाज में स्थान मिलता है, तो यह समझ में नहीं आता कि आर्य समाजी उस पर ब्राह्मण, क्षत्रिय, वैश्य या शूद्र का लेबल लगाने पर जोर क्यों देते हैं ? किसी भी विद्वान को ब्राह्मण का नाम दिये बगैर भी सम्मानित किया जा सकता है। क्षत्रिय का नाम दिये बगैर भी किसी सिपाही को सम्मान दिया जा सकता है। यदि यूरोप का समाज अपने फौजियों और सेवकों को कोई स्थायी नाम दिये बगैर ही आदर देता है, तो हिंदू समाज को ऐसा करने में क्यों कठिनाई आती है ? आर्य समाजी जन्म पर आधारित चार हजार जातियों को गुणों पर आधारित चार वर्णों में किस तरह सीमित कर सकते हैं, यह उन्होंने आज तक करके नहीं दिखाया।

मनु ने शूद्र के लिए वेद पढ़ने तथा उपनयन का निषेध किया है। दयानन्द सरस्वती भी इसके समर्थन में लिखते हैं, 'यदि कुलीन शुभ लक्षण युक्त शूद्र हो, तो उसको मंत्र संहिता छोड़ के सब शास्त्र पढ़ावें, परंतु उसका उपनयन न करें।' (सत्यार्थ प्रकाश, 31) कोई पूछे शूद्र ने कौन-सा अपराध किया है, जो उसका उपनयन नहीं हो सकता ? वेद पढ़ने के लिए भी शूद्र का ही कुलीन होना क्यों आवश्यक है, ब्राह्मण, क्षत्रिय और वैश्य का कुलीन होना आवश्यक क्यों नहीं है ? स्पष्ट है कि दयानन्द जी ब्राह्मण, क्षत्रिय, वैश्य को जन्म से ही कुलीन मानते थे।

मनु ने शूद्र के लिए कहा है कि वह द्विजों की सेवा कर अपनी जीविका चलाये। महर्षि दयानन्द ने इसे स्वीकार करते हुए लिखा है, 'शूद्र को सेवा का अधिकार इसलिए है कि वह विद्यारहित मूर्ख होने से विज्ञान संबंधी काम कुछ भी नहीं कर सकता, किंतु शरीर के काम सब कर सकता है।' (स. प्र., 61) सवाल यह है कि यदि शूद्र 'विद्यारहित मूर्ख' होने के कारण ही शरीर से होनेवाले मेहनत के काम करने के योग्य हैं, तो बाह्मण, क्षत्रिय और वैश्यों में जो 'विद्यारहित मूर्ख' हैं, उन पर महर्षि ने यह नियम क्यों लागू नहीं किया ? इसका कारण यही है कि वह शूद्रों को ऊपर उठाना नहीं चाहते थे। उनका विचार यह था, 'शूद्र सब सेवाओं में चतुर अति प्रेम से द्विजों की सेवा करें और उन्हीं से अपनी उपजीविका करें और द्विज लोग उनके खान-पान, वस्त्र, स्थान, विवाह आदि में जो कुछ खर्च हो, सब कुछ देवें।" (स. प्र., 73) यहाँ दयानंद जी ने यह नहीं कहा कि शूद्र की पढ़ाई-लिखाई पर भी द्विज लोग ध्यान दें और उसमें जो खर्च हो, उसे वहन करें। क्या इसका कारण यह नहीं है कि वह शूद्रों की स्वाधीनता को पसन्द नहीं करते थे ?

मनु ने शूद्र को संन्यास लेने का अधिकार नहीं दिया है, क्योंकि वह सामाजिक भेदभाव में अटूट विश्वास करता था। वह धर्मिक समानता के खतरे को जानता

था। इसका परिणाम यह हो सकता था–'यदि मैं ईश्वर के सामने बराबर हूँ, तो पृथ्वी पर समान क्यों नहीं हूँ ?' मनु ने इसी से भयभीत हो कर धार्मिक समानता को स्वीकार नहीं किया। इसी का अनुसरण दयानन्द ने किया और उन्होंने ब्राह्मण को ही संन्यास का एकमात्र अधिकारी बताया। (स. प्र., 86) अतः कहना न होगा कि आर्य समाज ने दलितों की स्थिति को यथावत बनाये रखने में ही अपनी भूमिका निभायी। दलित मुक्ति के मार्ग में वह सबसे बड़ी बाधा साबित हुआ, क्योंकि उसने मुक्ति की चेतना ही दलितों में पैदा नहीं होने दी।

अभी हाल में बिहार में मुख्य मंत्री लालू प्रसाद यादव ने कुछ मंदिरों में हरिजन पुजारियों को नियुक्त किया है। अभी तक तो मंदिरों में दलितों के प्रवेश की समस्या थी, पर इससे लगता है कि दलित लोग मंदिर में पुजारी भी बनना चाहते हैं। एक प्रकार से इसने वर्ण व्यवस्था की मर्यादा को जरूर तोड़ा है और 'ईश्वर के घर में सब बराबर हैं' इस भावना को मूर्त रूप भी दिया है। पर इससे दलित मुक्ति का प्रश्न हल होनेवाला नहीं है। कबीर और रैदास आदि दलित संतों ने भी दलितों के लिए निर्गुण भक्ति का मार्ग खोल कर वर्ण व्यवस्था को चुनौती दी थी, पर इससे वे जाति व्यवस्था को ध्वस्त कर सके थे ? वे सिर्फ 'हरि को भजै सो हरि को होई' के सिद्धांत को ले कर चले, जिसने दलितों में धार्मिक समानता की चेतना उतनी पैदा नहीं की, जितना दलितों को भक्ति के आडम्बर में फँसा कर अपने अधिकारों के प्रति उदासीन बनाया। यही काम लालू प्रसाद यादव के दलित पुजारी भी करेंगे। ब्राह्मण समाज दलित पुजारियों को कभी मान्यता नहीं देगा। वे सिर्फ दलितों में ही सम्मान पा सकते हैं। दलितों में पहले से ही मौजूद भगत और पुरोहित विभिन्न देवी-देवता और पीरों के नाम पर उनको लूट रहे हैं। इस शोषण और लूट से मुक्ति के लिए दलितों को भगवान के मंदिरों की नहीं, विद्या के मंदिरों की जरूरत है। उन्हें पुजारियों की नहीं, ज्ञान और विज्ञान के शिक्षकों की जरूरत है, जो उन्हें वास्तविक विकास का अर्थ समझायें।

कांशीराम और उनकी बसपा

विनोद अग्निहोत्री

उत्तर प्रदेश में समाजवादी पार्टी और बहुजन समाज पार्टी के गठबंधन की सरकार बनने के बाद बसपा नेता कांशीराम का महत्व देश की राजनीति में एकाएक काफी बढ़ गया है। कोई उन्हें डॉ. भीमराव आंबेडकर का सच्चा उत्तराधिकारी बताने लगा है तो किसी ने उन्हें 'दलितों के मसीहा' की उपाधि से विभूषित कर दिया है। कुछ राजनीतिक विश्लेषक कांशीराम को भावी राजनीति की महत्वपूर्ण धुरी के रूप में देख रहे हैं, जबकि उनके समर्थकों ने कहना शुरू कर दिया है कि अगले लोक सभा चुनाव के बाद प्रधानमंत्री की कुर्सी उसी को मिलेगी जिसे 'साहब' (कांशीराम को बसपा में इसी रूप में संबोधित किया जाता है) चाहेंगे। वैसे उत्तर प्रदेश के चुनाव परिणामों के बाद कांशीराम की राजनीति से असहमत रहनेवाले भी यह मानने लगे हैं कि दलित उभार की यह धारा देश की भावी राजनीति पर व्यापक असर डालेगी।

अपने समर्थकों और विरोधियों की आशाओं और आशंकाओं को बल प्रदान करते हुए कांशीराम ने देश के विभिन्न राज्यों के तूफानी दौरे शुरू कर दिये हैं। 1993 के विधान सभा चुनावों की सफलता के मापदंड से वह 1994-95 में होनेवाले महाराष्ट्र, आंध्र प्रदेश, कर्नाटक, बिहार, गुजरात आदि राज्यों के विधानसभा चुनावों को भी नापना चाहते हैं। उन्हें उत्तर प्रदेश की तर्ज पर हर राज्य में एक क्षेत्रीय 'मुलायम सिंह यादव' की तलाश है। अपने इरादों में बसपा नेता कहाँ तक सफल होंगे, अभी इस संबंध में कहना मुश्किल है, लेकिन एक सामाजिक आँधी की तरह बहुजन समाज पार्टी ने भारतीय समाज के बट वृक्ष को झकझोर दिया है, इसलिए बसपा नेता कांशीराम और उनकी राजनीति का ब्यौरेवार विश्लेषण आवश्यक है।

कांशीराम के जीवन परिचय को ले कर अनेक भ्रांतियाँ फैली हैं। अखबारों में कभी उन्हें ब्राह्मण बताया गया, तो कभी पिछड़े वर्ग की किसी जाति से उन्हें संबद्ध किया गया। स्वयं कांशीराम और बसपा कार्यकर्ता इन भ्रांतियों को 'मीडिया'

की साजिश मानते हैं। उनका कहना है कि हमारे बारे में बहुत सारी बातें हमसे बिना पूछे-जाँचे ही लिख दी जाती हैं।

कांशीराम के जीवन परिचय की जानकारी देने के लिए बहुजन समाज पार्टी के केन्द्रीय कार्यालय ने एक 'विवरण पत्र' जारी किया है। इसके अनुसार कांशीराम का जन्म पंजाब के रोपड़ जिले के ख्वासपुर गाँव में 1934 में रामदसिया जाति (हरिजन से सिख बने) के एक परिवार में हुआ। कांशीराम का बचपन अपने गाँव ख्वासपुर में ही बीता और उनकी प्रारंभिक शिक्षा भी वहीं हुई। बाद में उन्होंने रोपड़ आ कर 1956 में बी. एससी. की परीक्षा उत्तीर्ण की। 1957 में उन्होंने 'सर्वे ऑफ इंडिया' की प्रतियोगात्मक परीक्षा पास की और प्रशिक्षण के लिए चले गये। लेकिन प्रशिक्षण के दौरान जब उनसे 'सर्विस बांड' भरने को कहा गया, तब उन्होंने नौकरी छोड़ दी। इसके बाद वह पूना के रक्षा विज्ञान एवं अनुसंधान विकास संस्थान की 'एक्सप्लोसिव रिसर्च एण्ड डेवलपमेंट लेबोरटरी' में अनुसंधान सहायक के पद पर कार्यरत हो गये।

इसी दौरान एक ऐसी घटना हुई, जिसने पंजाब के इस युवक के जीवन की दिशा ही बदल दी। पूना के रक्षा अनुसंधान संस्थान में बुद्ध जयन्ती और आंबेडकर जयन्ती के दो अवकाशों को समाप्त कर प्रशासन ने एक अवकाश दीवाली की छुट्टियों में समायोजित कर दिया और आंबेडकर जयंती के स्थान पर तिलक जयंती की छुट्टी घोषित कर दी गयी। प्रयोगशाला की वर्क्स कमेटी के एक अनुसूचित जाति के कर्मचारी ने जब इसका विरोध किया, तो उसे निलंबित कर दिया गया। इस घटना ने कांशीराम को झकझोर दिया। सहयोगी कर्मचारियों की सलाह की परवाह न कर उन्होंने निलंबित कर्मचारी की कानूनी मदद की और इस मामले को न्यायालय में ले गये, जहाँ उनकी जीत हुई। निलंबित कर्मचारी को वापस लिया गया और बुद्ध जयंती की छुट्टी बहाल हुई। इस लड़ाई को जीतने के बाद कांशीराम चैन से नहीं बैठे। उन्होंने इस मामले में गहराई तक जाने का फैसला किया। उन्होंने बाबा साहब आंबेडकर की रचनाओं का गहन अध्ययन किया और 'भारतीय समाज की जातिवादी संरचना (ब्राह्मणवादी सामाजिक व्यवस्था)' को नष्ट कर बहुजन समाज की मुक्ति' को अपने जीवन का ध्येय बना लिया।

कांशीराम के अनुसार वह आंबेडकर की पुस्तक 'एनिहिलेशन ऑफ कास्ट' से सबसे ज्यादा प्रभावित हुए और उन्होंने समझ लिया कि जातिवादी सामाजिक व्यवस्था ही सभी बुराइयों की जड़ है और अन्याय के अंत के लिए जातिविहीन समाज की स्थापना आवश्यक है। इसके बाद 1964 में कांशीराम ने नौकरी छोड़ दी और पूरी तरह से सामाजिक एवं राजनीतिक बदलाव के काम में जुट गये। उन्होंने अपने पारिवारिक दायित्वों से मुक्ति पाने के लिए आजीवन अविवाहित रहने का निश्चय भी कर लिया।

नौकरी छोड़ने के बाद कांशीराम कुछ समय तक रिपब्लिकन पार्टी से जुड़े, लेकिन शीघ्र ही उससे उनका मोह भंग हो गया और उन्होंने उससे अपना नाता तोड़ लिया। इसके बाद कांशीराम दलित वर्ग को संगठित करने के लिए जुट गये।

6 दिसम्बर 1978 को कांशीराम ने अनुसूचित जाति/जनजाति पिछड़े वर्ग और अल्पसंख्यक समुदाय के कर्मचारियों को संगठित करने के लिए 'बामसेफ' नामक गैर-राजनीतिक संगठन की स्थापना की। केंद्र सरकार, राज्य सरकार, स्थानीय निकायों, बैंकों, स्वशासित संस्थाओं, विद्यालयों और सार्वजनिक क्षेत्र के प्रतिष्ठानों में कार्यरत दलित, पिछड़े और अल्पसंख्यक वर्गों के कर्मचारियों के बीच 'बामसेफ' (बैकवर्ड एण्ड माइनरिटी कम्युनिटी एम्प्लायीज फेडरेशन) का प्रसार करने में कांशीराम को आशातीत सफलता मिली और बसपा के सूत्रों के अनुसार करीब दो लाख कर्मचारी बामसेफ के सदस्य बन गये।

'बामसेफ' का गठन कर कांशीराम ने दलितों, पिछड़ों और अल्पसंख्यक समुदायों के शिक्षित और अपेक्षाकृत जागृत वर्ग को एक अखिल भारतीय संगठन के साथ जोड़ने में सफलता प्राप्त की। इसमें 3000 से ज्यादा डॉक्टर, 15 हजार वैज्ञानिक, 70 हजार स्नातक और लगभग 500 डॉक्टरेट की उपाधिवाले सदस्य शामिल हैं। बामसेफ को कांशीराम ने पूरी तरह गैर-राजनीतिक और गैर-आंदोलनकारी संगठन बनाया। लेकिन बामसेफ ने ही वह जमीन तैयार की, जिस पर आज बहुजन समाज पार्टी की फसल खड़ी है। इसीलिए बसपा के अंदर बामसेफ को बहुजन समाज का 'ब्रेन बैंक, टैलेंट बैंक और आर्थिक बैंक' माना जाता है।

बामसेफ के माध्यम से कांशीराम ने कार्यकर्ताओं की फौज और आर्थिक संसाधन तो जुटा लिये, लेकिन अपने आंदोलन के विस्तार के लिए उन्हें अब एक ऐसे जन संगठन की जरूरत थी, जो बहुजन समाज पर होनेवाले अत्याचारों के खिलाफ मुखर प्रतिरोध कर सके और सदियों से दबे-कुचले, मानसिक हीनता से ग्रस्त लोगों को अपनी सामाजिक हैसियत बदलने के लिए खड़ा कर सके। इस काम के लिए 'बामसेफ' अपर्याप्त था। इसकी अपनी सीमाएँ थीं। इसलिए 6 दिसम्बर 1981 को 'दलित शोषित समाज संघर्ष समिति' (डी. एस. फोर) का गठन किया गया।

डी. एस. फोर की सदस्यता बहुजन समाज के सभी सदस्यों के लिए खोल दी गयी। प्रारंभ में बामसेफ के सदस्यों ने अपने परिजनों, रिश्तेदारों और मित्रों को इसका सदस्य बनाया। इस संगठन का उद्‌देश्य बहुजन समाज के बीच अनेक तरह के जागृति कार्यक्रम चला कर उन्हें परंपरागत सामाजिक दासता के विरुद्ध संगठित करना था। यह एक राजनीतिक पार्टी नहीं थी, लेकिन इसका उद्‌देश्य एक राजनीतिक शक्ति का निर्माण करना था।

दलितों, पिछड़ों और अल्पसंख्यकों के बीच बहुजन समाज की चेतना का

प्रसार करने के लिए डी. एस. फोर ने देश भर में साइकिल यात्राओं, जन संसदों, जन सभाओं आदि का आयोजन व्यापक स्तर पर किया। उसके इन कार्यक्रमों का सिलसिला दक्षिण में कन्याकुमारी, उत्तर में कारगिल, उत्तर पूर्व में कोहिमा, पश्चिम में पोरबन्दर और पूर्व में उड़ीसा से शुरू हो कर पूरे देश में चलता हुआ दिल्ली में संपन्न हुआ। 6 दिसंबर 1983 से 15 मार्च 1984 (100 दिन) तक चले इस जन जागरण अभियान में तीन लाख से ज्यादा लोगों ने हिस्सा लिया। यह जानकारी देते हुए बहुजन समाज पार्टी के कार्यकर्ता बताते हैं कि उत्तर प्रदेश में डी. एस. फोर ने शराबबन्दी आंदोलन भी चलाया और जहाँ एक तरफ सरकार को दलित बस्तियों से शराब के ठेके हटाने के लिए विवश किया, वहीं साइकिल यात्राओं द्वारा बहुजन समाज के बीच भी शराब से होनेवाली सामाजिक और आर्थिक क्षति का प्रचार किया गया। बरेली के कटारा चाँद खाँ में शराब भट्टी के खिलाफ डी. एस. फोर द्वारा किया गया सत्याग्रह और आंदोलन इसका एक उदाहरण है।

बामसेफ और डी. एस. फोर के द्वारा बहुजन चेतना के विस्तार को राजनीतिक संघर्ष से जोड़ने के उद्देश्य से कांशीराम ने 14 अप्रैल 1984 को बहुजन समाज पार्टी की स्थापना की। इस प्रकार बहुजन समाज को राजसत्ता पर काबिज करने के लिए बसपा के रूप में एक ऐसे राजनीतिक दल की स्थापना हुई, जिसमें नेतृत्व से ले कर साधारण कार्यकर्ता तक सवर्णों का प्रवेश निषेध और हर स्तर पर दलित वर्ग का नियंत्रण है।

कांशीराम और बहुजन समाज पार्टी की वैचारिक जड़ें भारतीय समाज की जन्म आधारित वर्ण व्यवस्था (जाति प्रथा) के अंदर हैं। इसीलिए कांशीराम की विचारधारा सदियों से भारतीय समाज में होनेवाले जातीय भेदभाव, उत्पीड़न और सामाजिक अत्याचार की नकारात्मक प्रतिक्रिया है। स्वयं कांशीराम कहते हैं कि 'मैं सामाजिक न्याय से ज्यादा सामाजिक अन्याय को बसपा के विस्तार के लिए महत्वपूर्ण मानता हूँ। जितना ही सामाजिक अन्याय बढ़ेगा, बहुजन समाज में ब्राह्मणवादी व्यवस्था के खिलाफ आक्रोश बढ़ेगा और सामाजिक बदलाव की प्रक्रिया तेज होगी।' (दिल्ली में 'प्रेस से मिलिए' कार्यक्रम में)।

कांशीराम के लिए पूँजीवाद, समाजवाद, मार्क्सवाद, साम्यवाद, गाँधीवाद आदि का कोई महत्व नहीं है और न ही वह इनमें से किसी 'वाद' को भारतीय समाज के अनुकूल मानते हैं। उनके अनुसार देश की समस्त सामाजिक एवं राजनीतिक समस्याओं के लिए दोषी है 'ब्राह्मणवाद' और दुनिया के सारे वाद यहाँ आ कर उसमें विलीन हो जाते हैं। इसीलिए कांशीराम ने डॉ. राममनोहर लोहिया के गैर-कांग्रेसवाद की तर्ज पर गैर-ब्राह्मणवाद को अपना राजनीतिक मिशन बनाया हुआ है।

कांशीराम की ब्राह्मणवाद विरोधी विचारधारा का सार यह है कि भारतीय

समाज एक सोपानवादी समाज है और इसके शीर्ष पर ब्राह्मणवादी सवर्ण बैठे हैं। उन्होंने सदियों से बहुजन समाज (दलितों, पिछड़ों और अल्पसंख्यकों) को मानसिक और सामाजिक रूप से अपना दास बना रखा है। उनके श्रम और आर्थिक शोषण के जरिये सवर्णों ने अपनी सत्ता हर क्षेत्र में कायम कर रखी है। भारतीय समाज को कांशीराम सीधे तौर पर दो हिस्सों में बाँटते हैं। सवर्णों (ब्राह्मण, क्षत्रिय और वैश्य) को वह अल्पजन समाज की संज्ञा देते हैं, जबकि दलित, पिछड़े और अल्पसंख्यक उनके बहुजन समाज के घटक हैं। उनकी बहुजन समाज की इस अवधारणा का आधार जाति प्रथा पर डॉ. भीमराव आंबेडकर की रचना 'एनिहिलेशन ऑफ कास्ट' है। अपने भाषणों और साक्षात्कारों में कांशीराम अपनी इस अवधारणा को स्पष्ट करते हुए बताते हैं कि ब्राह्मणवादी व्यवस्था ने अपनी सत्ता को कायम रखने के लिए बहुजन समाज को छह हजार जातियों में विभाजित कर रखा है। इन छह हजार जातियों को संगठित करके ही ब्राह्मणवादी प्रभुत्व को समाप्त किया जा सकता है और इसीलिए बहुजन समाज पार्टी लगातार दलित, पिछड़ा और अल्पसंख्यक समीकरण बना कर राजनीतिक सत्ता पर काबिज होने की रणनीति पर काम कर रही है।

समाज और राजनीति पर सवर्ण प्रभुता का आधार ब्राह्मणवाद को मानते हुए कांशीराम की मान्यता है कि सवर्णों का शक्ति के सभी स्रोतों राजनीति, अफसरशाही, वंश परंपरा, अर्थव्यवस्था, धर्म और संस्कृति पर एकाधिकार है। जातीय उत्पीड़न और सामाजिक विषमता को धार्मिक आधार प्रदान करने के लिए कांशीराम हिंदू धर्म और उसके ग्रंथों की आलोचना भी करते हैं। उनके अनुसार देश की असमानता, अन्याय और भेदभाव का कारण हिंदू समाज की धर्म व्यवस्था है, जिसने भाग्य, पुनर्जन्म, पूर्वकर्म आदि सिद्धान्तों के द्वारा दलितों को हजारों वर्षों से मानसिक दासता में जकड़ दिया है। इसी के साथ वह आर्य-अनार्य की विभाजन रेखा खींचते हुए बहुजन समाज को इस देश का मूल निवासी मानते हैं, जिन्हें आर्यों ने दास बना दिया है। इसीलिए वह उत्तर से दक्षिण तक बहुजन समाज की एकता के लिए दक्षिण की द्रविड़ जातियों को भी बहुजन समाज का अंग मानते हैं। अल्पसंख्यकों को बहुजन समाज का अंग मानने के लिए कांशीराम का तर्क है कि देश के बहुसंख्यक अल्पसंख्यकों (मुसलमान, सिख और ईसाई) ने ब्राह्मणवादी अत्याचार से त्रस्त हो कर ही धर्म परिवर्तन किया और मूल रूप से ये दलित और पिछड़ी जातियों के ही लोग हैं। इसीलिए बसपा अल्पसंख्यकों में भी आर्थिक और सामाजिक रूप से पिछड़े हुए अल्पसंख्यकों के बीच ज्यादा सक्रिय है।

कुल मिला कर कांशीराम की वैचारिक दृष्टि का आधार जाति पर टिका है। इसकी मान्यता है कि भारत में जाति एक ऐसी संस्था है जिसका प्रभाव

सामाजिक जीवन की सभी भौतिक दशाओं पर पड़ता है। देश में जाति के आधार पर ही पदों, लाभों का वितरण और उत्पीड़न होता है। देश की जनसंख्या के कुल 15 प्रतिशत सवर्णों ने पदों, लाभों और सत्ता के सभी स्रोत एवं संसाधन हथिया रखे हैं। इसलिए इस अन्यायपूर्ण स्थिति की समाप्ति के लिए बहुजन समाज को एकजुट हो कर राजनीतिक सत्ता पर काबिज होने के लिए संघर्ष करना होगा।

कांशीराम और उनकी बहुजन समाज पार्टी की दृढ़ मान्यता है कि भारतीय समाज की यह अन्यायपूर्ण सोपानवादी व्यवस्था छिटपुट सरकारी सुविधाओं, सामाजिक सुधारों या आरक्षण जैसे प्रावधानों से नहीं बदल सकती। उन्हें कांशीराम ब्राह्मणवादी शक्तियों द्वारा बहुजन समाज का झुनझुना पकड़ाने से ज्यादा कुछ और नहीं समझते। इसी आधार पर वह गाँधीवाद का विरोध करते हैं। गाँधीवाद को कांशीराम ब्राह्मणवाद का ही दूसरा रूप मानते हैं। उनके अनुसार यह हिंदू धर्म के पुराने सिद्धांतों का नवीन संस्करण है। यह जाति व्यवस्था को बनाये रखना चाहता है। इसीलिए डॉ. आंबेडकर गाँधीवाद के विरुद्ध थे।

इसी तरह सरकारी नौकरियों में आरक्षण मात्र को वह सब कुछ नहीं मानते। यद्यपि वह कहते हैं कि फिलहाल आरक्षण जारी रहना चाहिए, लेकिन दलितों और पिछड़ों को अपना संघर्ष आरक्षण तक ही सीमित नहीं कर देना चाहिए। इसीलिए वह जनता दल के सामाजिक न्याय के नारे को निरर्थक मानते हैं।

कांशीराम का एक ही नारा है कि बहुजन समाज को राजसत्ता पर नियंत्रण चाहिए। इसीलिए बहुजन समाज पार्टी चुनावों में कोई घोषणा पत्र भी जारी नहीं करती। बहुजन समाज पार्टी ने सामाजिक परिवर्तन के पाँच लक्ष्य निर्धारित किये हैं : आत्मसम्मान के लिए संघर्ष, मुक्ति के लिए संघर्ष, समानता के लिए संघर्ष, जाति प्रथा के उन्मूलन और विभाजित समाज में भाई-चारे के लिए संघर्ष, छुआछूत, अन्याय, अत्याचार और आतंक के विरुद्ध संघर्ष।

अपनी सभाओं और सम्मेलन में बसपा नेता कांशीराम सिर्फ तीन मुद्दों पर चर्चा करते हैं। पहले वह दलितों, पिछड़ों और अल्पसंख्यकों को उनके सामाजिक उत्पीड़न और अन्याय की जड़ ब्राह्मणवादी व्यवस्था को बताते हैं। फिर इस अन्यायपूर्ण व्यवस्था के खिलाफ बहुजन समाज की चेतना, जागृति और संगठन का आह्वान करते हैं। अंत में वह कहते हैं कि इस व्यवस्था को बदलने के लिए बहुजन समाज को राजसत्ता पर काबिज होना है। बिना राजसत्ता पर नियंत्रण पाये सामाजिक बदलाव संभव नहीं है।

राजसत्ता पर कब्जा पाने के लिए कांशीराम 'बुलेट' का नहीं, बल्कि 'बैलेट' का प्रयोग करने के समर्थक हैं। इस दृष्टि से उन्हें भारतीय संविधान और संसदीय लोकतंत्र में पूरा विश्वास है। उन्हें संविधानवादी क्रांतिकारी की संज्ञा दी जा सकती है, जो संवैधानिक तरीकों से व्यवस्था परिवर्तन करना चाहते हैं। 14 अप्रैल 1984

को अपनी स्थापना के बाद बहुजन समाज पार्टी ने 1984 के लोक सभा चुनावों में हिस्सा लिया और 10.05 लाख मत पाये। पंजाब के पिछले विधान सभा चुनाव में बसपा को 1.53 लाख मत और लोक सभा चुनाव में 2.15 लाख मत मिले। उत्तर प्रदेश में 1987 में हुए हरिद्वार लोक सभा उपचुनाव में बहुजन समाज पार्टी की उम्मीदवार मायावती 1,35,399 मत पा कर दूसरे स्थान पर रहीं। 1988 में इलाहाबाद लोक सभा क्षेत्र के ऐतिहासिक उपचुनाव में बसपा नेता कांशीराम ने 71,586 मत बटोरे। 1989 में उत्तर प्रदेश में हुए नगर पालिका और ग्राम पंचायत चुनावों में 188 स्थानीय निकायों में बसपा के उम्मीदवार विजयी हुए। इसी तरह 24000 ग्राम पंचायतों में बसपा समर्थित ग्राम प्रधान निर्वाचित हुए। नवम्बर 1989 में हुए लोक सभा चुनावों में बसपा नेता मायावती बिजनौर लोकसभा क्षेत्र से चुनाव जीत गयीं। 1991 के उपचुनाव में कांशीराम लोक सभा के लिए इटावा से चुन लिये गये। बसपा की मौजूदगी के कारण 1990 के विधान सभा चुनावों में मध्य प्रदेश में कांग्रेस को लगभग 50 सीटों पर पराजित होना पड़ा।

उत्तर प्रदेश के इटावा लोक सभा क्षेत्र के उपचुनाव ने ही मौजूदा सपा-बसपा गठबंधन की नींव डाली। अपनी बहुजनवादी अवधारणा और लगातार मंडल आयोग लागू करने की माँग करते रहने के बावजूद कांशीराम दलितों के ही नेता बन सके हैं। उन्हें पिछड़ों और अल्पसंख्यकों का उतना समर्थन हासिल नहीं है, जितना कि राजसत्ता पर नियंत्रण स्थापित करने के लिए होना चाहिए, जबकि उत्तर भारत (उत्तर प्रदेश, हरियाणा, बिहार, राजस्थान, दिल्ली, मध्य प्रदेश) के पिछड़े वर्गों और किसान जातियों पर समाजवादी आंदोलन और चौ. चरण सिंह के लोक दल का ज्यादा प्रभाव रहा।

अपनी समाजवादी और लोकदली पृष्ठभूमि के कारण उत्तर प्रदेश में इस जनाधार को धीरे-धीरे मुलायम सिंह यादव ने अपने साथ कर लिया और अयोध्या प्रकरण ने मुसलमानों की सहानुभूति भी मुलायम सिंह के साथ जोड़ दी। इटावा उपचुनाव में मुलायम सिंह यादव की अप्रत्यक्ष मदद से कांशीराम चुनाव जीत गये और यहीं से उन्होंने चुनावी व्यावहारिकता के साथ समझौता करते हुए बसपा की 'एकला चलो नीति' में संशोधन किया। इसके बाद 6 दिसम्बर 1992 को अयोध्या कांड के बाद कांशीराम और मुलायम सिंह यादव ने समझौता कर सपा-बसपा गठबंधन स्थापित किया और इसके परिणामस्वरूप दलित, पिछड़ा और अल्पसंख्यक समीकरण की सरकार का गठन हुआ।

उत्तर प्रदेश की चुनावी सफलता के बाद कांशीराम देश भर के दौरे पर हैं। पहले यह संभावना थी कि उत्तर प्रदेश के बाद सपा-बसपा गठबंधन का प्रयोग अन्य राज्यों में दोहराया जायेगा। लेकिन फिलहाल दोनों दल अपने प्रसार में अलग-अलग लगे हुए हैं। समझा जाता है कि कांशीराम उत्तर प्रदेश जैसा प्रयोग

अन्य राज्यों बिहार, महाराष्ट्र, कर्नाटक, आन्ध्र प्रदेश, गुजरात के विधान सभा चुनावों में भी करना चाहते हैं। उन्हें हर राज्य में वहाँ के क्षेत्रीय 'मुलायम सिंह यादव' की तलाश है, क्योंकि उत्तर प्रदेश के 'मुलायम सिंह यादव' की अपनी सीमाएँ हैं और उनका आधार महाराष्ट्र, कर्नाटक, आन्ध्र प्रदेश में नहीं है। इसीलिए कांशीराम ने अपनी बंबई रैली में विश्वनाथ प्रताप सिंह को शामिल किया। विश्वनाथ प्रताप सिंह ने भी बसपा नेता के मिशन को अपना मिशन बता कर दलितों की सहानुभूति पाने की कोशिश की।

कांशीराम की विचारधारा और राजनीति अभी भी कई मायनों में अन्तर्विरोधों का शिकार हैं। जहाँ तक दलित राजनीति और उभार का प्रश्न है, निश्चित रूप से कांशीराम ने महात्मा फुले और भीमराव आंबेडकर के चिंतन और कार्यक्रम को आगे बढ़ाया है। उनकी आक्रामक शैली ने दलित चेतना का विस्तार किया है और आज कांग्रेस और भाजपा जैसे दल, जिन्हें स्वयं कांशीराम ब्राह्मणवाद की 'ए' और 'बी' टीम कहते हैं, भी दलितों और पिछड़ों के प्रति अपार प्रेम में सराबोर हैं। संगठन से ले कर सरकार तक में बहुजन समाज को प्रतिनिधित्व देने की होड़ है। मध्य प्रदेश की कांग्रेस सरकार का मंत्रिमंडल इसका ज्वलंत उदाहरण है। जनता दल के नेता भले ही इसे अपनी 'मंडल राजनीति' का उभार बतायें, लेकिन वास्तविकता यह है कि उनकी मंडल राजनीति भी उसी सामाजिक दबाव का परिणाम है, जो विश्वनाथ प्रताप सिंह द्वारा मंडल आयोग की सिफारिश लागू करने से काफी पहले आंबेडकर, लोहिया, चरण सिंह और कांशीराम की राजनीति ने भारतीय समाज में पैदा कर दिया था। इसलिए निश्चित रूप से जबकि डॉ. भीमराव आंबेडकर की रिपब्लिकन पार्टी निस्तेज हो गयी थी, राष्ट्रीय स्तर पर दलित चेतना के उभार का श्रेय कांशीराम को देना ही होगा और इस नाते कांशीराम ने एक ऐतिहासिक काम किया है।

लेकिन कांशीराम की राजनीति और कार्यशैली की सीमाओं और अंतर्विरोधों का विश्लेषण भी जरूरी है। जहाँ तक उनकी विचारधारा का प्रश्न है, उसमें समग्रता व मौलिकता का अभाव है। उनकी राजनीति में ब्राह्मणवादी व्यवस्था का निषेध तो है, लेकिन बहुजन समाज के अपने सामाजिक अंतर्विरोधों को हल करने की स्पष्टता नहीं मिलती। वह मानते हैं कि राजसत्ता पर अधिकार पाने के बाद बहुजन समाज के अंतर्विरोध स्वतः हल हो जायेंगे। एक अर्थ में यह कहा जा सकता है कि कांशीराम बहुजन समाज की राजनीतिक एकता की बात तो करते हैं, लेकिन उन्हें सामाजिक रूप से एक इकाई बनाने के लिए बहुजन समाज पार्टी के पास कोई स्पष्ट कार्यक्रम नहीं है। दलित समाज में व्याप्त घोर अशिक्षा दूर करने के लिए बहुजन समाज पार्टी ने कोई व्यापक शिक्षा अभियान अभी तक नहीं चलाया है। न ही भविष्य में ऐसा कोई बड़ा शैक्षिक अभियान चलाने की कोई योजना

है। उत्तर प्रदेश में सरकार में शामिल होने के बावजूद दलित शिक्षा आंदोलन की दिशा में कोई ठोस कदम अभी तक नहीं उठाया गया है। इसी तरह दलित समाज में व्याप्त अंधविश्वासों और कुरीतियों को दूर करने, विभिन्न दलित एवं पिछड़ी जातियों के बीच व्याप्त जातिवाद, परस्पर भेदभाव को दूर करने और आपस में वैवाहिक संबंध आदि के लिए कोई व्यापक सामाजिक सुधार अभियान भी नहीं चलाया गया है। यही स्थिति अल्पसंख्यकों को ले कर भी है। कांशीराम भले ही उन्हें बहुजन समाज का अंग मानते हुए उन्हें अपने संगठनों में भी शामिल कर लेते हैं, लेकिन सांप्रदायिक दंगों में बहुजन समाज के इन्हीं घटकों (दलितों और अल्पसंख्यकों) के बीच हिंसक संघर्ष होता है। इस अन्तर्विरोध को हल करने के लिए भी कांशीराम कोई सार्थक कार्यक्रम नहीं देते हैं। पिछड़ी और दलित जातियों के बीच के सामाजिक अन्तर्विरोध के मामले में भी यही स्थिति है। उत्तर प्रदेश की सपा-बसपा सरकार इस समय इन्हीं गंभीर चुनौतियों में फँसी हुई है।

कांशीराम की विचारधारा में आर्थिक चिंतन का भी अभाव है। वह भारत के मौजूदा सामाजिक-आर्थिक ढाँचे के विरुद्ध तो हैं, लेकिन उनकी अपनी आर्थिक नीति क्या होगी, इस विषय पर बसपा ने कोई अपनी रूपरेखा प्रस्तुत नहीं की है। देश की आर्थिक विषमता को भी कांशीराम जातीय आधार पर देखते हैं। उनके अनुसार जमीन और उद्योगों के स्वामित्व पर सवर्णों का नियंत्रण है जो, दलितों, पिछड़ों के श्रम के शोषण से मुनाफा कमाते हैं। लेकिन वह सवर्णों की भूमि के अधिग्रहण और उसे भूमिहीन दलितों में बाँटने और उद्योगों पर दलित श्रमिकों के नियंत्रण की बात नहीं करते, बल्कि सार्वजनिक भूमि के वितरण और खाली पड़ी भूमि के अधिग्रहण पर ज्यादा जोर देते हैं। कृषि मजदूरों की मजदूरी और अन्य सुविधाएँ बढ़ाने के पक्ष में वह जरूर हैं।

यद्यपि कांशीराम बातचीत में स्वदेशी और आर्थिक आत्मनिर्भरता की वकालत करते हैं, लेकिन वर्तमान कांग्रेस सरकार की उदार आर्थिक नीतियों और बहुराष्ट्रीय कंपनियों के भारत प्रवेश का वह कोई मुखर विरोध भी नहीं कर रहे हैं। डंकल प्रस्तावों और अंधाधुंध निजीकरण की घातक प्रवृत्ति पर भी वह खामोश हैं, जबकि वह जानते हैं कि सरकारी सेवाओं का अंधाधुंध निजीकरण सरकार की आरक्षण नीति को भी बेअसर कर देगा। इसके बावजूद अर्थनीति का मुद्दा उनकी प्राथमिकताओं में नहीं है।

कांशीराम की कार्यशैली भी पूरी तरह व्यक्तिवादी और अधिनायकवादी है। बहुजन समाज पार्टी के वह सर्वस्व हैं। पार्टी कार्यकर्ता उन्हें 'साहब' के संबोधन से पुकारते हैं और उनके निर्णय पर कभी कोई सवाल खड़ा करना उनके सोच में ही नहीं है। बहुजन समाज पार्टी में आंतरिक लोकतंत्र का पूरी तरह अभाव है। कांशीराम इसके राष्ट्रीय अध्यक्ष हैं और सभी पदाधिकारी उनकी सहमति से

मनोनीत होते हैं। वैसे इस मामले में अन्य दलों की स्थिति भी यही है, फिर भी दिखाने के लिए इन दलों में कुछ लोकतांत्रिक प्रक्रिया का नाटक किया जाता है। लेकिन बसपा में इस संबंध में कोई दिखावा नहीं है। कांशीराम के इस अधिनायकवाद के कारण बसपा में अनुशासन तो है, लेकिन समाज परिवर्तन के व्यापक मिशन के लिए दूसरी पाँत के नेतृत्व का विकास भी अवरुद्ध हो गया है और पूरी पार्टी एक व्यक्ति पर निर्भर हो कर रह गयी है।

कांग्रेस, भाजपा, जनता दल और वामपंथी दलों को कांशीराम ब्राह्मणवादी पार्टियाँ मानते हैं। वह कहते हैं कि कांग्रेस ब्राह्मणवाद की 'ए' और भाजपा 'बी' टीम है। इसलिए इनके बीच में संतुलन कायम करने के लिए कभी कांग्रेस तो कभी भाजपा को ऊपर-नीचे करता रहता हूँ। अपने इसी तर्क के आधार पर वह कभी उद्योगपति जयंत मल्होत्रा को बसपा के टिकट पर राज्यसभा में चुनवाते हैं तो कभी मध्य प्रदेश में कांग्रेस के किसी बड़े नेता के साथ उनके गोपनीय समझौते की चर्चा भी होती है। अंतर्राष्ट्रीय संगठनों के साथ उनके रिश्तों की भी चर्चा की जाती है।

लेकिन जातिविहीन समाज की स्थापना के लिए कांशीराम ने जिस जातीय चेतना की राजनीति को आधार बनाया है, उसमें जातीय आग्रह ही सबसे प्रमुख अंतर्विरोध सिद्ध हो रहा है। उत्तर प्रदेश में सपा-बसपा सरकार के सामने यही सबसे बड़ी चुनौती है और यही अवसर भी है जब इस अंतर्विरोध को हल करने का सार्थक प्रयास किया जा सकता है। लेकिन इसके लिए कांशीराम को अपनी विचारधारा को व्यापक बनाना होगा। सदियों पुरानी मानसिक दासता और हीन भावना से मुक्ति के लिए दलित उभार के लिए जातीय चेतना का उपयोग एक रणनीति के तहत तो उचित है, लेकिन इस जातीय उभार को जातीय घृणा और सामाजिक वैमनस्य नहीं बनने देना भी उतना ही जरूरी है।

यह सच है कि सदियों तक श्रेष्ठता बोध के अहंकार से ग्रस्त सवर्ण समुदाय को दलितों-पिछड़ों का यह उभार अपनी सामाजिक सत्ता के लिए एक खतरा महसूस होगा और उसका जातीय अहंकार आसानी से इसे स्वीकार भी नहीं करेगा। इसलिए जातीय संघर्ष की परिस्थितियाँ भी बनेंगी। लेकिन यदि बसपा नेताओं ने विपक्ष और सत्ता के व्यवहार के अंतर की व्यावहारिकता को नहीं समझा तो संघर्ष और बढ़ेगा। ऐसी स्थिति में बसपा का दलित उभार जातीय संघर्ष में उलझ कर रह जायेगा और जातिविहीन समाज का उसका लक्ष्य पूरा होने के स्थान पर समाज में जातिवाद और मजबूत हो जायेगा। इसलिए कांशीराम और उनके सहयोगियों को इस दिशा में दक्षिण अफ्रीका के अश्वेतों से सीख लेते हुए अपना दृष्टिकोण अधिक उदार और सर्वग्राही बनाना होगा। साथ ही सवर्णों को भी इस सामाजिक परिवर्तन को सहजता से स्वीकारते हुए अपनी मानसिकता बदलनी होगी।

जातिवादी कौन

पुरुषोत्तम अग्रवाल

इस सीधे सवाल का जवाब उतना सीधा है नहीं, जितना कि समझा जाता है। आधुनिक सोच-विचार को अपने समाज पर लागू करने की जो तालीम हमें हासिल हुई हे, उसके मुताबिक जातिवाद सिर्फ वह है जो किसी जाति या जातियों के समूह को संगठित कर राजसत्ता पर अधिकार करने की कोशिश करे। या फिर वह जो नौकरी-धंधे, रोजगार या शिक्षा के क्षेत्र में अपनी जाति के लोगों को खामखाह बढ़ावा दे। इसके विपरीत आधुनिक व्यक्ति, चाहे राष्ट्रवादी हो या साम्यवादी, जाति की उपेक्षा करता है। वह अपना राजनीतिक एजेंडा जाति जैसी पुरानी, रूढ़िवादी धारणाओं से निर्लिप्त रह कर तय करता है। नौकरी-धंधे से ले कर चुनावी राजनीति तक में जो व्यक्ति या दल जाति की बात न करे, वह जातिवादी नहीं है। भले ही फिर वह जाति की जोड़तोड़ चाहे जितनी कर ले, बस जाति के सवाल पर सीधे-सीधे बात न करें। वर्ग की बात करे, भारतीयता की बात करे, राष्ट्र की बात करे, न करे तो सिर्फ जाति की बात न करे। हमारे समाज के प्रचलित 'कॉमनसेंस' में जातिगत जोड़-तोड़ और जाति को राजनीतिक सवाल बनाने की कोशिश को एक ही बिरादरी की दो वस्तुएँ मान लिया गया है, जबकि जातिगत जोड़-तोड़ की प्रेरणा तो है सिर्फ अपनी जाति का भला करना, जरूरी नहीं कि जाति की बात करनेवाली हर राजनीति की प्रेरणाएँ भी इतनी ही स्वार्थपरक और संकीर्ण हों। लेकिन जब कोई मान्यता सामाजिक 'कॉमनसेंस' में जगह बना ले, तो फिर सूक्ष्म परीक्षण की गुंजाइश कहाँ रह जाती है ? फिर तो यही होता है कि अपनी जाति के लोगों को बढ़ावा देनेवाला अफसर भी जातिवादी और जाति को भारतीय राजनीति में विमर्श का विषय बनानेवाले डॉ. आंबेडकर और डॉ. लोहिया भी जातिवादी; जो जाति व्यवस्था को तोड़ने की बात करें वे जातिवादी कहलायें और जो या तो इससे आँखें चुरायें या फिर समाज में द्विज प्रभुत्व बरकरार रखना चाहें, वे 'राष्ट्रवादी' ! दूसरे शब्दों में, जो जाति

व्यवस्था को किसी न किसी बहाने बनाये रखना चाहते हैं, वे तो जातिवादी नहीं हैं और जो इस व्यवस्था को तोड़ना चाहते हैं, वे जातिवादी हैं।

शब्दार्थ का यह अनर्थ संबंध, बल्कि क्रूर मजाक जिस व्यापक समझदारी को प्रतिबिंबित करता है, उसकी बुनियादी मान्यता यह है कि जाति का सवाल राजनीतिक सवाल है ही नहीं। जाति तो सामंती समाज के उत्पादन संबंधों का भारतीय रूप भर है। जिस तरह दीगर देशों में ये संबंध उद्योगीकरण के फलस्वरूप समाप्त हो गये, उसी तरह भारत में भी आधुनिक तंत्र के विस्तार से जाति व्यवस्था की जकड़ ढीली पड़ेगी। धीरे-धीरे समाप्त हो जायेगी। जाति में निहित ऊँचनीच और भेदभाव की भावना भी सही राजनीतिक-सांस्कृतिक चेतना के प्रसार के साथ-साथ शिथिल होती जायेगी। यह हुआ आधुनिक सोच। परंपरावादियों के अनुसार तो वर्णाश्रम अपने मूल रूप में सर्वाधिक सुसंगत और समरस व्यवस्था है। छुआछूत की विकृति दूर कर किसी तरह वर्णाश्रम की पुनः स्थापना हो सके तो धराधाम पर स्वर्ग आया समझिए। ऐसे लोगों के लिए राम राज्य का अर्थ ही है : ऐसा समाज, जहाँ चारों वर्णों के लोग अपने-अपने आश्रम धर्म का पालन खुशी-खुशी करें। इस पर ध्यान देने की जरूरत नहीं कि शूद्र का एक ही आश्रम है गृहस्थ और एक ही धर्म है सेवा। न विद्याध्ययन की इजाजत है, न मोक्ष साधना की गुंजाइश।

बहरहाल, जाति के सवाल को राजनीतिक विमर्श और व्यवहार से बाहर धकेलने की तमाम कोशिशों का नतीजा सिर्फ यह हुआ है कि इस वक्त यह सवाल सबसे प्रमुख सवाल बन कर भारतीय राजनीति को मथ रहा है। यहाँ तक कि भाकपा के महासचिव को लगता है कि जाति के सवाल से टकराये बिना भारत में शोषित वर्ग की राजनीति करना असंभव है। बात सौ टके की है, लेकिन कही गयी है सिर्फ समकालीन राजनीति के दबाव में। जरूरत इस बात की है कि जाति व्यवस्था के सार और स्वरूप पर समग्र ढंग से विचार किया जाये। इस विचार के लिए बुनियादी प्रस्ताव यह है कि जाति व्यवस्था भारतीय समाज सत्ता के तंत्र की धुरी है। यह हमारे समाज में व्याप्त वर्ग, वर्ण तथा लिंगपरक विद्वेष का समग्र तथा संगठित ढाँचा है। इसे केवल हिंदू समाज की कुरीति मानना व्यावहारिक और ऐतिहासिक दृष्टि से गलत है। इसकी विकराल जीवनी शक्ति का सबसे बड़ा कारण है–स्वयं इसके शिकारों द्वारा इसके चक्र में पिसने को अपना कर्मफल या नियति मान लेना। यही कारण है कि जाति के सवाल से निर्लिप्त राजनीति देश की समाज सत्ता पर कोई गहरा असर नहीं डाल सकती। इस प्रकार जाति व्यवस्था भारतीय समाज की मूलभूत राजनीतिक समस्या है। इसका मुकाबिला किये बगैर न कोई मुक्तिकामी संस्कृति-विमर्श संभव है और न कोई जनोन्मुख राजनीतिक कार्रवाई।

जब गाँधी जी ने रेमजे मेकडॉनल्ड के 'कम्युनल एवार्ड' के खिलाफ अनशन आरंभ किया, तो नेहरू को बड़ी खीझ हुई। खीझ की वजह नेहरू के अपने शब्दों में 'ऐसे गैरअहम सवाल को गाँधी जी ने जीवन-मरण का प्रश्न बना लिया।" (ऑटोबायोग्राफी, 1989, पृष्ठ 370) नेहरू की खीझ इस बात पर थी कि अछूतों के अलग मताधिकार सरीखे सवाल पर गाँधी जी वह ऊर्जा खर्च कर रहे हैं जो असल में राष्ट्रीय स्वाधीनता के 'बृहत्तर' और 'राजनीतिक' सवाल से जूझने में खर्च होनी चाहिए। बात सिर्फ नेहरू की नहीं। उस दौर के अधिकांश उपनिवेशवाद विरोधी नेताओं और कार्यकर्ताओं के सोच में यह विभाजन मौजूद था, जिसके अनुसार 'राजनीतिक' शब्द का प्रयोग सिर्फ विदेशी सत्ता से संघर्ष के संदर्भ में किया जाता था। बाकी समस्याएँ सामाजिक थीं और इसी कारण गैर-फौरी भी। सांप्रदायिकता की समस्या भी बस उतनी ही दूर तक 'राजनीतिक' थी जितनी दूर तक यह साम्राज्य विरोधी संघर्ष को अच्छे या बुरे ढंग से प्रभावित करे। सांप्रदायिकता अपने आपमें सिर्फ धर्म के कुसंस्कार और आर्थिक प्रतिद्वंद्विता की विकृत अभिव्यक्ति थी। नेहरू अपनी 'आत्मकथा' में दो तरह के संप्रदायवादियों का उल्लेख करते हैं। जो अंग्रेजी सरकार के खिलाफ राष्ट्रीय आंदोलन का साथ दें, वे संप्रदायवादी होते हुए भी 'प्रतिक्रियावादी' नहीं थे। सांप्रदायिकता और जाति व्यवस्था परस्पर गुँथी हुई और बुनियादी अर्थ में राजनीतिक समस्याएँ हैं–यह एहसास अभी भी भारत की परिवर्तनकामी राजनीति का संस्कार नहीं बना है। इसी कारण जाति और अस्पृश्यता के सवाल पर जान की बाजी लगा देना नेहरू सरीखे आधुनिक साम्राज्यविरोधी राष्ट्रवादियों के लिए अबोधगम्य था।

जाति को 'अराजनीतिक' मानने का यह संस्कार सिर्फ राजनीति तक सीमित नहीं। बहुत-से इतिहासकारों और आलोचकों को मध्यकालीन भक्त कवियों से इस कारण खीझ होती है कि वे राजसत्ता के बारे में कुछ नहीं कहते। ऐसे लोगों का तर्क सुपरिचित हैं। किसी भी समाज में अनुशासन, दमन और शोषण का मुख्य स्रोत राजसत्ता ही तो है। राजसत्ता के प्रति अजीब-सी उदासीनता बरतनेवाले भक्त कवियों के सामाजिक दृष्टिकोण को क्रांतिकारी कैसे कहा जाये ? राजनीति को सिर्फ राजसत्ता तक सीमित मानने का एक पहलू राष्ट्रीय आंदोलन में और भी गहरे ढंग से व्यक्त हुआ। कांग्रेस अधिवेशनों के साथ होनेवाली सोशल कान्फ्रेंसे तिलक जैसे 'उग्र राष्ट्रवादी' नेताओं के प्रभाव में बंद कर दी गयीं। तर्क वही। जाति, स्त्री की स्थिति जैसे आंतरिक 'सामाजिक' सवालों की चर्चा विदेशी सत्ता के खिलाफ 'राजनीतिक' संघर्ष को कुंद करती है। जाने-अनजाने भारतीय राष्ट्रवाद को एक आँखवाले ऐसे प्राणी के रूप में विकसित किया गया, जो भारतीय समाज के अपने सत्ता तंत्र और वर्ग-वर्ण-लिंग के भेदभाव की या तो उपेक्षा करे या फिर परंपरा और समरसता के नाम पर उसका महिमामंडन करे। गाँधी, आंबेडकर जैसे

लोग अपने-अपने ढंग से इसी एकाक्ष राष्ट्रवाद से जूझ रहे थे और ऐसे एकाक्षबोध को ही सामाजिक राष्ट्रवाद माननेवालों के मन में अलग-अलग प्रकार की खीझ उत्पन्न कर रहे थे।

सवाल किसी की व्यक्तिगत निष्ठा और वैचारिक ईमानदारी पर संदेह करने का नहीं है, हालाँकि ऐसे लोगों की भी कोई कमी नहीं, जो अपनी सारी बौद्धिक सामर्थ्य का उपयोग बाकायदा जानबूझ कर अन्याय के हित में करते रहे हैं। ऐसे लोगों की चर्चा थोड़ी देर बाद। फिलहाल यह देखें कि भारतीय समाज के परिवर्तनकामी तबकों ने जाति के यथार्थ स्वरूप और भूमिका को समझने में भूल क्यों की ? क्या कारण है कि भारत में समाजशास्त्र के जनक प्रो. धुरये से ले कर मार्क्सवादी समीक्षक डॉ. रामविलास शर्मा तक बहुत-से विद्वान यह साबित करने की जी तोड़ कोशिश करते रहे हैं कि जाति व्यवस्था में अनोखा कुछ नहीं है। यह विश्वव्यापी सामंतवाद का भारतीय रूप भर है, जिसकी खबर लेने के लिए 'आधुनिकीकरण' या 'पूँजीवाद से संघर्ष' ही पर्याप्त और सही रणनीति है। क्या कारण है कि हर क्षेत्र में जाति की गुपचुप जोड़-तोड़ करनेवाले तो राष्ट्रवादी या प्रगतिशील माने गये, जबकि इसे बौद्धिक विमर्श और राजनीतिक कार्रवाई का विषय बनानेवालों को बौद्धिक सहानुभूति मिलना तो दूर की बात, उन्हें बार-बार देश तोड़क, समाज तोड़क और वर्ग तोड़क कह कर धिक्कारा गया।

इस विडंबना के कई कारणों में सबसे बुनियादी कारण यह प्रतीत होता है कि कई बार सामाजिक बदलाव के इच्छुक व्यक्ति भी परिवर्तन का ऐसा एजेंडा तलाशते हैं, जो खुद उनके सांस्कृतिक आत्मबोध में गहरी फाँक न पैदा करे। मनोगत प्रगतिशीलता और वर्ग, वर्ण या लिंगपरक विशेषाधिकार के द्वंद्व का सूक्ष्म समाधान इस तरह किया जाता है कि मुट्ठी भी तनी रहे और काँख भी ढकी रहे। अभी कुछ ही बरस पहले तक वामपंथी प्रतिष्ठान नारी मुक्ति के सवाल को वर्ग संघर्ष विरोधी भटकाव मानता ही था। हिंदी के धुरंधर मार्क्सवादी समीक्षकों में से अनेक की क्रांतिकारिता का सुर बड़ी खूबी से सामंती और आर्य समाजी मर्यादावाद के फूहड़ नारी विरोध से मिल जाता है। ऐसे वामपंथी स्त्री-पुरुष के बीच सुपरिभाषित, 'मर्यादावादी' संबंध के अलावा केवल एक और संबंध की ही कल्पना कर सकते हैं–व्यभिचार के संबंध की। काव्यास्वाद के जटिल संसार तक में ऐसे मर्यादावादी आचार्य बड़ी सहूलियत से स्वकीया-परकीया के सवाल को प्रेम कविता की जाँच का बुनियादी प्रतिमान बना देते हैं।

भारतीय भद्र लोक के अधिकांश ने आधुनिकता और मार्क्सवाद को अपने हितों और संस्कारों के अनुकूल बना कर अपनाया है। सामाजिक यथार्थ का परीक्षण करने के औजार ऐसे ढंग से विकसित किये गये हैं कि जहाँ तक हो सके, आत्मपरीक्षण टाला जा सके। वर्गगत चतुराई और व्यक्तिगत भोलेपन के इस सुखद

संयोग का ही परिणाम है कि जाति का सवाल हो या स्त्री मुक्ति का, आदिवासियों की स्थिति का सवाल हो या सामाजिक नैतिकता का, ये सारे सवाल राजनीति के बजाय समाज सुधार के मान लिये गये। समाज सुधार भी ऐसा, जो उनका काम है जो राजनीति की तपिश झेल नहीं सकते या राजनीति से थक गये हैं। स्वाभाविक ही था कि गाँधी जी का रचनात्मक कार्यक्रम कोरे कर्मकाण्ड में बदल गया और अरुण शौरी जैसे सतही सनसनीबाज पत्रकारों को लोहिया को समाज तोड़क कहने में कोई शर्म नहीं आती। ऐसी 'क्रांतिकारी' विचारधारा या ऐसी 'प्रखर' आलोचना, जो वर्ग, वर्ण और लिंगपरक उत्पीड़न को हाशिये पर धकेल दे, 'भद्र लोक' को रास आती है। कारण यह है कि इसके जरिये व्यक्ति को अपनी संवेदनशीलता के प्रति ईमानदार रहने का नैतिक संतोष प्राप्त होता है। साथ ही वह अपने घर-परिवार और परिवेश के सांस्कृतिक संवेदनों और पूर्वग्रहों से जुड़ा रहता है। ऐसा व्यक्ति 'डिक्लास' होने के बावजूद 'एलियनेट' होने की पीड़ा से बच जाता है। क्रांतिकारी प्रखरता निज के मन और परिवेश के निर्मम परीक्षण का माध्यम बनने के बजाय महज एक आकर्षक विशेषता बन कर रह जाती है। व्यक्तिगत भोलेपन के साथ वर्ग की चतुराई का सुखद संयोग संभव हो जाता है, क्योंकि आप राजसत्ता पर ही तो कब्जा करने की बात कर रहे हैं। उसका संचालन करनेवाले होंगे तो अंततः 'अपने ही' लोगों में से—क्रांति के बाद भी।

प्रेमचंद की कहानी 'सवा सेर गेहूँ' का एक प्रसंग याद करें।

'विप्र जी' की कमीनगी और बेहयाई से सन्न शंकर उन्हें परलोक का वास्ता देता है। विप्र जी छूटते ही कहते हैं, 'वहाँ की बातें छोड़ो, क्या देवता, क्या ऋषि-मुनि वहाँ सब अपने ही हैं।' कहानी का अंतिम वाक्य है, 'पाठक ! ऐसे विप्रों और ऐसे शंकरों से दुनिया अभी भी खाली नहीं है।' कई धरातलों पर सार्थक है यह वाक्य। ऐसे 'परलोक' (उर्फ क्रांतिकारी परिवर्तन के बाद की सामाजिक व्यवस्था) से भद्र लोक के विप्र जी क्यों घबरायें, जहाँ सारे तूमताम के बावजूद, 'क्या देवता, क्या ऋषि मुनि' सब अपने ही होनेवाले हैं।

वैसे, विप्र जी के अपनों की इहलोक में ही क्या कमी है ? भारतीय संस्कृति को परिभाषित करते हुए श्री गोविन्द चंद्र पांडेय फरमाते हैं, "भारतवासी जनसमुदायों का प्रचलित शील और रुचि भारतीय संस्कृति नहीं है। बलिक उनकी शिष्ट चेतना के द्वारा स्वीकृत मर्यादाओं और आदर्श को ही उनकी संस्कृति कहना चाहिए, जिसका पता प्रत्यक्ष से नहीं चल सकता।' (भारतीय परंपरा के मूल स्वर, 1981, पृष्ठ 13) पांडेय जी की 'संस्कृति' का पता प्रत्यक्ष से नहीं चल सकता, तो श्री निर्मल वर्मा के अनुसार 'शक्ति (पॉवर) की यूरोपीय अवधारणा और धर्म की भारतीय धारणा के बीच कोई संगति नहीं है··· अगर मनुष्य का धर्म दूसरों के प्रति अपने दायित्वों और कर्तव्यों में मूर्तिमान होता है, तो यूरोप द्वारा प्रक्षेपित

मनुष्य की आत्मकेंद्रित छवि का भारतीय परंपरा में कोई स्थान नहीं है।' (पूर्वग्रह 27, पृष्ठ 15) निर्मल जी के अनुसार, धर्म में रची-बसी भारतीय परंपरा सभी के प्रति दायित्व निर्वाह के साथ मोक्ष की तलाश है, तो आत्मकेंद्रित, शक्तिपरक यूरोपीय परंपरा ताकत की खोज।

चलिए, छुट्टी हुई। जब संस्कृति का प्रत्यक्ष से पता ही नहीं चल सकता, जब भारतीय (उर्फ हिंदू) परंपरा में शक्ति का कोई संघर्ष ही नहीं है, तो कहाँ की मुक्ति और काहे के लिए आत्मपरीक्षण ? दिक्कत यह है कि दुष्ट प्रत्यक्ष सर चढ़ कर बोलता है। सारी मनभावन शब्दावली के बावजूद भारतीय (उर्फ हिंदू) समाज, संस्कृति में दमन, उत्पीड़न भरा पड़ा है, सो उसका क्या ? इस पहेली का हल मौजूद है। सारी कुरीतियों और विकृतियों का एकमात्र कारण है 'अन्य' का कुप्रभाव, खास कर इस्लाम का। संयोग नहीं है कि श्री पांडेय, श्री वर्मा और श्री शौरी अपने-अपने ढंग से अपने-अपने स्तर पर हिंदू राष्ट्रवाद के प्रचण्ड समर्थक हैं। हिंदू राष्ट्रवाद ऐसे महानुभावों के लिए सुखदायी है भी, क्योंकि यह भारतीय समाज की तमाम विकृतियों और उनमें से अधिकांश की जड़ जाति से आँखें चुराने की सहूलियत प्रदान कर 'अन्य' को बलि का बकरा बना देता है। (श्री निर्मल वर्मा और श्री पांडेय के मनोरंजक विचारों के तनिक विस्तृत विवेचन के लिए देखें मेरे लेख : 'भारत की खोज एक बार फिर'–इंद्रप्रस्थ भारती, जुलाई-सितम्बर, 91 तथा 'परंपरा, प्रेम, विवेक और हस्तक्षेप', इन्द्रप्रस्थ भारती, जुलाई-सितम्बर, 93)।

यह कहना अप्रासंगिक न होगा कि जब श्री पांडेय और श्री वर्मा जैसे भारत-व्याकुल मेधावी 'पारंपरिक' भारतीय समाज और 'समूहबद्ध' भारतीय मनुष्य को 'आधुनिकता' और 'पाश्चात्य व्यक्तिवाद' के खिलाफ मनमाने ढंग से खड़ा कर 'पारंपरिक' का महिमामंडन कर रहे होते हैं, तब असल में वे सिर्फ खुद के कट्टर यथास्थितिवाद को 'रेशनलाइज' कर रहे होते हैं। सो भी समाजशास्त्री डूमां के तर्क और निष्कर्ष उधार ले कर। मौलिक चिंतन और खाँटी भारतीयता का भरम रचते हुए। वामपंथी-जनवादी बौद्धिकों के जाति संबंधी विमर्श में लाख चूक हो, इस कोटि का भरम जाल नहीं है। वहाँ व्यक्तिगत भोलेपन का वर्गगत चतुराई की ताकतों द्वारा इस्तेमाल कर लेने की करुण त्रासदी है। विप्र जी के 'अपने' लोगों के यहाँ व्यक्ति की चतुराई और वर्ण, वर्ग, लिंग सत्ता की चतुराई का सिद्ध समन्वय है।

जाति व्यवस्था का मूल तर्क वर्णाश्रम निस्संदेह हिंदू धर्म की विशेषता है, लेकिन क्या जातिगत सामाजिक व्यवहार भी सिर्फ हिंदू समाज तक सीमित है ? क्या अन्य धर्मावलंबी शासकों ने जाति व्यवस्था से फायदे नहीं उठाये ? मंदिर तोड़ने के लिए बदनाम मुस्लिम शासकों ने क्या कभी जाति व्यवस्था पर भी कोई आघात

किया ? क्या उन्होंने राजतंत्र के संचालन और सामाजिक व्यवस्था के लिए जाति को दरकिनार कर कोई नयी प्रणाली विकसित की ? कतई नहीं। उलटे मुस्लिम शासकों ने अपने साथ लाये प्रशासन तंत्र का तालमेल बहुत जल्द ही जाति व्यवस्था के साथ बैठा लिया। जाति के चौधरी और गाँव के मुखिया मालगुजारी 'सामंत' के बजाय 'इक्तादार' को पेश करने लगे। जाति से निर्धारित जन्मगत पेशे बने रहे। नयी जातियाँ जरूर उत्पन्न हुईं और परंपरा के अनुसार उन्हें जाति व्यवस्था की किसी न किसी सीढ़ी पर जगह मिलती चली गयी। कबीरदास कितनी गहरी व्यथा के साथ इस बात को पहचानते हैं कि उन्हें जुलाहा कहा जाये या कोरी, दूसरों की निगाह में वे 'जात कमीना' ही हैं। इतिहासकार मोरलैंड ने जिसे 'हिंदू और मुस्लिम राजनीतिक-प्रशासनिक संस्थाओं के बीच ऐतिहासिक नहीं तो तार्किक संगति अवश्य' होने की स्थिति कहा था, उसका नतीजा यह निकला कि धार्मिक तनाव के बावजूद इस्लामी राजसत्ता और जाति व्यवस्था की समाज सत्ता के बीच शांतिपूर्ण सह-अस्तित्व कायम हो गया।

मुस्लिम शासक अपने अनुभवों से बहुत जल्द यह समझ गये कि जाति सिर्फ धार्मिक रीति-रिवाज नहीं, बल्कि सामाजिक सत्ता का ऐसा तंत्र है, जिसका उपयोग करनेवाले शासक के लिए हिंदू धर्मावलंबी होना कतई आवश्यक नहीं है। इसीलिए उन्होंने हिंदू धर्म के प्रतीकों पर आक्रमण करने के बावजूद न तो जाति की व्यवस्था पर कोई चोट की न उसके सामाजिक व्यवहार पर। बलिक मुस्लिम शासक वर्गों ने खुद अपने बीच प्रचलित रक्तशुद्धि की धारणा को जाति व्यवस्था से मिला कर ऐसी स्थिति पैदा कर दी कि आज तक भारतीय मुसलमानों में जातिगत ऊँच-नीच विचार और व्यवहार में प्रचलित है। नमाज के लिए भले ही महमूद-ओ-अयाज एक साथ खड़े हो लें, लेकिन नमाज के बाहर न सिर्फ बन्दा और बन्दानवाज का फर्क बना रहता है, बल्कि ऊँच और नीच जात का फर्क भी इसमें शामिल हो जाता है। मंडल रिपोर्ट में पहचानी गयी अनेक पिछड़ी जातियाँ धर्म के लिहाज से मुसलमान हैं। अपना बचपन याद करते हुए इस्मत चगुताई ने लिखा है कि उनकी माँ ने उन्हें कैसा झन्नाटेदार चाँटा रसीद किया था जब वे किसी 'नीच जात' के घर एक रोटी खा आयी थीं। ईसाई धर्म में भी जाति का प्रभाव पड़ा ही है।

इस्लामी राज सत्ता और जातिगत समाज सत्ता के सह-अस्तित्व के परिणामस्वरूप डॉ. नामवर सिंह के शब्दों में, 'राजसत्ता भक्तों के लिए सर्वथा उपेक्षा की वस्तु थी। उसके प्रति भक्तों के मन में न तो किसी प्रकार की भक्ति का भाव था न विरोध का। यह आवश्यक भी न था, क्योंकि साधारण जनता के जिन दुखों से भक्त कवि दुखी थे, उनका सीधा संबंध आगरा या दिल्ली के तख्त पर बैठे बादशाह से उतना न था, जितना अपने गाँव के उस समाज से, जिसका

नियमन जाति-धर्म के परंपरागत नियमों से होता था तथा जिसमें राज सत्ता के स्थानीय प्रतिनिधि गाँव के मालिकों के सहयोग से दमनकारी भूमिका निभाते थे। इस ग्रामीण व्यवस्था में, जहाँ परंपरागत जाति-धर्म जीवन के समस्त क्रियाकलापों का नियामक था, सरकार की हैसियत एक बाहरी लुटेरे से अधिक न थी जिसे बहुत कुछ अनावश्यक या फालतू मान कर भी काम चलाया जा सकता था।' (दूसरी परंपरा की खोज, 1982, पृष्ठ 56)

भक्त कवि राज सत्ता के प्रति उदासीन थे–इससे यह सिद्ध नहीं होता कि वे कम क्रांतिकारी थे। उलटे यह मालूम पड़ता है कि वे अपने ही समाज में पराये नहीं हो गये थे। वे अपने अनुभव से सामाजिक सत्ता के वास्तविक उपकरण जाति को पहचान सकते थे। यही कारण है कि चाहे इसके पक्ष में हों चाहे विपक्ष में, जाति व्यवस्था और वर्णाश्रम को सभी भक्त कवियों के सामाजिक विमर्श में केंद्रीय स्थिति जरूर प्राप्त है। अपने अनुभवों पर परायी भाषा थोपने की विडंबना से मुक्त होने के कारण भक्त कवि राज सत्ता के स्वरूप और तंत्र के तत्वतः राजनीतिक सवाल से कतराने की विडंबना से भी मुक्त थे। निर्मल वर्मा की भारतीय (उर्फ हिंदू) परंपरा में भले ही शक्ति विमर्श को कोई स्थान न प्राप्त हो, भक्तों का अनुभव जगत भारतीय समाज के विशिष्ट शक्ति विमर्श–वर्णाश्रम–के प्रसंग में शुतुरमुर्ग का अभिनय कहीं नहीं करता।

वर्णाश्रम अर्थात जाति व्यवस्था के विविध पक्षों को सैद्धांतिक तर्क देनेवाला वैचारिक आधार। इसी के साथ सभी वर्णों की स्त्रियों के लिए मर्यादा की दो टूक व्यवस्था। असल में, वर्णाश्रम 'अधिकार भेद' के जरिये गैर-द्विज जातियों और सभी जातियों की स्त्रियों को आध्यात्मिक से ले कर सामाजिक व्यवहार तक के धरातलों पर 'मर्यादा' (या कहें औकात) में रखने की अद्भुत व्यवस्था है। कबीर हों या मीराँ या सूरदास की गोपियाँ–इनकी आवाजें असल में वर्णाश्रम और अधिकार भेद की मर्यादा/लोकलाज/कुल-कानि के ही खिलाफ बुलंद होती आवाजें हैं। इनके समकालीन और परवर्ती प्रभु वर्ग की इन आवाजों के प्रति खीझ का यदि आज के राजनीतिक मुहावरे में अनुवाद किया जाये, तो समरसता के विरोधी, समाज तोड़क आदि विशेषण इन आवाजों पर बड़ी आसानी से चस्पाँ किये जा सकते हैं। आखिरकार निर्गुण राम की बात करनेवालों को 'अस अंध, अकोविद' ही नहीं, 'लंपट, कपटी और कुटिल' तक गोस्वामी तुलसीदास ने कहा ही है। आधुनिक युग के आचार्य रामचंद्र शुक्ल के लिए ये निर्गुणपंथी संत 'लोक विरोधी नहीं तो लोक विद्वेषी अवश्य' थे। भारतीय भक्ति मार्ग से बाहर, विदेशी परंपरा की जकड़ में तो खैर ये थे ही !

इसमें अचरज की कोई बात नहीं है। वर्णाश्रम, अधिकार भेद और जाति व्यवस्था के जरिये वर्ण, वर्ग और लिंगपरक उत्पीड़न का जो तंत्र बनता है, उसे

'सनातन धर्म', 'लोकधर्म' और 'मर्यादा' जैसे मोहक अभिधान न दिये जायें, तो वह चले कैसे ? अन्याय की डरावनी दुनिया में थोड़ा-बहुत लचीलापन न बनाये रखा जाये तो वह जिये कैसे ? और फिर जो लोग मोहक मर्यादा के इस भरम जाल की पड़ताल करने का दुस्साहस करें, उन्हें 'लोक विद्वेषी' और 'कपटी' कह कर गरियाया न गया तो जन्मजात गैरबराबरी की सच्चाई पर पड़े समरसता के परदे की चिन्दी-चिन्दी नहीं हो जायेगी ?

जाति व्यवस्था का अध्ययन करते हुए समाजशास्त्री डेक्लान क्विगली ने मार्के की बात पकड़ी है, 'जाति की व्याख्या करने के क्रम में धर्म और राजनीति को अलगाया नहीं जा सकता। अपने प्रशासनिक और राजनीतिक हितों के चलते ब्रिटिश शासकों ने ऐसा ही किया। उन्होंने 'जाति' को विशुद्ध धार्मिक विषय के रूप में देखा।' ('द इंटरप्रिटेशन ऑफ कास्ट' 1993, पृष्ठ 83-84)

ब्रिटिश प्रशासकों और प्राच्यवादियों द्वारा जाति को सिर्फ धार्मिक विषय मान लेना उनके राजनीतिक हितों, प्रशासनिक सुविधाओं के अलावा एक और वजह से भी समझ में आता है। अंततः जाति उनके लिए अध्ययन और व्याख्या की ही वस्तु थी, अनुभव की नहीं। लेकिन जिन भारतीयों ने ऐसी अध्ययन दृष्टि और उसे जन्म देनेवाली बौद्धिकता आत्मसात कर ली, वे जरूर अपने ही समाज में संस्कृति के अतिथि बन कर रह गये। वास्तविक अनुभव से ज्यादा महत्व हो गया बौद्धिक संस्कृति में सम्मानप्राप्त व्याख्या का। यथार्थ के अनुभव और उसकी व्याख्या के बीच गहरी फाँक पैदा हो गयी। यही फाँक धीरे-धीरे व्यक्तिगत भोलेपन और वर्गगत चतुराई के उस संतुलित सह-अस्तित्व में परिणत हो गयी, जिसका इशारा किया जा चुका है। भारतीय समाज के मुख्य सत्ता संघर्ष और इसे ले कर मौजूद भीषण अंतर्विरोध को ही गैर-राजनीतिक, 'सामाजिक' समस्या मान लिया गया। मानो राजनीति का संबंध सिर्फ किसी बनी-बनायी व्यवस्था का संचालन करने या उसकी आलोचना करने भर से हो। मानो किसी भी समाज के वास्तविक सत्ता संघर्ष के सवाल से टकराये बिना कोई राजनीति मुमकिन होती हो।

जाति की व्याख्या में धर्म को राजनीति से अलग कर जाति को सिर्फ धार्मिक मसला (सो भी, केवल हिंदू धर्म तक सीमित) मानने का ही यह परिणाम हुआ कि जाति के संदर्भ में शब्दों के अर्थ सिर के बल खड़े हो गये। जो जाति के सवाल को राजनीति से गायब ही कर दे और इस तरह वर्ण-वर्ग-लिंग पर आधारित गैरबराबरी का न परीक्षण होने दे न उसके खिलाफ प्रतिरोध, वह हुआ राष्ट्रवादी, समरसतावादी और प्रगतिशील ! जो जाति के खिलाफ इससे उत्पीड़ित लोगों को संगठित करना चाहे, वह हुआ जातिवादी ! जो जाति व्यवस्था को बनाये रख कर तात्कालिक लाभ के लिए जातिपरक जोड़-तोड़ करे, वह हुआ आधुनिक, क्योंकि वह सिद्धांत में जाति जैसी गैर-राजनीतिक वस्तु से निर्लिप्त है और व्यवहार में

तो 'राजनीति में सब चलता है।' जाति की बात करना और अपनी जाति के लोगों को बढ़ावा देना पर्यायवाची मान लिया गया।

शब्दों का यह अनर्थ संबंध टूटना चाहिए। बेहतर होता कि वह अनर्थ संबंध स्वयं द्विज अभिजन की पहल से टूटता और जाति की राजनीतिक वास्तविकता से समूचा समाज एक साथ टकराता। इस तरह भारतीय राष्ट्रवाद सचमुच प्रामाणिक बनता। लेकिन हमारे द्विज अभिजन के घनघोर जातिवाद और शुद्र चालाकियों के कारण भारतीय राष्ट्रवाद स्वयं द्विज जातिवाद पर पड़े मोहक आवरण में बदल गया है और इस आवरण की वास्तविकता को उजागर करने के प्रयत्नों को ही 'जातिवाद' कह देने में हमारे जातिवादी भद्र लोक ने कमाल की महारत हासिल कर ली है।

अपने सुचारु संचालन के लिए जाति व्यवस्था दंड शक्ति पर कम, सांस्कृतिक, मनोवैज्ञानिक वर्चस्व पर अधिक निर्भर करती है। वर्णाश्रम और अधिकार भेद पुनर्जन्म और कर्मफल के तर्क पर आधारित हैं। संस्कार निर्माण की पूरी प्रक्रिया के जरिये वर्णाश्रम के शिकार और शिकारी दोनों इस तर्क को आत्मसात कर लेते हैं। शिकारी अपने अमानवीय व्यवहार पर लज्जित होने से बच जाता है और शिकार खुद के ही कर्मों पर पछताने के लिए अभिशप्त हो जाता है। दुख आक्रोश में यदि बदल भी जाये, तो क्रोध संगठित प्रतिकार का रूप तो नहीं ही ले पाता। ले कैसे ? जब वर्तमान दुर्दशा अपने ही पूर्वजन्म या कर्मफल के कारण हो, तो आप क्रोध किस पर करेंगे ? प्रतिकार क्यों करेंगे ? कबीर सरीखे प्रखर जिज्ञासु और प्रश्नकर्ता को भी कहना पड़ता है : 'पूरब जनम हम ब्राह्मण होते, ओछे करम तप हीना रामदेव की पूजा चूका, पकरि जुलाहा कीना।' जुलाहे के घर जन्म यदि स्वयं राम द्वारा तपहीन ब्राह्मण को दिया गया दंड है, तो फिर शिकायत कैसी ? 'सद्‌गति' का दुखी चमार कड़ी लू में लकड़ी फाड़ते-फाड़ते मर भले ही जाये, ब्राह्मण की रसोई भ्रष्ट करने का पाप कैसे करे ? पिछले जन्म के पापों का यह फल भोगा, अगले जन्म में तो जानवर ही बनना पड़ेगा। खासकर तब जब परलोक में 'क्या ऋषि-मुनि क्या देवता' सब ब्राह्मण देवता के अपने आदमी हैं। जाति व्यवस्था की बहुचर्चित (कभी-कभी बहुत प्रशंसित) जिजीविषा का बुनियादी कारण यही है कि शिकार और शिकारी दोनों की चेतना में यह सिर्फ इह लोक तक सीमित व्यवस्था है ही नहीं। इह लोक से परलोक तक इस जन्म से पीछे और आगे अनंत जन्मों तक चलनेवाले इहलौकिक-पारलौकिक शक्ति विमर्श और सत्ता तंत्र का नाम है वर्णाश्रम और जाति व्यवस्था। किस पर क्रोध करेंगे आप ? कैसे मुक्ति पायेंगे ? आशा की एक मात्र किरण सिर्फ और सिर्फ यह है कि आप अपने वर्तमान को चुपचाप ढोते चले जायें। चूँ भी की तो पाप बढ़ेगा और पाप बढ़ा तो दण्ड बढ़ेगा ही।

बेशक वर्णाश्रम का तार्किक और नैतिक समर्थन इस्लाम और ईसाइयत में सुलभ नहीं है। लेकिन नियति की अवधारणा से कौन-सा धर्म मुक्त है ? इस्लाम और ईसाइयत के शासकों, पुरोहितों ने नियति की विशिष्ट सामी अवधारणा के सहारे अमानवीय दास प्रथा को धर्म-सम्मत और नैतिक ठहराया है। नियति की यही अवधारणा, थोड़े बदले रूप में, जातिगत ऊँच-नीच को भी सहज, स्वाभाविक और नैतिक मानने और मनवाने के काम आ जाती है। यही कारण है कि धर्मांतरण जातिगत ऊँच-नीच से मुक्ति पाने का बहुत ही अपर्याप्त माध्यम सिद्ध हुआ है। धर्मान्तरण शायद उपयोगी होता, बशर्ते जाति धर्म विशेष की व्यवस्था भर होती। असल में तो जाति व्यवस्था भारतीय सत्ता तंत्र की धुरी है। एक सामाजिक-राजनीतिक वास्तविकता, जिसे जबरदस्त सांस्कृतिक वर्चस्व की ताकत हासिल है। जिसे एक तरफ वर्णाश्रम और अधिकार भेद से बल प्राप्त होता है, दूसरी तरफ सामी नियतिवाद से। जिसका लाभ सिर्फ हिंदू शासकों ने ही नहीं, बल्कि मुस्लिम, ईसाई शासकों ने भी उठाया है और धर्म-निरपेक्ष (!) शासकों ने भी। इसी भयावह समग्रता के कारण जाति व्यवस्था आज के परिवर्तनकर्मियों के लिए भी उतनी ही केंद्रीय चुनौती होनी चाहिए, जितनी यह मध्य कालीन भक्त कवियों के लिए थी।

जातिवाद के सच्चे विरोधियों के लिए भारतीय इतिहास का सबसे पहला सबक यह है कि द्विज जातिवाद का जवाब गैर-द्विज जातिवाद नहीं हो सकता। चुनौती जाति व्यवस्था के वैचारिक-सांस्कृतिक वर्चस्व को चुनौती देने और उसके सामाजिक-राजनीतिक ढाँचे को ध्वस्त करने की है। तंत्र वही बना रहे; सिर्फ उसके अधिकारी और उपभोक्ता बदल जायें, यह नहीं चलनेवाला। किसी भी अन्याय का प्रतिकार वैसा ही अन्याय करके नहीं किया जा सकता। जरूरत अन्याय की संभावना मात्र का निषेध करने की है। गाँधी जी पर बेहूदा आक्रमण करनेवाले कांशीरामपंथी और उन आक्रमणों के जवाब में गाँधी जी की रक्षा करने का दम भरनेवाले गाँधी प्रेमी दोनों ही अपनी-अपनी जगह इस बात को समझ लें तो अपना ही भला करेंगे, गाँधी जी का नहीं। समाज को बदलने की कोई भी सार्थक यात्रा खुद से आरंभ होती है। यह आरंभ में ही समझ लेना हितकारी होगा कि भारतीय समाज की बनावट ही ऐसी है कि यहाँ न धक्कामार ब्राह्मणवाद चल सकता है, न धक्कामार गैर-ब्राह्मणवाद। किसी धार्मिक, सांस्कृतिक या भाषाई अल्पसंख्या के विरुद्ध सतत घृणा के आधार पर कोई दूरगामी राजनीति भारत में संभव नहीं है। वह अल्पसंख्या चाहे मुसलमानों/ईसाइयों की हो, चाहे ब्राह्मणों की।

जाति व्यवस्था को सिर्फ 'जाति' तक सीमित मान लेना भयानक भूल है। यह वर्ण, वर्ग और लिंगपरक उत्पीड़न और सांस्कृतिक निर्वासन की व्यवस्था है। जरूरी नहीं है कि हरेक सवर्ण शासक वर्ग का सदस्य भी हो। असवर्ण जातियों के लिए विशेष अवसरों की व्यवस्था का नुकसान संपन्न समर्थ सवर्ण को नहीं,

दरिद्र, वंचित सवर्ण को झेलना पड़ता है। इस दरिद्र सवर्ण की हताशा को संपन्न सवर्ण अपनी क्रोधाग्नि का ईंधन बना लेता है। इसलिए दूरदर्शी गैर-द्विज नेताओं और जातिवाद विरोधियों को प्रयत्नपूर्वक दरिद्र सवर्ण और द्वि जस्त्री को अपने साथ लेना होगा, तभी संघर्ष सचमुच समूची जाति व्यवस्था के खिलाफ हो सकेगा। जाति को वर्ण, वर्ग और लिंग की जटिल समग्रता में देखने से इनकार करनेवाला इसका कोई भी प्रतिवाद द्विज भद्र लोक के साथ गैर-द्विज भद्र लोक का 'एडजस्टमेंट' करने तक सीमित रह जायेगा। यह एक तरह के जातिवाद का दूसरी तरह के जातिवाद के साथ समझौता भर होगा, न कि जाति व्यवस्था का वास्तविक विरोध।

ब्राह्मणवाद का नया छल

मस्तराम कपूर

नवंबर 1993 में पाँच विधान सभाओं के चुनावों में पिटने के बाद संघ परिवार अपनी रणनीतियों पर पुनर्विचार करने को विवश हुआ है। बाबरी मस्जिद के ध्वंस के बाद 'जय श्री राम' का जो नशा संघ परिवार पर चढ़ा था, वह एक साल बाद तीन राज्यों के हाथ से चले जाने पर उतर गया और अब वे राम के साथ डॉ. आंबेडकर को बिठा कर दलितों का दिल जीतने की कोशिश कर रहे हैं। शम्बूक के हत्यारे राम और शम्बूक के वर्तमान प्रतीक डॉ. आंबेडकर दोनों पर श्रद्धा उड़ेलने का यह अभियान ऐसा प्रहसन है जिस पर मिस्र के पिरामिडों की मम्मियाँ भी खिलखिला कर हँस पड़ेंगी। किंतु विश्व हिंदू परिषद के नेता इस अभियान को बड़ी गंभीरता से चला रहे हैं, हालांकि राष्ट्रीय स्वयंसेवक संघ के नेता इससे विशेष प्रभावित नहीं हैं और उनका मानना है कि राजनीति के दबाव संघ के मूल स्वरूप में परिवर्तन नहीं कर सकते।

वास्तव में संघ परिवार का दलितों के प्रति यह छद्म प्रेम उनका एकमात्र अंतर्विरोध नहीं है। इसी तरह के अनेक अंतर्विरोधों से संघ परिवार इस समय ग्रस्त है और वे उनके समाधान के लिए 'बुरी नीयत' का सहारा ले कर तरह-तरह की रणनीतियों की खोज कर रहे हैं। वे वर्ण व्यवस्था की रक्षा भी करना चाहते हैं और वर्ण व्यवस्था को तोड़नेवाली आरक्षण व्यवस्था का समर्थन भी कर रहे हैं। वे पूँजीवाद की खुली लूट-खसोटवाली व्यवस्था का समर्थन भी करते हैं और डंकेल प्रस्तावों का विरोध भी करना चाहते हैं। वे किसानों का शोषण करनेवाले व्यापारी तबके का समर्थन भी चाहते हैं और किसान जातियों को भी आकृष्ट करना चाहते हैं। वे पश्चिम के उपभोक्ता स्वर्ग के तमाम सुख भी प्राप्त करना चाहते हैं और स्वदेशी का झंडा भी उठाना चाहते हैं। वे संविधान को खत्म भी करना चाहते हैं और संविधान की सुरक्षाओं का पूरा इस्तेमाल भी करना चाहते हैं। वे गाँधी को भी अपनाना चाहते हैं और गाँधी के हत्यारे की पूजा भी करना

चाहते हैं। उनके ये सारे अंतर्विरोध 'दोहरी निष्ठा' के परिणाम हैं।

इन्न अंतर्विरोधों में जीने के लिए संघ परिवार के लोगों को 'बुरी नीयत' का सहारा लेना पड़ रहा है। बुरी नीयत या 'बेड फेथ' अस्तित्ववादियों का पद है, जिसका साधारण अर्थ होता है अपने से कहा गया झूठा। झूठा आदमी तो दूसरों से झूठ बोलता है और खुद जानता है कि वह जो दूसरे से कह रहा है, सच नहीं है। लेकिन बुरी नीयतवाला आदमी झूठ को खुद भी सच मान लेता है। वह दूसरों के साथ अपने को भी ठगता है और इस तरह वह अपनी अंतरात्मा का गला घोंट कर अपना विनाश आमंत्रित करता है। संघ परिवार ने इसी रास्ते पर चलने का निश्चय किया है।

लेकिन बुरी नीयत से किये गये काम की असलियत ज्यादा दिन लोगों की नजरों से छिपी नहीं रहती। संघ परिवार में 'गांधियन समाजवाद' का नारा देनेवाले अटल बिहारी वाजपेयी इसकी पुष्टि कर सकते हैं। संभवतः यही सोच कर भाजपा में पिछड़े वर्गों के नेता और उत्तर प्रदेश के पूर्व मुख्य मंत्री कल्याण सिंह ने कहा है कि संघ परिवार को अपना चरित्र और चोला दोनों बदलने होंगे। संघ परिवार ने समय-समय पर अपना चोला बदला है, लेकिन चरित्र में बदलाव लाने की कभी कोशिश नहीं की। चोला तो उसने महात्मा गाँधी की हत्या के बाद राष्ट्रीय स्वयंसवेक संघ पर लगे प्रतिबंध को हटवाने के लिए भी बदला। फिर '60 के दशक में डॉ. राममनोहर लोहिया के समझाने पर कुछ समय के लिए बदला और '70 के बाद उसे छोड़ दिया। फिर आपातकाल के दिनों में जेल की यातना से घबरा कर बदला और जनता पार्टी की सरकार बनने के कुछ दिन बाद ही उसे उतार दिया। 1980 के चुनावों में करारी हार के बाद 'गांधियन समाजवाद' का नया चोला पहना गया, किंतु जल्दी ही उसे भी उतार फेंका। फिर 1988-89 में नया चोला पहना और 1990 में उसे साँप के केंचुल की तरह छोड़ दिया। अब नये चोले या चोलों की तलाश की जा रही है। लेकिन चरित्र बदलने का उनका इरादा अब भी नहीं है।

भाजपा और विश्व हिंदू परिषद के नेता, साधु-संत समाज के संत, महंत और धर्माध्यक्ष या दीनदयाल उपाध्याय शोध संस्थान के अनुसंधानकर्ता धर्म, नैतिकता या वर्ण व्यवस्था की जो भी व्यवस्थाएँ करें, संघ परिवार का असली चरित्र अब लोगों के सामने काफी स्पष्ट हो चुका है।

'संघ परिवार' शब्द ही यह बताता है कि राष्ट्रीय स्वयंसेवक संघ इसकी मातृसंस्था है और बाकी सब संस्थाएँ–भाजपा, विश्व हिंदू परिषद, भारतीय मजदूर संघ, अखिल भारतीय छात्र परिषद, धर्म संसद आदि-आदि उसके अग्र संगठन हैं। राष्ट्रीय स्वयंसेवक संघ सूर्य है और बाकी सब संस्थाएँ उसके ग्रह, जो सूर्य से प्रकाश ग्रहण करते हैं। कुछ वर्षों से संघ परिवार के लोग भी इस शब्द (संघ परिवार) का गर्व से इस्तेमाल करने लगे हैं, लेकिन एक समय था जब वे अपने

इस स्वरूप को छिपाने की पूरी कोशिश करते थे। 1977-79 के जनता पार्टी के दिनों में जब उनकी दोहरी निष्ठा का सवाल उठा था तो संघ परिवार के लोगों ने इसका जोरदार विरोध किया था और राष्ट्रीय स्वयंसेवक संघ को बिल्कुल पृथक सांस्कृतिक संस्था कहा था। किंतु 1980 की हार के बाद भारतीय जनता पार्टी बनी, तो उन्होंने खुद ही राष्ट्रीय स्वयंसेवक संघ से अपने अभिन्न संबंधों की घोषणा की और राम मंदिर के जुनून के निर्माण के समय खुद ही 'संघ परिवार' शब्द का इस्तेमाल करने लगे।

इस प्रकार संघ परिवार की संस्थाओं का अपना कोई चरित्र नहीं है। उनका चरित्र वही है जो राष्ट्रीय स्वयंसेवक संघ का है।

राष्ट्रीय स्वयंसेवक संघ एक व्यक्ति के पीछे चलनेवाली गैर-लोकतांत्रिक बंद संस्था है। इसकी स्थापना इस सदी के तीसरे दशक में हिटलर की नाजी पार्टी के अनुकरण पर हुई थी। हिटलर की पुस्तक 'मीन काम्फ' इसकी बाइबिल है। गुरु गोलवलकर की पुस्तक 'वी ऑर ऑवर नेशनहुड डिफाइंड' के निम्नलिखित उद्धरण इसका प्रमाण हैं :

'··· जर्मन जाति का स्वाभिमान आजकल चर्चा का विषय है। अपनी जाति और संस्कृति की विशुद्धता के लिए जर्मनी ने यहूदियों को देश से निकाल कर सारे विश्व को अचंभित कर दिया। जातीय स्वाभिमान अपने चरम रूप में यहाँ दिखाई देता है। जर्मनी ने यह भी दिखा दिया है कि मूलभूत भिन्नताओंवाली जातियों और संस्कृतियों का एक इकाई में समावेश नहीं किया जा सकता।··· हिंदुस्तान इससे सबक ले सकता है और लाभ उठा सकता है··· '

इस पुस्तक में कहा गया है कि हिंदुस्तान में हिंदुओं के अलावा दूसरे सब धर्मावलंबियों को 'हिंदू जाति के पूर्णतया अधीन हो कर रहना पड़ेगा।'

गुरु गोलवलकर की एक अन्य पुस्तक 'ए बंच ऑफ थॉट्स' में संघ की राष्ट्रीयता और राजनीतिक दृष्टि की कल्पना इस रूप में की गयी है :

'यह चक्रयुक्त तिरंगा हमारा राष्ट्रीय ध्वज नहीं है, भगवा ध्वज ही हमारा राष्ट्रीय ध्वज है।··· जमींदारी प्रथा और राजा-महाराजाओं को खत्म करना गलत था।··· लोकतंत्र भारतीय मानस के अनुकूल नहीं है। समाजवाद विदेशी कल्पना है।··· हमारा संविधान जहरीला बीज है।··· सभी राज्य विधानसभाओं और राज्य सरकारों को खत्म किया जाना चाहिए।··· देश में एकात्मक (युनिटरी) सरकार होनी चाहिए अर्थात् एक संसद तथा एक सरकार होनी चाहिए।··· जब तक मुसलमान और ईसाई हिंदू संस्कृति को नहीं अपना लेते, तब तक उन्हें शत्रु माना जाना चाहिए।'

संघ परिवार के लोग अपने इस चरित्र को छिपाने के लिए तरह-तरह के झूठ बोलते रहे हैं। कभी कहते हैं संघ अब इन पुस्तकों को 'डिसओन' करता

है, किंतु संघ के किसी बड़े नेता ने ऐसा बयान नहीं दिया है। कभी कहते हैं 'वी··· ' पुस्तक के लेखक गुरु गोलवलकर हैं ही नहीं। कभी कहते हैं राष्ट्रीय स्वयंसेवक संघ सांस्कृतिक संस्था है और जनसंघ, भाजपा आदि राजनैतिक संस्थाओं से इसका कोई संबंध नहीं है। किंतु राष्ट्रीय स्वयंसेवक संघ के महासचिव राजेन्द्र सिंह ने आय कर के एक वाद में जिलाधीश नागपुर की अदालत में जो शपथ पत्र दाखिल किया था, उसमें राष्ट्रीय स्वयंसेवक संघ को राजनैतिक संगठन कहा था।

सामाजिक नीति के मामले में भी राष्ट्रीय स्वयंसेवक संघ का चरित्र और तदनुसार संघ परिवार की सब संस्थाओं का चरित्र भी काफी स्पष्ट रहा है। वह वर्ण व्यवस्था का पोषक है, स्मृतियों को पवित्र ग्रंथ मानता है, जिन्होंने वर्ण व्यवस्था को हिंदू समाज पर लादा और इस देश की 90 प्रतिशत जनसंख्या (स्त्री, शूद्र एवं दलित समाज) को उच्च जातियों की गुलामी दी। उन्नीसवीं सदी के सुधार आंदोलनों ने जाति प्रथा और हिंदू समाज की अन्य बुराइयों के खिलाफ चेतना पैदा की। इन सुधार आंदोलनों का विरोध करनेवाला तबका सनातनी कहलाया। कांग्रेस की स्थापना होने पर जहाँ सुधार आंदोलनों के समर्थक कांग्रेस में शामिल हुए, वहाँ सनातनी विचारोंवाले लोग भी आये। तिलक के नेतृत्व में सामाजिक सुधारों का विरोध करनेवाले सनातनी लोग प्रबल हो गये और उन्होंने कांग्रेस पर कब्जा कर लिया। कालांतर में गाँधी के आगमन के बाद तिलक गुट कमजोर पड़ा और उससे जुड़े कई लोग कट्टर हिंदूवादी संस्थाओं में चले गये। राष्ट्रीय स्वयंसेवक संघ के संस्थापक डॉ. के. बी. हेडगेवार भी तिलक गुट के थे। संघ के दूसरे सरसंघचालक गुरु गोलवलकर ने गीता के इस वाक्य को कि चार वर्णों की सृष्टि गुणकर्म के अनुसार हुई, इस तरह परिभाषित किया है कि वर्ण व्यवस्था जन्म पर आधारित ही रहे। उन्होंने गुण को सत्व, रज और तम गुणों में व्याख्यायित किया और कर्म को पूर्वजन्म के कर्म कहा, जिसका अर्थ होता है जन्म आधारित वर्ण व्यवस्था। सुधार आंदोलनों का स्वर था कि वर्ण व्यवस्था जन्म आधारित नहीं, कर्म आधारित अथवा श्रम विभाजन मात्र है। इस विचार का श्रेय स्वामी दयानन्द आदि समाज सुधारकों को जाता है, जिन्होंने जाति व्यवस्था अथवा जन्मगत भेदभाव को वेद-विरुद्ध घोषित कर स्मृतियों की वर्ण व्यवस्था के अंतर्गत गुलामी की हालत में रखी गयी स्त्रियों और दलित जातियों के मन में आशा का संचार किया था। राष्ट्रीय स्वयंसेवक संघ ने स्मृतियों की जन्म आधारित वर्ण व्यवस्था के खिलाफ कभी कोई आंदोलन नहीं किया। इसके विपरीत उसकी सामाजिक नीति इस व्यवस्था को मजबूत करने के लक्ष्य को ले कर चली।

स्मृतियों की यह व्यवस्था क्या है, इसका सबसे अच्छा दिग्दर्शन 'मनुस्मृति' में होता है जिसे सबसे पवित्र आदि स्मृति माना जाता है। इसमें शूद्र जाति के

संबंध में (जिसे आगे चल कर दलित भी कहा जाने लगा) बहुत ही कठोर और अमानवीय नियम निर्धारित किये गये हैं। इसमें शूद्र बालक के मन में पैदा होते ही हीन भावना भरने का विधान है। नामकरण के नियमों में कहा गया है कि ब्राह्मण शिशु का नाम मंगलबोधक, क्षत्रिय शिशु का शौर्य-बोधक, वैश्य शिशु का ऐश्वर्य-बोधक और शूद्र शिशु का घृणा-बोधक नाम रखा जाये।

मनु ने पेड़-पौधों को भी सुख-दुख समन्वित अर्थात संवेदनशील कहा, किंतु शूद्रों के लिए दंडविधान बनाते समय ऐसी क्रूरता अपनायी गोया उनमें सुख-दुख की चेतना ही नहीं होती। ब्राह्मण को उपदेश देनेवाले शूद्र के लिए व्यवस्था हुई कि राजा उसके कान में गरम तेल डलवाये। यदि शूद्र द्विज को पीटे तो वह जिस अंग से द्विज को पीटे वही अंग राजा कटवा दे–हाथ उठाने पर हाथ और पैर से मारने पर पैर कटवा दे। द्विज को कठोर वचन कहने पर शूद्र की जिह्वा कटवा दी जाये और नाम ले कर कटु वचन कहने पर उसके मुँह में दस अंगुल लोहे की गरम सलाख डाली जाये। यदि ब्राह्मण के साथ शूद्र एक आसन पर बैठे तो उसे गरम लोहे से दगवाये या उसके नितंब कटवा दे। यदि शूद्र थूक, मूत्र, पाद आदि द्वारा ब्राह्मण का अपमान करे तो राजा उसके होंठ, लिंग, गुदा को कटवा दे। शूद्र ब्राह्मण के बाल पकड़े तो उसके हाथ कटवा दिये जायें। शूद्र असुरक्षित द्विज स्त्री से संभोग करे तो उसका लिंग कटवा कर उसके धन को जब्त कर लिया जाये और यदि वह सुरक्षित द्विज स्त्री के साथ संभोग करे तो तत्काल प्राण दंड दिया जाये। किंतु यही व्यवहार यदि द्विजों द्वारा शूद्र स्त्रियों के साथ किया जाता है तो उनके लिए अलग नियम है। आठवें अध्याय में मनु कहते हैं कि अपने से श्रेष्ठ वर्णवाले पुरुष के साथ संभोग करती कन्या को राजा जरा भी दंडित न करे।

मनुस्मृति में पशुओं के पालन-पोषण और संरक्षण की व्यवस्था की गयी है, किंतु श्वपच और चांडाल जातियों को देखने और उनसे बात करने की भी मनाही है। बुरे कर्मों के फलस्वरूप मिलनेवाली योनियों में हाथी, घोड़ा, सिंह और सूअर के साथ-साथ शूद्र और म्लेच्छ को भी गिनाया गया है। शूद्र की हत्या का प्रायश्चित वही रखा गया है जो बिल्ली, नेवला, नीलकंठ, मेंढक, कुत्ता, गोह, उल्लू, कौवा आदि प्राणियों की हत्या का प्रायश्चित है। विद्या ग्रहण करने के अधिकार से तो शूद्र वंचित है ही, उसे धन संग्रह का अधिकार भी नहीं दिया गया है। दसवें अध्याय में मनु कहते हैं : 'समर्थ होने पर भी शूद्र को धन संग्रह नहीं करना चाहिए, क्योंकि धन प्राप्त होने पर शूद्र ब्राह्मणों को पीड़ित करने लगता है।' यज्ञादि में दान के लिए धनाभाव हो तो शूद्र के धन को चुराने या बल से छीनने को भी श्रेष्ठ कहा गया है। भूखा होने की स्थिति में ब्राह्मण को शूद्र का अन्न छीनने या चोरी करने की अनुमति दी गयी है। कहा गया है कि आपातकाल में चोरी

करना या बलपूर्वक छीनना दंडनीय नहीं है, किंतु उच्च वर्ण निम्न वर्ण की चोरी कर सकता है, पर निम्न वर्ण उच्च वर्ण की नहीं। इससे भी एक कदम आगे बढ़ कर कहा गया कि ब्राह्मण यज्ञ के लिए शूद्र से धन माँगे तो वह चांडाल हो जाता है, किंतु यदि छीन कर ले आये तो शास्त्र-विरुद्ध नहीं है। महाजनों और सूदखोरों को भी शूद्र के धन का शोषण करने का अधिकार दिया गया है। ब्याज के नियमों में कहा गया है कि ब्राह्मण से दो प्रतिशत, क्षत्रिय से तीन प्रतिशत, वैश्य से चार प्रतिशत और शूद्र से पाँच प्रतिशत ब्याज वसूल किया जाये। साक्ष्य के नियमों में व्यवस्था की गयी कि द्विजों की साक्षी तो शपथ लेने पर वैध है, लेकिन शूद्र साक्षी देने के योग्य तभी बनता है जब तपता हुआ लोहा हाथ में ले कर चलने पर भी उसका हाथ न जले या पानी में डुबोने पर भी वह न डूबे।

संघ परिवार के लिए 'मनुस्मृति' पवित्र धार्मिक पुस्तक है। इसकी निंदा वे कतई सहन नहीं कर सकते। स्मृतियों द्वारा स्थापित वर्ण व्यवस्था को समाप्त करने के किसी भी प्रयास का वे मन से समर्थन नहीं कर सकते। इसीलिए वे भारत के संविधान की निंदा करते हैं और उसे विदेशी कह कर स्मृतियों के आधार पर नया संविधान भारत की जनता पर लादना चाहते हैं। विश्व हिंदू परिषद के साधु-संतों ने ऐसा ही संविधान बताया है। भारत के संविधान से वे इसलिए चिढ़ते हैं कि इसमें ऊँच-नीच के भेदभाव को समाप्त कर समतामूलक समाज बनाने का लक्ष्य रखा गया है। इसमें बिना भेदभाव के सब नागरिकों को समान राजनैतिक, आर्थिक और सामाजिक अधिकार दिये गये हैं और इसमें सदियों से अधिकार वंचित लोगों को विशेष अवसर दे कर समकक्षता के स्तर पर लाने की बात कही गयी है। वे इस संविधान को विदेशी कहते हैं।

संघ परिवार की सामाजिक दृष्टि उनकी धार्मिक दृष्टि का ही प्रतिफल है। उनके हिंदुत्व की प्रमुख विशेषता वर्णाश्रम धर्म है और वर्णाश्रम व्यवस्था के विघटन का मतलब है हिंदू धर्म का विघटन। राम का अवतार इस वर्णाश्रम धर्म की रक्षा के लिए ही हुआ था और उनके द्वारा शूद्र ऋषि शम्बूक का वध इसी धर्म के दबाव में आ कर किया गया था। स्मरणीय है कि धर्म को वर्णाश्रम व्यवस्था के कट्टर नियमों के साथ बाँधने का काम स्मृति-शास्त्रों द्वारा उस समय किया गया जब भारत अपनी ओजस्विता खो कर विदेशी हमलों का शिकार बनने लगा था और हिंदू समाज के छिन्न-भिन्न होने का खतरा पैदा हुआ था। इससे पूर्व के वर्धिष्णु हिंदू समाज में धर्म व्यक्ति के आचरण को कहा जाता था और सामाजिक संगठन के साथ इसका विशेष संबंध नहीं था। धर्म की इस कल्पना के अनुसार धृति (सहनशीलता), क्षमा, दम (संयम), अस्तेय (परायी वस्तु को अपना न समझना), शौच (शरीर और मन की शुद्धि), इंद्रिय-निग्रह (लालसाओं पर नियंत्रण), धी (बुद्धि

की उपासना), विद्या (अध्ययन-मनन), सत्य और अक्रोध (सत्य अहिंसा) को धर्म माना जाता था। ये सारे नियम व्यक्तिगत आचरण के नियम हैं। वर्णाश्रम व्यवस्था के साथ धर्म को जोड़ दिये जाने के बाद व्यक्तिगत आचरण के रूप में धर्म की कल्पना धीरे-धीरे खत्म होती गयी। बुद्धि की उपासना, जिसके लिए गायत्री की महान ऋचा की रचना हुई थी, भागवत धर्म (वर्णाश्रम धर्म की रक्षा करनेवाले अवतारों की पूजा का धर्म) के उदय के बाद बंद हो गयी और उसका स्थान भक्ति, मूर्ति पूजा, भजन-कीर्तन और आरती ने ले लिया। बुद्धि की उपासना करनेवाले ऋषियों-मुनियों को उपहास का पात्र बनाया जाने लगा, जिसके लिए नारद जैसे मसखरे पौराणिक चरित्र की कल्पना की गयी। भागवत धर्म और उसके बाद के भक्ति आंदोलनों की दो हजार साल की यात्रा के दौरान धर्म की पुरानी कल्पना बिल्कुल ही खत्म हो गयी और इस समय जो लोग अपने को हिंदू धर्म का रक्षक कहते हैं, उनमें उस पुराने धर्म के दस लक्षणों से एक भी लक्षण नहीं दिखाई देता, वल्कि बाबरी मस्जिद का विध्वंस करने के लिए जुटे 'धार्मिक व्यक्तियों' की भीड़ में सहनशीलता के स्थान पर असहनशीलता, क्षमा के स्थान पर प्रतिशोध की भावना, संयम के स्थान पर असंयम, अस्तेय के स्थान पर भ्रष्ट तरीकों से धन-संग्रह और इन बुरी प्रवृतियों से उत्पन मन का अशौच, इंद्रिय निग्रह के स्थान पर उपभोगवाद की असीम लालसा, बुद्धि की उपासना के स्थान पर भावोन्माद की उपासना, अध्ययन-मनन के स्थान पर झूठा प्रचार, सत्य के स्थान पर असत्य भाषण और अक्रोध के स्थान पर धधकता क्रोध ही दिखाई दिया।

दलित समाज वर्ण व्यवस्था का शिकार रहा है। इस व्यवस्था के नियमों ने, जिन्हें धर्म के नाम पर लादा गया, दलितों को पशु सम जीवन ही दिया है। तुलसीदास ने स्त्रियों, शूद्रों और पशुओं को एक ही श्रेणी में रख कर वर्ण व्यवस्था के सही स्वरूप को दरशाया है। ये उद्‌गार अधम पात्र के हैं, इस आधार पर तुलसी का बचाव करनेवालों से हम सहमत नहीं हो सकते। तुलसी के राम वर्णाश्रम धर्म के रक्षक हैं और वर्णाश्रम धर्म में स्त्रियों-शूद्रों की यही नियति है।

जब तक संघ परिवार इस वर्णाश्रम धर्म को छोड़ने के लिए तैयार नहीं होता, तब तक उसके द्वारा दलित को अपनाने अथवा वर्ण व्यवस्था के स्थान पर समतामूलक व्यवस्था का निर्माण करनेवाली आरक्षण प्रणाली को अपनाने के दावों पर विश्वास नहीं किया जा सकता। चूँकि संघ परिवार के लिए वर्णाश्रम धर्म को छोड़ना आत्महत्या करने जैसा है, अतः इस बात की कोई संभावना ही नहीं है कि संघ परिवार के लोग दलितों को समानता का दर्जा देंगे या आरक्षण प्रणाली को ईमानदारी के साथ अपनायेंगे। वे वोट हथियाने के लिए दलितों और पिछड़ों को लासा डाल कर ही आकृष्ट कर सकते हैं।

लासेबाजी की राजनीति कांग्रेस ने भी खेली है और उसमें उसे सफलता

भी मिली है। हरिजनों और अल्पसंख्यकों दोनों को फाँसने के लिए उसने इन वर्णों के कुछ नेताओं को लासा डाला है। भाजपा ने भी कांग्रेस का इस मामले में अनुकरण किया है। अल्पसंख्यकों के मामले में तो उसकी चाल सफल नहीं हुई, किंतु पिछड़े वर्गों में उसे काफी सफलता मिली है। कल्याण सिंह जैसे पिछड़े वर्ग के नेताओं को लासा डाल कर वे इन वर्गों के काफी वोट प्राप्त करने में सफल हुए हैं।

अब वे राम के चित्र के साथ डॉ. आंबेडकर का चित्र टाँग कर दलितों को फाँसने के लिए भी लासा डाल रहे हैं। किंतु क्या इन कामों से संघ परिवार के चरित्र में कोई परिवर्तन आयेगा ?

संघ परिवार उस व्यवस्था का रक्षक एवं पोषक है, जिसे डॉ. आंबेडकर ब्राह्मणी व्यवस्था कहा करते थे। इसे ब्राह्मणी व्यवस्था इसलिए कहा जाता है, क्योंकि इसका निर्माण ब्राह्मणों ने अपने स्वार्थ की सिद्धि के लिए किया न कि सारी मानव जाति की भलाई के लिए और इसमें सर्वोच्च स्थान हमेशा ब्राह्मण का रहता है। (संघ परिवार की मातृ संस्था राष्ट्रीय स्वयंसेवक का सर्वोच्च पद भी अभी हाल तक ब्राह्मणों के पास और वह भी महाराष्ट्र के चित्तपावन ब्राह्मणों के पास रहा है।) इस व्यवस्था ने हिंदू समाज पर अपनी मजबूत पकड़ वनाये रखने के लिए कई रणनीतियाँ खोजीं और उनका सफल प्रयोग किया। जब बौद्ध और जैन धर्मों ने इसे चुनौती दी तो उसने इन धर्मों की कई बातों का अपने में समावेश कर लिया, यहाँ तक कि बुद्ध को दशावतारों में एक अवतार भी मान लिया। शक, हूण, कुषाण और यूनानी जातियों को भी उन्होंने अपने में आत्मसात कर लिया। ईसाई धर्म और इस्लाम को वह व्यवस्था आत्मसात तो नहीं कर सकी, लेकिन इन समाजों के बहुत-से रस्म-रिवाजों को उसने अपना लिया जैसे इस्लाम से पर्दा प्रथा और ईसाइयत से धर्माध्यक्षों का शासन। इन धर्मों ने भी हिंदुओं की जाति प्रथा को अपना लिया। किंतु यह आत्मसात करने की प्रक्रिया, जिसे आम तौर पर हिंदू समाज की समन्वयकारी शक्ति कहा जाता है, शूद्र-दलित जातियों के लिए नहीं चली। विदेशियों को अपनाने में, बल्कि उनकी गुलामी में रहने में भी, उन्हें कोई तकलीफ नहीं हुई और न उनके सामने धर्म-संकट खड़ा हुआ, किंतु दलितों को अपनाने के लिए वे कभी तैयार नहीं हुए। वास्तव में जब कभी शूद्र जातियों के उभार से ब्राह्मणी व्यवस्था को खतरा दिखाई दिया, तो सवर्णों ने विदेशियों को आमंत्रित किया। इस व्यवस्था में द्विज जातियों ने विदेशी हमलावरों और लुटेरों के प्रति जितनी उदारता दिखायी, अपने समाज के बहुसंख्यक अद्विज तबकों के प्रति उतनी ही क्रूरता बरती। कुल मिला कर ब्राह्मणी व्यवस्था का समन्वयवाद कायरताजन्य था, क्योंकि यह हमेशा शक्तिशाली के आगे नतमस्तक हुआ और कमजोर को हमेशा दबाता रहा।

डॉ. आंबेडकर ने सारे जीवन इस व्यवस्था के खिलाफ लड़ने और इसे खत्म करने के लिए संघर्ष किया। इसके लिए इस व्यवस्था के ध्वजधारियों ने डॉ. आंबेडकर को इतनी गालियाँ दी हैं और उनका इतना अपमान किया है कि उन्हें अत्यंत खिन्न हो कर कहना पड़ा कि मैं जन्म से हिंदू जरूर हूँ, क्योंकि जन्म पर मेरा वश नहीं था, लेकिन मैं हिंदू रह कर नहीं मरूँगा। अपने निश्चय को पूरा करने के लिए उन्होंने अंतिम दिनों में हिंदू धर्म त्याग कर बौद्ध धर्म में दीक्षा ले ली।

यह एक रोचक प्रश्न हो सकता है कि यदि आज डॉ. आंबेडकर जीवित होते और संघ परिवार के लोगों ने कुछ ऐसा ही नाटक रचा होता, उदाहरण के लिए उन्होंने महात्मा फुले का चित्र राम के चित्र के साथ रखा होता, तो डॉ. आंबेडकर को क्या प्रतिक्रिया होती ? निश्चय ही वे पूना समझौते पर एक दिन हस्ताक्षर करने और दूसरे दिन मुकर जानेवाले हिंदू महासभाइयों, वर्णाश्रम संधियों और पंजाब-बंगाल के सवर्ण हिंदुओं का स्मरण कर इस पाखंड को घोर तिरस्कार से देखते।

स्वामी दयानन्द इस ब्राह्मणी संस्कृति को पोप-संस्कृति कहते थे। ईसाइयों के पोप-पादरी अपने को ईश्वर का प्रतिनिधि बता कर दूसरों पर आशीर्वाद और कृपा बरसाते थे और इस धंधे के द्वारा न केवल ऐश-आराम की जिंदगी बसर करते थे, बल्कि समाज में अपना सर्वोच्च स्थान भी बनाये रखते थे। उनके हाथों से तिलक लगवाये बिना कोई राजा नहीं बन सकता था, भले ही वह कितना ही प्रतापी व्यक्ति हो। शिवाजी के राजतिलक के लिए भी जीजा बाई को भारी घूस दे कर काशी से पंडित बुलाने पड़े और उन्होंने यह शर्त भी मनवा ली कि पंत प्रधान का पद हमेशा ब्राह्मणों के ही पास रहेगा। इतिहास बताता है कि पेशवाओं ने किस तरह शिवाजी के उत्तराधिकारियों को कठपुतली बना दिया और शिवाजी द्वारा स्थापित मराठा राज्य पर खुद कब्जा कर लिया।

ब्राह्मणों के हाथ में हर आदमी की हैसियत तय करने का अधिकार इस ब्राह्मणी संस्कृति की विशिष्टता है। इसीलिए इसे पोप संस्कृति कहा गया था। किसी को जनेऊ का अधिकार दे कर, किसी को मंदिर प्रवेश का अधिकार दे कर, किसी के घर चंडीपाठ कर, किसी के ऊपर पानी छिड़क कर, किसी को दूब का स्पर्श कर ब्राह्मण दूसरों का उद्धार करता रहता है और इस तरह वह हमेशा अपना वर्चस्व बनाये रखता है तथा जाति प्रथा को नष्ट होने से बचाये रखता है। इसी रीति से उसने कई किसान जातियों में (जो वास्तव में त्रिवर्णों में नहीं आतीं और इसीलिए वस्तुतः शूद्र हैं) राजपूत या क्षत्रिय होने का भ्रम भर दिया है। जाट, सैनी, गूजर, यादव, कुर्मी, लोध सब इस भ्रम में मुब्तिला हैं, जिससे ये जातियाँ अन्य छोटी जातियों से अलग हो गयी हैं और उनकी शत्रु बन गयी

हैं। इसके चलते जाति प्रथा टूटने के बजाय और मजबूत हुई है।

इस ब्राह्मणी संस्कृति में स्त्रियों और शूद्रों का उद्धार चरण स्पर्श से ही संभव है। अहल्या का उद्धार राम के चरण स्पर्श से होता है और इस प्रसंग को याद कर जब निषाद अपनी नाव को स्त्री बनने से बचाने के बहाने राम के चरण धो लेता है तो वह ब्राह्मणी संस्कृति के प्रतिनिधि काव्य 'रामचरितमानस' का सबसे भावभीना प्रसंग बन जाता है और काव्य के 'पारखी' इस प्रसंग के सौंदर्य पर झूम-झूम उठते हैं। अपनी त्याग-तपस्या और ज्ञान के बल से अगर कोई ऊपर उठना चाहेगा तो उसकी नियति शम्बूक जैसी ही होगी।

संघ परिवार द्वारा दलितों के प्रति अपनायी जा रही नयी रणनीति पर विचार करते समय डॉ. लोहिया की कुछ बातों का स्मरण स्वाभाविक है। जाति प्रथा पर लिखे अपने निबंध में डॉ. लोहिया कहते हैं : 'अपने अप्राकृत वर्चस्व को बनाये रखने के लिए सवर्ण जातियाँ कपट का खौलता पिंड बन गयीं।··· ऊँची जातियाँ सुसंस्कृत और झूठी हैं और निम्न जातियाँ जड़ता-ग्रस्त एवं निर्जीव हैं। ऊँची जातियों की उदारता और दानशीलता संक्षेप में अपनी जाति और अपने संबंधियों के माध्यम से स्वार्थ-साधना है।··· निष्कपट कार्य और बहादुरी के बजाय तिकड़म, खुला समर्पण या गुप्त अधीनता राजनीति में सफल व्यक्ति के गुण बन जाते हैं। सामान्य वातावरण पाखंड का हो जाता है और सार्वजनिक जीवन का मुख्य गुण झूठ बन जाता है।'

संघ परिवार यदि सचमुच दलितों को अपनाना चाहता है तो उसे दलितों को जनेऊ पहनाने, मंदिर-प्रवेश देने या आंबेडकर को पूजा-स्थल में स्थान देने जैसे झूठ और पांखड को छोड़ना होगा और सच्चे दिल से उन संवैधानिक उपायों को अपनाना होगा जो हमारे संविधान-निर्माताओं ने तथा डॉ. आंबेडकर ने गंभीर विचार-विमर्श के बाद तय किये हैं। सबसे महत्वपूर्ण उपाय है दलितों को सत्ता के सभी स्तरों पर जनसंख्या के अनुपात में पर्याप्त प्रतिनिधित्व देना, जिसका प्रावधान अनुच्छेद 15 और 16 में किया गया है। इन प्रावधानों के साथ आर्थिक कसौटी या योग्यता क्रम की शर्तें जोड़ना ऐसी धूर्तता है, जिसका सहारा कांग्रेस का सवर्ण नेतृत्व भी लेता रहा है और संघ परिवार भी। इसके साथ ही उसे 'मनुस्मृति' का मोह छोड़ना होगा, जो हिंदू समाज की जड़ता एवं ह्रास का दस्तावेज है और जनता द्वारा अपने लिए बनाये गये संविधान पर सच्ची आस्था रखनी होगी।

यदि संघ परिवार के लोगों ने अपनी दृष्टि और चरित्र को नहीं बदला और हमेशा की तरह वे छल-कपट एवं पाखंड का सहारा ले कर सामाजिक परिवर्तन को प्रताड़ित करते रहे, तो एक दिन उन्हें उसी अस्पृश्यता का पात्र बनना पड़ेगा, जिसे उन्होंने सदियों तक दलितों पर लादा है। विष को विष मारता है—यह

सिद्धांत असाध्य सामाजिक रोगों पर भी लागू होता है। अमेरिका में आरक्षण प्रणाली को 'रिवर्स डिस्क्रिमिनेशन' कहा जाता है और वहाँ के सर्वोच्च न्यायालय ने तथा हमारे सर्वोच्च न्यायालय ने भी इस बात को माना है कि जो तत्व भेदभाव करता है, उसी के विपरीत प्रयोग से भेदभाव समाप्त भी होता है। अस्पृश्यता का प्रति-प्रयोग आंशिक रूप में तमिलनाडु में हुआ भी है। संविधान ने हमें ऐसी योजना दी है, जिससे अभीष्ट सामाजिक परिवर्तन सहज तरीके से हो सकता है। किंतु यदि इसे प्रताड़ित किया गया तो प्रकृति का अंतिम समाधान निश्चय ही बहुत कष्टकर होगा।

आंबेडकर और गाँधी

गणेश मंत्री

आंबेडकर और गाँधी आज भी दूर-दूर खड़े हैं। अपने नेता से भी बढ़ कर उनके अनुयायी होने का दावा करनेवाले लोगों का मानना है कि इन दोनों का मेल-मिलाप असंभव है। एक तरह से यह कथन गलत भी नहीं लगता। इन दोनों महापुरुषों के स्वभाव, आस्थाओं, विचारों, संवाद-शैली और कार्यप्रणाली में इतनी भिन्नताएँ रही हैं कि समानता के कोई सूत्र नजर नहीं आते। कहाँ गाँधी और कहाँ आंबेडकर ? इनके व्यक्तित्व भिन्न, इनकी प्राथमिकताएँ भिन्न, इनकी संघर्ष-शैलियाँ भिन्न ! इनमें समन्वय का क्या काम ? फिर, अनेक सामाजिक और राजनीतिक प्रश्नों तथा प्रसंगों पर दोनों में न सिर्फ मतभेद रहे, बल्कि संघर्ष भी हुआ। इन सब ऐतिहासिक तथ्यों को नजरअंदाज कर कोई गाँधी और आंबेडकर में समन्वय करना चाहे तो कर ले, किंतु वह वास्तविक नहीं, महज एक खुशफहमी रहेगी।

गाँधी अपने को व्यावहारिक आदर्शवादी मानते थे। यह उनके व्यक्तित्व की मुख्य विशेषता है। व्यावहारिक आदर्शवादी एक-एक कदम सोच-समझ कर उठाता है। उसे अपने देश, समाज और अनुयायियों का ध्यान रखना पड़ता है। भारत जैसे देश में तो और भी ज्यादा, जहाँ रूढ़ियाँ, अंधविश्वास और कई प्रकार की विषमताएँ हावी थीं, आज भी हावी हैं। इन परिस्थितियों में सबको साथ ले कर चले बिना स्वराज्य की लड़ाई नहीं लड़ी जा सकती थी। इस विवशता से गाँधी बहुत हद तक परंपरावादी प्रतीत होते थे। यहाँ तक कि जीवन के आखिरी दौर को छोड़ कर वे आजीवन वर्ण व्यवस्था का समर्थन करते रहे। कहते रहे कि 'वर्णाश्रम धर्म और अस्पृश्यता में कोई संबंध नहीं है।' समाज परिवर्तन की बात भी उन्होंने पारंपरिक मुहावरे में कही। उन्होंने अस्पृश्यों के लिए सामाजिक तथा राजनीतिक अधिकारों का संघर्ष छेड़ने के बजाय सवर्णों में पाप बोध जगाने और उसके प्रायश्चित पर जोर दिया। 1931 में नासिक के कलाराम मंदिर में अस्पृश्यों के प्रवेश के लिए सत्याग्रह के बारे में भी गाँधी का यह मत था कि यह सत्याग्रह

अछूतों को नहीं, स्पृश्यों को करना चाहिए। (य. दि. फडके; आंबेडकरी चळवळ; श्री विद्या प्रकाशन, पुणे; पृ. 34)।

पारंपरिक प्रतीकों को नया अर्थ देने में कुशल गाँधी ने भारतीय समाज के पददलितों को 'दलित' कहने के बजाय 'हरिजन' कहा। गाँधी छुआछूत जरूर मिटाना चाहते थे, किंतु इस हेतु वे स्वराज्य आंदोलन के लिए बनाये गये भारतीय जनता के मोर्चे में न तो दरार आने देना चाहते थे और न ही इसके बहाने अंग्रेज सरकार को भारत में बने रहने के लिए मुहलत देना चाहते थे। गाँधी अछूतों के हिंदू समाज से अलग होने की बात से भी सहमत नहीं थे। इससे उन पर अंतर्विरोधी रुख लेने की तोहमत भी लगी। यही कि उन्होंने मुसलमानों और सिखों को तो अल्पसंख्यक होने के नाते विशेष अधिकार देना स्वीकार कर लिया, किंतु अस्पृश्यों के लिए पृथक निर्वाचन मंडल बनाने के विरोध में आमरण अनशन पर बैठ गये।

गाँधी ने 1920 में असहयोग आंदोलन के साथ राष्ट्रीय आंदोलन का नेतृत्व सँभाला। तब से देश स्वाधीन होने तक वे उसके सर्वोच्च नेता रहे। इस बीच उन्होंने देश और दुनिया की कमोबेश सभी महत्वपूर्ण समस्याओं, घटनाओं, यहाँ तक कि ब्रह्मचर्य और प्राकृतिक चिकित्सा जैसे विषयों पर भी अपने विचार व्यक्त किये और लिखे। कई विषयों पर उनके विचारों में तब्दीली भी आयी। नये अनुभवों और बदली हुई परिस्थितियों में उन्होंने अपनी पुरानी मान्यताओं का मोह छोड़ कर सर्वथा नयी मान्यताएँ अपना लीं। उन्होंने कहा कि कोई भी व्यक्ति अंतर्विरोधी बातें कहने के डर से अपनी नयी अनुभूतियों और अनुभवों के अनुसार अपने विचारों के विकास को कैसे दबा सकता है। इसलिए जब उनसे पूछा गया कि आप अपने 'सत्याग्रह दर्शन' की व्याख्या करते हुए एक ग्रंथ क्यों नहीं लिखते, तो उन्होंने हँस कर कह दिया, 'मेरे मन की बुनावट विद्वानों की तरह लिखने की नहीं है। मैं कार्य करनेवाला आदमी हूँ। आंदोलन के लिए जरूरी विचारों और कार्यक्रमों की स्पष्टता के लिए जरूरी होने पर लिख भी लेता हूँ। इसलिए जब मेरे विचारों में कोई अंतर्विरोध दिखे तो पुरानी बात को भूल कर नये कथन को मान्य करना।' आज हम जानकारियों, विचारों, अवधारणाओं को निरंतर 'अपडेट' करते रहते हैं। लेकिन इससे बहुत पहले गाँधी ने यह प्रयोग आरंभ कर दिया था।

इससे बिलकुल विपरीत थे डॉ. भीमराव रामोजी आंबेडकर, जिन्हें उनके अनुयायी पूरी श्रद्धा से 'बाबा साहब' कहते हैं। डॉ. आंबेडकर जाति-पाँति तोड़ने को सर्वोच्च प्राथमिकता देते थे। इस लक्ष्य को पूरा करने में उनको अंग्रेज सरकार से सहयोग लेने में कोई हिचक नहीं थी। वे स्वराज्य प्राप्त करने के लिए कांग्रेस के उतावलेपन और भारत को स्वतंत्र करने की अंग्रेजों की अनिच्छा का लाभ उठा कर 'अपने लोगों' का भविष्य सँवारने के लिए, स्वतंत्र भारत में उनके

सामाजिक-राजनीतिक अधिकार सुरक्षित कर लेना चाहते थे। गाँधी से पूरी तरह उलटी थी आंबेडकर के मानस की बुनावट। वे विद्वान भी थे और कर्मठ राजनीतिज्ञ भी। उनकी वैचारिकता पर विज्ञाननिष्ठा, आधुनिक सामाजिक चिंतन और पश्चिमी राजनीतिक-आर्थिक अवधारणाओं की गहरी छाप थी। उनका मानना था कि किसी भी प्रकार की सामाजिक क्रांति के लिए सुस्पष्ट विचारधारा जरूरी है। उन्होंने लिखा भी कि 'मैं राजनीति, समाज-कार्य में होते हुए भी आजीवन विद्यार्थी हूँ।' अध्ययनशील आंबेडकर ने हिंदू समाज व्यवस्था के दोष बताने और उसमें अंतर्निहित अमानुषिकता को उजागर करने के लिए आधुनिक सामाजिक शास्त्रों का ही अध्ययन नहीं किया; इसके साथ ही उन्होंने प्राचीन हिंदू धर्मशास्त्रों को भी बारीकी से पढ़ा था। गाँधी और आंबेडकर के लेखन की तुलना करते हुए यह ठीक ही लिखा गया है कि 'गाँधी के लेखन में जो स्थान सत्य और अहिंसा का है, आंबेडकर के प्रतिपादन में वही स्थान स्वातंत्र्य, समता और बंधुभाव की त्रिपुटी का है।' (गंगाधर बालकृष्ण सरदार; गाँधी आणि आंबेडकर; सुगावा प्रकाशन, पुणे; पृ. 10)।

डॉ. आंबेडकर के लिए जाति प्रथा, अस्पृश्यता और उसके साथ अभिन्न रूप से जुड़ी सामाजिक विषमता प्रत्यक्ष अनुभव का सत्य था। उन्हें स्वयं सवर्णों से अपमान, अन्याय और अमानुषिक व्यवहार झेलना पड़ा था। उन्होंने इसका जिक्र करते हुए लिखा भी कि 'मेरे स्कूल में मराठा जाति की एक स्त्री नौकरी करती थी। वह अशिक्षित थी, लेकिन वह छुआछूत मानती थी। मुझे छूने से बचती थी। मुझे याद है कि एक दिन मुझे बहुत प्यास लगी थी। मुझे नल नहीं छूने दिया जाता था। मैंने मास्टर जी से कहा कि मुझे पानी चाहिए। उन्होंने चपरासी को आवाज दे कर नल खोलने को कहा। उसने नल खोला तब मैंने पानी पिया। जिस दिन वह नहीं आता था, उस दिन मुझे प्यासा ही रहना पड़ता था। घर जा कर ही मेरी प्यास बुझती थी।' (मधु लिमये; डॉ. आंबेडकर : एक चिंतन; पृष्ठ 2)।

गाँधी जैन-वैष्णव संस्कारों में पले-बढ़े थे। 'वैष्णवजन तो तेने कहिए, जो पीर परायी जाणै रे' की भावना से ओत-प्रोत गाँधी के लिए अस्पृश्यता परायी पीर हो कर भी परायी नहीं थी। सिर्फ इसलिए नहीं कि वे अत्यंत संवेदनशील थे और उन्होंने भारतीय समाज के 'अंतिम आदमी' से तादात्म्य स्थापित कर लिया था। किंतु इसलिए भी कि दक्षिण अफ्रीका में मारित्जबर्ग स्टेशन पर हुई घटना से उनको भी प्रकारांतर से अस्पृश्यता का प्रत्यक्ष अनुभव हो गया था। इस घटना के बाद मिस्टर एम. के. गाँधी में जो क्रांतिकारी परिवर्तन आया, उसका उल्लेख करने की आवश्यकता नहीं है। पहले दक्षिण अफ्रीका में और बाद में भारत के स्वतंत्रता संग्राम का नेतृत्व करते हुए रणनीतिक दृष्टि से गाँधी ने जो भी किया हो, किंतु वे सतत अस्पृश्यता-विरोधी रहे। ऐतिहासिक सच तो यह है कि वे धीरे-धीरे,

किंतु दृढ़ता के साथ छुआछूत ही नहीं, जाति प्रथा के भी विरोधी होते गये। जीवन के अंतिम दौर में तो उन्होंने यह तक कह दिया कि वे सवर्ण और अस्पृश्य में विवाह को भी आशीर्वाद देंगे। प्रायः डॉ. आंबेडकर के अनुयायी इसका श्रेय अपने नेता को देते हैं। कतिपय गाँधीभक्तों को यह बुरा लगता है। किंतु गाँधी जैसे सर्वसंग्राहक विचारक को शायद ही इस पर कोई आपत्ति होती।

गाँधी और आंबेडकर के विचारों और व्यक्तित्वों का आकलन करते समय गोल मेज सम्मेलन, अछूतों के लिए पृथक निर्वाचन मंडल की आंबेडकर की माँग, येरवडा जेल में गाँधी के उपवास और समझौते, दोनों में कुछ समय तक सहयोग और उसके बाद अलगाव का निश्चित ही बहुत महत्व है। गाँधी और आंबेडकर की पहली मुलाकात 14 अगस्त 1931 को बंबई के मणि भवन में हुई। प्रारंभिक औपचारिकताओं के बाद तुरंत ही दलित समस्या पर दोनों में मतभेद स्पष्ट रूप से उभर आये। इन दोनों की बातचीत का विवरण पढ़ें तो यह बात उभर कर आती है कि गाँधी और आंबेडकर में संवाद नहीं, सिर्फ विवाद हुआ। यह भी अचरज की बात है कि इस मुलाकात तक गाँधी को यह जानकारी नहीं थी कि आंबेडकर स्वयं अस्पृश्यों में से एक हैं। वे उनको अपनी ही तरह का एक समाज सुधारक सवर्ण नेता समझते थे।

इस मुलाकात में गाँधी ने अस्पृश्यता निवारण के लिए अपने और कांग्रेस के प्रयासों का जिक्र किया। जवाब में आंबेडकर ने कहा कि 'कांग्रेस ने समस्या को औपचारिक मान्यता देने के अलावा कुछ नहीं किया··कांग्रेस अपनी कथनी के बारे में ईमानदार नहीं है, अन्यथा वह कांग्रेस की मेंबरी के लिए खादी पहनने की अनिवार्यता की तरह अस्पृश्यता निवारण की भी शर्त रख सकती थी। कोई भी ऐसा आदमी, जो किसी-न-किसी अस्पृश्य स्त्री अथवा पुरुष को अपने घर में काम पर नहीं रखेगा, या किसी अस्पृश्य विद्यार्थी का घर में पालन नहीं करेगा, या किसी अस्पृश्य विद्यार्थी के साथ सप्ताह में कम-से-कम एक बार अपने घर में भोजन नहीं करेगा, वह कांग्रेस का मेंबर नहीं बन सकेगा··· आप कहते हैं कि ब्रिटिश सरकार का हृदय परिवर्तन होता प्रतीत नहीं हो रहा है। मैं भी कहता हूँ कि हमारी समस्या पर हिंदुओं का हृदय परिवर्तन होता नहीं दिख रहा है। जब तक वे अपनी बात पर अड़े हुए हैं, तब तक हम न कांग्रेस पर विश्वास करेंगे और न हिंदुओं पर। हम अपनी मदद आप करने और आत्मसम्मान में विश्वास करते हैं। हम महान नेताओं और महात्माओं में विश्वास करने के लिए तैयार नहीं हैं। मैं इस संबंध में आपसे स्पष्ट कह दूँ, इतिहास हमें बताता है कि महात्मा लोग तुरंत गायब हो जानेवाले प्रेतों की तरह होते हैं। वे धूल के गुबार तो उठाते हैं, पर लोगों का स्तर नहीं उठाते।' (नवयुग, आंबेडकर अंक, 13 अप्रैल 1947)।

इस वार्तालाप से अस्पृश्यता के विरुद्ध संघर्ष छेड़नेवाले इन दो महापुरुषों

के दृष्टिकोणों का अंतर स्पष्ट हो जाता है। मतभेदों की इस अपाट खाई के रहते दूसरे गोल मेज सम्मेलन में गाँधी और आंबेडकर में सहमति की कोई गुंजाइश थी ही नहीं। वहाँ आंबेडकर ने अछूतों के लिए पृथक निर्वाचन मंडल की माँग की और गाँधी ने इसका प्रखर विरोध किया। समाजविज्ञानी डॉ. एम. एस. गोरे के अनुसार तो सारे घटनाक्रम को ध्यान में रखने पर ऐसा लगता है कि दूसरा गोल मेज सम्मेलन हिंदू-मुस्लिम अथवा कांग्रेस-ब्रिटिश नजरियों में संघर्ष के कारण नहीं, बल्कि गाँधी-आंबेडकर में सेतुरहित अंतर के फलस्वरूप विफल हुआ। (एम. एस. गोरे; द सोशल कॉन्टेक्स्ट ऑफ एन आइडियोलॉजी; सेज पब्लिकेशन्स, नयी दिल्ली; पृ. 133)। सम्मेलन में गाँधी ने जोर दे कर कहा था कि 'अछूतों के राजनीतिक अधिकारों के बारे में बोलनेवालों को अपने भारत के बारे में ज्ञान नहीं है, उनको ज्ञान नहीं है कि आज भारतीय समाज किस तरह गठित है और इसलिए मैं पूरा जोर दे कर कहता हूँ कि यदि मुझे अकेले ही इसका प्रतिरोध करना पड़ा तो भी मैं अपना जीवन देकर यह करूँगा।'

इसके पहले आंबेडकर स्पष्ट रूप से यह कह चुके थे कि दलित वर्ग सत्तांतरण के लिए आतुर नहीं है। किंतु आज वह इसका विरोध करने की स्थिति में भी नहीं है। अगर ब्रिटिश सरकार सत्तांतरण की माँग करनेवाली शक्तियों का प्रतिरोध नहीं कर पा रही तो हमारा कहना है कि सत्ता हिंदुओं या मुसलमानों में से किसी एक समुदाय के लोगों के हाथों में न सौंपी जाये, बल्कि इस तरह की शर्तें और प्रावधान रहें कि उसमें सभी समुदायों की साझेदारी रहे। विभिन्न पक्षों के विचारों और माँगों में इतने मतभेदों के रहते हुए उस सम्मेलन में सांप्रदायिक प्रतिनिधित्व पर कोई आम राय होना मुश्किल था। स्वाभाविक ही दूसरा गोल मेज सम्मेलन भी अनिर्णीत रूप से समाप्त हो गया।

1932 में ब्रिटिश सरकार ने सांप्रदायिक प्रतिनिधित्व के सवाल पर अपना निर्णय दिया। इसमें अछूतों के लिए भी अलग निर्वाचन मंडल की आंबेडकर की माँग स्वीकार कर ली गयी। उन दिनों गाँधी येरवडा जेल में थे। पहले की तरह ही अब भी वे अछूतों के अलग निर्वाचन मंडल को हिंदुओं और भारतीय राष्ट्र के हितों के विरुद्ध मानते थे। इसके विरोध में गाँधी ने अपने अहिंसक अस्त्रागार का ब्रह्मास्त्र–आमरण उपवास–प्रयुक्त किया। निश्चय ही यह आंबेडकर के लिए कठिन निर्णय के दिन थे। एक ओर अछूतों के लिए प्राप्त किये गये अधिकारों की रक्षा का दायित्व था, तो दूसरी ओर गाँधी की जीवन रक्षा का प्रश्न था। गाँधी का उपवास शुरू होने के पहले ही अछूतों की एकता में दरारें पड़ने लगी थीं। इस बीच देश के राष्ट्रवादी समाचार पत्र भी मुस्तैदी से आंबेडकर का विरोध कर रहे थे। सारे देश की निगाहें आंबेडकर पर केंद्रित हो गयी थीं। इन सब दबावों के वातावरण में ही अंततः 'येरवडा समझौता' हुआ, जिसमें संयुक्त निर्वाचन मंडल

में ही अछूतों के लिए आरक्षण की व्यवस्था स्वीकार की गयी।

यद्यपि कट्टर गाँधीवादियों और उग्र आंबेडकर समर्थकों ने इस सारे प्रसंग को ले कर एक-दूसरे के नेता पर काफी टीका-टिप्पणी की है, लेकिन ऐतिहासिक परिप्रेक्ष्य में देखें तो आंबेडकर और गाँधी दोनों ने ही उदारता और दूरदर्शिता का परिचय दिया। स्वयं गाँधी ने 'हिंदू' के संवाददाता को बताया कि 'हिंदुओं को उनके सदियों के पाप का दंड देने के लिए आंबेडकर अपनी बात पर अड़े रह सकते थे। अगर उन्होंने ऐसा किया होता तो मुझे उनसे कोई शिकायत न होती और मेरी मृत्यु हिंदुओं द्वारा अगणित पीढ़ियों पर किये गये अत्याचारों की मामूली कीमत होती। लेकिन उन्होंने उदारता का रुख लिया और क्षमा का अनुसरण किया, जिसका सभी धर्मों में प्रावधान है। मैं उम्मीद करता हूँ कि सवर्ण हिंदू अपने को इस क्षमा के पात्र सिद्ध करेंगे और समझौते का, उसके तमाम निहितार्थों के साथ, शब्दशः और भावतः पालन करेंगे। (मधु लिमये; 'डॉ. आंबेडकर : एक चिंतन' में उद्धृत, पृ. 43)।

इस बीच गाँधी के बारे में आंबेडकर के विचारों में भी परिवर्तन आया था। उन्हें स्पष्ट लगने लगा था कि जाति प्रथा, वर्ण व्यवस्था और अस्पृश्यता निवारण के संबंध में महात्मा के विचार बदले हैं। इसका आंबेडकर ने निःसंकोच स्वागत किया था। उन्होंने कहा भी कि 'अब गाँधी को अपना आदमी कहना चाहिए, कारण वे अब हमारी भाषा और हमारे विचार बोलने लगे हैं।' दिसंबर, 1932 में अप्पा साहब पटवर्धन रत्नागिरी जेल में थे। वे छुआछूत मिटाने के रचनात्मक कार्यक्रम के अनुसार खुद पाखाना साफ करना चाहते थे। किंतु जेल अधिकारियों ने उनको इसकी अनुमति नहीं दी। इसके विरोध में उन्होंने जेल में उपवास शुरू कर दिया। जब गाँधी को इसकी खबर मिली, तो उन्होंने भी अप्पा साहब पटवर्धन के समर्थन में उपवास शुरू कर दिया। भारत सरकार ने तुरंत इस पर ध्यान दिया और अप्पा साहब को इसकी अनुमति दे दी गयी। गाँधी को एक-डेढ़ दिन से अधिक उपवास पर नहीं रहना पड़ा। यह समाचार तीसरे गोल मेज सम्मेलन के लिए लंदन गये हुए आंबेडकर ने 'डेली हेराल्ड' में पढ़ा। इस पर अपनी प्रतिक्रिया व्यक्त करते हुए उन्होंने कहा, 'मेरी राय में इस बारे में गाँधी जी का कार्य सही है और सरकार की नीति गलत है। सरकार को श्री पटवर्धन की इच्छा के अनुसार भंगी का काम करने देना चाहिए था। इसको मना करने का सरकार के पास कोई कारण नहीं था। यदि जाति भेद और तज्जन्य अस्पृश्यता मिटानी है तो यह गलिच्छ धंधा वंश परंपरा से करने की रूढ़ि खत्म होनी चाहिए।' (गाँधी आणि आंबेडकर; पृ. 73)।

किंतु गाँधी और आंबेडकर में एक-दूसरे के पुनर्मूल्यांकन और परस्पर सहयोग का यह दौर अधिक नहीं चला। मधु लिमये ने गाँधी और आंबेडकर के मिल कर

काम न कर सकने के लिए तीन कारणों पर जोर दिया है। एक, जाति प्रथा और अस्पृश्यता की 'बुराई के विश्लेषण में दोनों के बीच मूल दृष्टि भेद था। गाँधी जी अनेक वर्षों तक ऊँच-नीच के क्रम तथा अस्पृश्यता के बीच संबंध नहीं देख सके।' दो, येरवडा समझौते के वायदों को लागू नहीं किया गया। आंबेडकर ने पृथक निर्वाचन मंडल के बदले सीटों के आरक्षण और प्राथमिक चुनाव की व्यवस्था मान ली थी। लेकिन असल बात तो यह थी कि दलित वर्ग जिन कमजोरियों का शिकार था, उन्हें शीघ्र दूर करने का प्रयत्न किया जाता। गाँधी और आंबेडकर में अलगाव का तीसरा कारण दलित मुक्ति के उपायों और नेतृत्व के संबंध में दोनों में मौलिक मतभेद था। गाँधी दलित मुक्ति को एक सामाजिक-नैतिक सुधार के आंदोलन के रूप में लेते थे। उन्होंने बार-बार कहा भी कि कोई काम न तो छोटा है और न ही बड़ा। वे बार-बार श्रम की प्रतिष्ठा पर जोर देते थे। उन्होंने स्वयं मल-मूत्र साफ करने का कार्य किया। उनके अनुयायियों ने भी गलिच्छ काम कर समाज के सामने उदाहरण पेश किया। किंतु आंबेडकर इतने से संतुष्ट नहीं हो सकते थे। वे प्रतीकात्मकता के बजाय अस्पृश्यता उन्मूलन के लिए ठोस संस्थागत और स्थायी आधार तैयार करना चाहते थे। इसलिए उनका जोर शिक्षा, नौकरियों और राजनीतिक अधिकारों पर था।

इसी तरह से दलितों के नेतृत्व के बारे में दोनों में गहरा दृष्टिभेद था। आंबेडकर 'चाहते थे कि अनुसूचित जातियों में निर्भीक नेतृत्व उभरे और उनमें से जानकार, ईमानदार और स्वाभिमानी नेता आयें, न कि खुशामदी और भ्रष्ट नेता, जो उनके विचार से कांग्रेस आंदोलन में पैदा हो रहे थे। वे नहीं चाहते थे कि हरिजन नेता नेहरू, पटेल या अन्य नेताओं के आगे सिर झुकायें।' (मधु लिमये; उपर्युक्त; पृष्ठ 51)। वर्षों बाद दलित नेतृत्व की प्रकृति के बारे में डॉ. राममनोहर लोहिया ने भी विचार किया तो उन्होंने पाया कि दलितों के नेता, विशेषकर सत्ता में बैठे दलित नेता, या तो दब्बू हैं अथवा दोमुँहे हैं। दब्बू नेता सवर्ण कांग्रेसी नेताओं (अब तो कथित गैरकांग्रेसी नेताओं) की चापलूसी कर जैसे-तैसे कुर्सी पा लेने की कोशिश में रहते हैं या अपनी कुर्सी बचाये रखना चाहते हैं। कुछ दलित नेता अपनी बिरादरी या अनुयायियों में तो भड़काने और जलन पैदा करनेवाले भाषण देते हैं, परंतु ऊँची जातियों के लोगों में घिघियाने लगते हैं। लोहिया की अपेक्षा थी कि दलितों और पिछड़ों में ऐसे तेजस्वी नेता तैयार हों, जो सिर्फ दलितों के ही नहीं, सारे समाज के नेता बनें। आज के दलित और पिछड़े वर्गों के नेताओं पर गौर करें, तो लोहिया की आशा महज दुराशा ही सिद्ध हुई। कांशीराम अथवा दूसरे दलित-पिछड़े समुदायों के उन नेताओं की बात छोड़ दें, जिनका लोहिया से कोई संबंध या सरोकार नहीं रहा। लेकिन जिनका उनसे सरोकार रहा है और जो आज भी अपने राजनीतिक फायदे के लिए उनका नाम रटते रहते हैं, वे भी सारे देश

और समाज के नेता बनना तो दूर रहा, पूरे दलित-पिछड़े समुदायों के भी नेता नहीं बन पाये हैं। वे अपने तात्कालिक राजनीतिक स्वार्थ से ऊपर ही नहीं उठ पाये। इसलिए सिर्फ अपनी जाति, यहाँ तक कि क्षेत्र विशेष में अपनी जाति के नेता बन कर रह गये हैं। इसलिए आज दलितों-पिछड़ों की राजनीतिक दुकानदारी करनेवालों की तो कोई कमी नहीं है, लेकिन भारतीय समाज के इन शोषित-दमित तबकों की राजनीति से सामाजिक-आर्थिक समता का कोई बड़ा अभियान नहीं उभर रहा। समाज में महज कलह उभर रहा है। इस मंथन से सिर्फ विष छलक रहा है। समता आधारित न्व समाज-रचन का अमृत नहीं पनप रहा।

बहराहल, गाँधी ओर आंबेडकर के विचारों और व्यक्तित्वों की तुलना करते समय यह बुनियादी बात भुला दी जाती है कि इन दोनों के जीवन-संदर्भ और कार्यक्षेत्र अलग थे। डॉ. आंबेडकर ने उन लोगों में आत्माभिमान जगाया, जिन्हें हिंदू समाज व्यवस्था ने सदियों से आत्महीन बना दिया था। उन्होंने एक ओर 1927 में महाराष्ट्र के चवदार तालाब पर सत्याग्रह कर दलितों को अमानुषिक छुआछूत के विरुद्ध उठ खड़े होने की प्रेरणा दी, तो दूसरी ओर शिक्षण संस्थाओं का जाल बिछा कर महाराष्ट्र के दलितों को आधुनिक जीवन के लिए आवश्यक क्षमताओं से लैस हो कर सम्मानपूर्वक जीवन की दिशा में प्रवृत्त किया। देश के अनेक भागों में आज अगर अत्याचारों के विरुद्ध युवा दलितों में रिरियाने के बजाय संघर्ष का तेजस्वी स्वर सुनाई देता है तो यह डॉ. आंबेडकर की ही देन है।

जब आंबेडकर दलितों को जगाने का प्रयत्न कर रहे थे तभी गाँधी अस्पृश्यता के विरुद्ध सवर्णों की पथरायी हुई अंतरात्मा को झकझोरने, उनको उनकी गलती महसूस कराने, उनमें अपने पूर्वजों और खुद अपनी अमानुषिकता के लिए पाप बोध जाग्रत करने का कार्य कर रहे थे। संत साहित्य को अपना हथियार बना कर वे छुआछूत के समर्थकों से लड़े। सवर्णों में पश्चात्ताप भाव और न्याय बुद्धि जगाने का गाँधी का यह प्रयत्न देश में दलितों की स्थिति को देखते हुए भी सही था। वे देश के किसी भी एक भाग में बहुमत में नहीं थे। आज भी नहीं हैं। वे देश भर में बिखरे हुए थे। आर्थिक दृष्टि से भी वे नितांत दीन-हीन थे। सदियों से अन्याय के विरुद्ध लड़ने की कोई आदत उनमें नहीं थी। इतनी प्रतिकूल परिस्थितियों में दलितों का कोई आंदोलन तभी सफल हो सकता था, जब सवर्णों का खुले दिलोदिमागवाला और आगे देखनेवाला हिस्सा इसमें सक्रिय सहयोग दे। गाँधी ने इसके लिए जमीन तैयार की थी। आज जो लोग सिर्फ दलितों की संवर्ष क्षमता के बल पर उनको अधिकार दिलाने की बातें कर रहे हैं, वे इस बात से अनभिज्ञ हैं कि इसमें पनपनेवाली कटुता और वैमनस्य के आधार पर किसी समतामय समरस समाज की रचना नहीं हो सकती।

इस संदर्भ में गाँधी और आंबेडकर के साथ उनके अपने अनुयायियों द्वारा

किये गये छल को भी समझना उपयुक्त रहेगा। गाँधी और आंबेडकर दोनों ही विभूति-पूजा के सख्त आलोचक थे। वे अवतारवाद की पुरानी पंरपरा से जूझे और उन्होंने बार-बार किसी एक महापुरुष या देवता के भरोसे बैठे रहने तथा उसकी बातों को चिरंतन सत्य मान लेने की हम भारतवासियों की आदत का विरोध किया। किंतु आज गाँधी और उनसे भी ज्यादा डॉ. आंबेडकर के अनुयायी उनके एक-एक शब्द, एक-एक कार्य को कमोबेश ईश्वर-कथन बनाने में जुटे हैं। इसी का परिणाम है कि अन्यायपूर्ण जाति व्यवस्था के विरुद्ध एकजुट संघर्ष करने के बजाय सामाजिक क्रांति की शक्तियाँ न सिर्फ बँटी हुई हैं, वरन एक-दूसरे की काट करने में अपनी शक्ति नष्ट कर रही हैं। यदि हमें सामाजिक समता के लिए सार्थक संघर्ष लड़ना है, तो दूर-दूर खड़े गाँधी और आंबेडकर को एक-दूसरे के निकट लाने का प्रयास करना ही होगा। इसका अभिप्राय यह नहीं है कि हम ऐतिहासिक तथ्यों को तोड़ें-मरोड़ें। किंतु समय-विशेष और एक खास परिस्थितियों में इन दोनों के रिश्तों में उगे झाड़-झंखाड़ और फालतू कटुताओं की धूल को साफ करें। गाँधी और आंबेडकर को जातिग्रस्त मानसिकता और सामाजिक विषमता के विरुद्ध संघर्ष में एक-दूसरे का पूरक बनाने का संकल्पबद्ध प्रयास तो होना ही चाहिए।

आंबेडकर और मार्क्स

अशोक कुमार

मरने से मिली नहीं छुट्टी,
मौत उनकी बेकार हुई,
मर कर भी जीवंत हाथों से
आज भी रच रहे हैं इतिहास
उनकी कायाहीन छाया
गहरी काली हो आती है,
नास्तिक की आत्मा भटकती है देहहीन,
कैसा मजाक है !

सरोज दत्त ने ये पंक्तियाँ लेनिन के प्रति कही हैं, किंतु ये मार्क्स और आंबेडकर दोनों के प्रति भी निवेदित की जा सकती हैं। केवल ये पंक्तियाँ ही नहीं, अनेक ऐसी पंक्तियाँ हैं जिन्हें मार्क्स और आंबेडकर के सम्मान में समान रूप से निवेदित किया जा सकता है। मार्क्स और आंबेडकर की अनेक प्रत्यक्ष समानताओं, मसलन दोनों के द्वारा उत्पीड़ित जनसमुदाय की पक्षधरता, अतिमानवीयता, अत्यंत विषम परिस्थितियों में उत्पीड़ितों की मुक्ति का मार्ग तलाशने का प्रयत्न और इसी उद्देश्य की पूर्ति के लिए अपना जीवन और सर्वस्व होम कर देना, शानदार अकादमिक रेकर्ड, राजनीतिक सूक्ष्मदर्शिता, दूरदर्शिता आदि-आदि के कारण उनके अध्येताओं के सामने कोई खास समस्या नहीं पैदा होती। दरअसल, उनके अध्येताओं के सामने मुश्किल अक्सर उस प्रवृत्ति से पैदा होती रही है, जो उन्हें मुख्यतः राजनीतिक कारणों से गड्डमड्ड कर देती रही है। मसलन दलित नेताओं के सामने आंबेडकर को अपना मसीहा, उद्धारकर्ता, अलौकिक पुरुष (बौद्ध धर्म के प्रचार के कारण बोधिसत्व के अवतार) और सवर्णों में उत्पन्न सबसे विद्वान पुरुषों से भी अधिक विद्वान ही नहीं, विश्व भर में मानव मेधा की सर्वोत्कृष्ट उपज साबित करने की जल्दबाजी है, तो कम्युनिस्टों, सोशलिस्टों और अनेक जनवादी जनसंगठनों के सामने

दलितों को येन-केन-प्रकारेण अपनी पाँतों में भरने की जल्दबाजी। इसलिए मेरी तो सलाह है कि जब कभी मार्क्स और आंबेडकर का संयुक्त रूप से अध्ययन किया जाये, पहली कोशिश तो दोनों को गड्डमड्ड करने से बचाने की होनी चाहिए। दूसरे, आंबेडकर के प्रति थोड़ा निर्मम हुआ जाये। वे इतने कमजोर नहीं थे कि उन्हें दया का पात्र बना दिया जाये। वस्तुतः उनके प्रति निर्ममता ही उनको समझने की वास्तविक कुंजी है–दोनों के लिए–आंबेडकरपंथियों के लिए भी और कम्युनिस्टों के लिए भी।

मार्क्स और आंबेडकर को एक-दूसरे से गड्डमड्ड करने से बचने के लिए सबसे पहले जरूरी है उन भिन्न सामाजिक अंतर्संबंधों पर गौर करना, जिनकी वे दोनों उपज थे। व्यक्ति कितना भी अधिक दूरदृष्टि संपन्न हो और उसका दृष्टिकोण कितना भी वैज्ञानिक हो, वह स्थान, काल और परिस्थितियों से पूरी तरह ऊपर नहीं उठ सकता। दोनों का अध्ययन करने का अर्थ स्वभावतः उन प्रक्रियाओं का अध्ययन करना भी है, जिन प्रक्रियाओं में दोनों के भिन्न मतवाद उभरे।

हम मार्क्स से ही शुरू करें। पहले तो इसलिए कि वे पूर्ववर्ती थे और दूसरे इसलिए कि उनका उदय यूरोप के शास्त्रीय पूँजीवादी विकास के फलस्वरूप हुआ था।

कार्ल मार्क्स 5 मई 1818 को त्रियेर (राइनिश प्रशा) में जनमे थे। पिता एक यहूदी वकील थे और उन्होंने 1824 में प्रोटेस्टेंट धर्म कबूल कर लिया था। उनका परिवार खुशहाल और सुसंस्कृत था, किंतु क्रांतिकारी हरगिज नहीं। मार्क्स ने पहले बॉन और फिर बर्लिन विश्वविद्यालयों में शिक्षा पायी। वहाँ उन्होंने कानून, इतिहास और दर्शन का अध्ययन किया। उनकी शिक्षा 1841 में पूरी हुई जब बर्लिन विश्वविद्यालय ने एपीक्यूरस के दर्शन से संबंधित थीसिस पर उन्हें डॉक्टरेट दी।

यह यूरोपियन पूँजीवाद के विकास का दूसरा दौर था। इंग्लैंड और फ्रांस में पूँजीवाद विकसित अवस्था में पहुँच चुका था। इन दोनों ने बड़ी तादाद में एशियाई, अफ्रीकी और लैटिन अमेरिकी देशों को गुलाम बना लिया था। लगभग समूचा भारत अंग्रेजों के मुँह में समा चुका था। इंग्लैंड और फ्रांस से भिन्न 1830-40 के दशकों का जर्मनी राजनीतिक रूप से 38 स्वतंत्र राज्यों का केवल औपचारिक संघ था और इसलिए यूरोप में सबसे बड़ी आबादी और भूक्षेत्र का मालिक होने के बावजूद वह इंग्लैंड और फ्रांस पर निर्भर था। सामंती संबंध सामाजिक-राजनीतिक विकास को जकड़े हुए थे। इसलिए आर्थिक विकास भी अवरुद्ध था। इन 38 स्वतंत्र राज्यों में प्रशा और ऑस्ट्रिया में सत्ता अभिजात वर्ग और बड़े नौकरशाहों के हाथों में केंद्रित थी। सर्वशक्तिमान नौकरशाह आजादी की रंचमात्र चाहत के भी खूँखार दुश्मन थे। ऑस्ट्रिया पर चांसलर क्लीमेंस मेटरनिख का दबदबा था, जो जर्मनी ही नहीं, समूचे यूरोप में प्रतिक्रिया का प्रवक्ता माना जाता था तो प्रशा की बागडोर फ्रेडरिक विलियम चतुर्थ के हाथों में थी, जो असीम सत्ता का आकांक्षी

और उसे चिरस्थायी बनाने का दुराग्रही था। वह भयानक सेंसरों के लिए समूचे जर्मन इतिहास में सबसे कुख्यात व्यक्ति था। इस विशिष्ट परिस्थिति के चलते जर्मन पूँजीपति वर्ग के सामने सामंती निरंकुशता के साथ साँठगाँठ कर विकास करने और सामंती आर्थिक-सामाजिक संबंधों को अत्यंत धीमी गति से बदलने का प्रयत्न करने के अलावा और कोई चारा न था। इंग्लैंड और फ्रांस के शक्तिशाली मजदूर आंदोलनों को निहार कर उसे और कँपकँपी चढ़ जाती थी। नतीजे के तौर पर सामंतवाद विरोधी संघर्ष के प्रति उसकी प्रतिबद्धता और कमजोर हो जाती थी। तथापि युगानुरूप जर्मन पूँजीपति वर्ग की आर्थिक ताकत धीरे-धीरे, किंतु लगातार बढ़ती जा रही थी और नतीजे के तौर पर पूँजीवादी आर्थिक-सामाजिक संबंधों के विकास के चलते एक विपक्षी आंदोलन भी सिर उठा चुका था और पूँजीपति वर्ग का एक हिस्सा (खासकर राइनलैंड स्थित) निरंकुशता के खिलाफ खड़ा भी होना चाहता था।

वस्तुतः पूँजीपतियों के इस आमूल परिवर्तनवादी हिस्से ने ही 'राइनिश जाइटुंग' का 1842 में प्रकाशन शुरू किया था और उन्होंने ही मार्क्स को इसका संपादन करने के लिए निमंत्रित किया था। जर्मनी की इस विशिष्ट दमनकारी स्थिति की ही प्रतिक्रिया थी कि क्रांतिकारिता को दर्शन और साहित्य में आश्रय लेना पड़ा और जर्मनी ने मार्क्स के दोनों दार्शनिक गुरुओं हेगेल और फायरबाख को जन्म दिया।

संक्षेप में मार्क्स के जीवन का प्रथम पर्व संक्रमणकालीन जर्मनी में (सामंतवाद से पूँजीवाद में संक्रमण) एक सचेत नौजवान का सहज स्वाभाविक विकास है। वाम हेगेलपंथी होने के कारण सरकार ने उन्हें अकादमीशियन नहीं बनने दिया और पूँजीपतियों के आमूल परिवर्तनवादी धड़े ने उन्हें पत्रकार बना दिया। लेकिन 'राइनिश जाइटुंग' उन्हें एक वर्ष से अधिक समय तक बर्दाश्त न कर सका और उन्हें 1843 की गर्मियों में अर्नाल्ड रूज के साथ 'ड्यूस्क फ्रांजोशिस्क जारबूचर' (वार्षिकी) शुरू करनी पड़ी। किंतु प्रवेशांक के बाद ही यह भी कालकवलित हो गया और उन्हें फ्रांस जाना पड़ा। 1844 में उनकी मित्रता एंगेल्स से शुरू हुई और दोनों ने पेरिस के क्रांतिकारी ग्रुपों में दिलचस्पी लेना शुरू किया। इस तरह उनके सामने समाजवाद की रंगबिरंगी परिकल्पनाओं की एक विशाल दुनिया आ खड़ी हुई। यहीं से शुरू हुआ काल्पनिक समाजवाद के खिलाफ वैज्ञानिक समाजवाद का प्रतिष्ठ यज्ञ। एक ओर उनके दार्शनिक विचारों ने इस दौर में द्वंद्वात्मक भौतिकवाद की ठोस शक्ल ली और दूसरी ओर इतिहास और सामाजिक विकास में इस नये दर्शन के इस्तेमाल की सैद्धांतिक और व्यावहारिक जद्दोजहद भी स्वभावतः शुरू हुई। अनिवार्यतः सरकार की आँखों में वे काँटे की तरह खटकने लगे। प्रशा के आग्रह पर फ्रांस ने 1845 में उन्हें देश निकाला दे दिया और यों उन्हें लंदन आना

पड़ा, जहाँ उनका परिचय चार्टिस्टों सहित तमाम क्रांतिकारी समाजवादी ग्रुपों के साथ हुआ। तथापि पसंद उन्हें 'न्यायप्रिय लीग' आई जो उन्हें शामिल कर और उनके सिद्धांतों को अपना कर 1847 में 'कम्युनिस्ट लीग' बन गयी। मार्क्स ने फरवरी 1848 में इसी के लिए अपना सुप्रसिद्ध 'कम्युनिस्ट घोषणापत्र' लिखा था। उल्लेखनीय है कि लीग आंदोलन नहीं, प्रचार के लिए गठित संस्था थी। दूसरी ओर क्रांतिकारी समाजवादी पत्रकारिता ने उन्हें दैनिकों के श्रमिक स्तंभों के साथ जोड़ा जो उन्हें अंततः ब्रिटिश अर्थशास्त्र के अध्ययन की ओर ले गया। इस तरह मार्क्स ने अपने अद्‌भुत अध्ययन ग्रंथ 'पूँजी' की ओर कदम बढ़ाया।

1847 के आर्थिक संकट ने यूरोप को हिला कर रख दिया और समूचे यूरोप में क्रांतियों का एक दौर फिर शुरू हो गया। जनवरी 1848 में दक्षिण इटली में विद्रोह फूट पड़ा, जो वियना होते हुए धीरे-धीरे समूचे जर्मनी में पसर गया। फरवरी 1848 में फ्रांस में मजदूरों और पूँजीपतियों के बीच तुमुल युद्ध भड़क उठा। मार्क्स उन दिनों बेल्जियम में थे और वहाँ उभरी क्रांति में भाग लेने के जुर्म में उन्हें जर्मनी वापस लौटने के लिए मजबूर होना पड़ा। किन्तु जल्द ही जर्मनी में उन्हें मुकदमे का सामना करना पड़ा और 1949 में निर्वासित हो कर लंदन आना पड़ा। 1848 में चार्टिस्ट आंदोलन की आखिरी लपटों से इंग्लैंड भी आलोड़ित हो रहा था, किंतु उसमें फूट पड़ चुकी थी। क्रांतियों के इस नये दौर की सबसे बड़ी खूबी यह थी कि हर जगह मजदूर वर्ग क्रांति की अग्रिम पाँत में आ खड़ा हुआ था और उसे पूँजीपति वर्ग से भी खुल्लमखुल्ला टकराना पड़ रहा था।

1949 में फ्रांस में मजदूरों की पराजय के साथ क्रांति में उतार आना शुरू हुआ–संभवतः 1848 के उत्तरार्ध में आर्थिक मंदी समाप्त होने के चलते। अंततः 1951 में कोलोन के कम्युनिस्ट मुकदमे के साथ यूरोप में प्रतिक्रिया का युग शुरू हो जाता है। मार्क्स और एंगेल्स मृत्यु और कारागार का खतरा उठा कर भी इस उभार में सक्रिय रहे। इस संबंध में लेनिन की टिप्पणी है : 'स्वयं मार्क्स और एंगेल्स की समस्त गतिविधियों में 1848-49 के जन क्रांतिकारी संघर्ष में उन दोनों की भागीदारी केंद्रीय बिंदु के बतौर नजर आती है।'

इस यूरोपव्यापी, एक हद तक अंतर्राष्ट्रीय उभार की विफलता ने इस सत्य को स्पष्ट किया कि मजदूर वर्ग को अपनी क्रांति की सफलता के लिए क्रांति का अपना सिद्धांत गढ़ना होगा और खासकर आर्थिक शक्तियों की सामाजिक भूमिका को समझना होगा। इसलिए प्रतिक्रिया के वर्षों को मार्क्स ने इसी हेतु न्यौछावर किये। इसी की परिणति 1867 में 'पूँजी' के प्रथम खंड के प्रकाशन के रूप में हुई। 1857-59 के आर्थिक संकट ने यूरोप में फिर मजदूर आंदोलनों में ज्वार ला दिया। फलतः जर्मनी, फ्रांस, ब्रिटेन, इटली, स्पेन, पोलैंड हर जगह हड़तालों में तेजी आयी। साथ ही मजदूर आंदोलनों और उनके संगठनों का दमन भी पराकाष्ठा

पर पहुँचा। 1850 के दशक के अंतिम और 1860 के दशक के शुरुआती वर्षों के इस क्रांतिकारी उभार से दो निष्कर्ष निकले–एक तो मजदूर वर्ग को स्वतंत्र राजनीतिक शक्ति के बतौर उभरना होगा और दूसरे, चूँकि उसका वर्ग शत्रु पूँजीवाद अंतर्राष्ट्रीय स्वरूप ग्रहण कर चुका है, अतः मजदूर वर्ग को भी एक अंतर्राष्ट्रीय शक्ति के बतौर उभरना होगा। और यों 1864 में प्रथम अंतर्राष्ट्रीय का जन्म हुआ। 1871 के पेरिस कम्यून के बाद 'अंतर्राष्ट्रीय' यूरोपीय पूँजीपति वर्ग के लिए असह्य हो गया। नतीजे के तौर पर उसमें फूटें डलवायी गयीं और अंततः 1872 में हेग कांग्रेस के बाद ही वह बिखर गया।

संक्षेप में, मार्क्स एक ऐसी युगसंधि में पैदा और विकसित हुए थे, जब क्रांतिकारी पूँजीपति वर्ग प्रतिक्रियावादी वर्ग में बदल रहा था और पूँजीपति वर्ग का रिजर्व सर्वहारा पूँजीपति वर्ग से खुली मुठभेड़ में उतरने लगा था तथा अपनी क्रांति का सिद्धांत और संगठन तलाशने लगा था। मार्क्स ने इसी युग धर्म को पूरा किया था।

अब आइए समर्थकों के अध्यात्मवादी विचारों और पूर्वाग्रहों से ऊपर उठ कर आंबेडकर की विकास प्रक्रिया पर एक बुद्धिवादी दृष्टि दौड़ायी जाये।

आंबेडकर का जन्म 1891 में महु (पहले मध्य भारत, अब महाराष्ट्र में) में हुआ था–एक महार परिवार में। दादा सेना के हवलदार और पिता सूबेदार मेजर थे। महार जाति का सामाजिक दरजा महाराष्ट्र में सबसे नीचे है। परपंरागत काम था मरी उठाना और गाँववालों की बेगार बजाना। अंग्रेजों के आने के पूर्व यह जाति वस्तुतः समूचे गाँव के लिए दास की हैसियत रखती थी। आंबेडकर के दौर पर गौर करने से सबसे अधिक अचरज इस बात पर होता है कि यह आदमी इतना शिक्षित कैसे हो पाया। उल्लेखनीय है कि वे महार जाति ही नहीं, संभवतः तमाम अछूतों के बीच पहले मैट्रिकुलेट थे और विदेश जा कर पढ़नेवाले तब तक एकमात्र दलित। निस्संदेह आधुनिक यूरोप के धक्के से मध्यकालीन भारतीय समाज व्यवस्था में एक पतली-सी ही सही, किंतु आर-पार जानेवाली सूराख जरूर हुई थी। उल्लेखनीय है कि 1907 में उनके मैट्रिकुलेशन पास करने पर सुप्रसिद्ध समाजसेवी एस. के. बोले की अध्यक्षता में बंबई में एक अभिनंदन समारोह आयोजित हुआ था, जिसमें सुप्रसिद्ध इतिहासकार कृष्णराव केलुस्कर तक ने भाग लिया था। सयाजीराव गायकवाड़ (बड़ौदा के राजा) की छात्रवृत्ति पा कर उन्होंने कोलंबिया विश्वविद्यालय तक में पढ़ाई की और 1916 में उन्हें बड़ौदा महाराजा के सैनिक सचिव का पद लेना पड़ा। किंतु आंबेडकर को जीवन की वास्तविकताओं ने रुला दिया। समूचा शिक्षित समुदाय पाखंडी था (गुजरात की अवस्था तो रजवाड़ों के कारण और भी बदतर थी)। एक अछूत के लिए कहीं किराये का कोई कमरा, यहाँ तक कि होटल तक में, मिलना असंभव था। इस यथार्थ ने उन्हें नौकरी से

हटा कर समाज सुधार की ओर ढकेल दिया।

19वीं सदी के अंत और 20वीं सदी के प्रथम चरण का भारत कैसा था? यह अंग्रेजी अमल का सबसे ठोस, सबसे शांत दौर था–घोर प्रतिक्रिया का दौर था। अंग्रेजी साम्राज्य की अजेयता का सिक्का सच पूछिए तो भारतीयों ने मान लिया था। राजनीतिक अधःपतन का चरम है स्वयं अंग्रेजों द्वारा भारतीय राष्ट्रीय कांग्रेस का निर्माण। तिलक के पूरे दौर तक कांग्रेस भद्र जनों की पार्टी और सामाजिक तौर पर घोर संरक्षणवादी बनी रही। जाति-पाँति और धार्मिक आडंबरों से ले कर हर तरह के अंधविश्वासों के वे शिकार थे। जनवादी सोच के प्रति शायद ही उनमें कोई विशेष ललक थी। स्वयं तिलक के भाषण और हिंदू-मुस्लिम दंगों के दौरान उनकी भूमिका, आर्यत्व का उनका मिथ्या अहंकार, ब्राह्मणवाद के प्रति उनका दुराग्रह और नये सुधारों के प्रति उनकी वितृष्णा–अगर उनका नाम न रहे और तत्कालीन घटनाओं का जिक्र न रहे, तो लगेगा आपके सामने कोई गोलवलकर खड़ा है। उल्लेखनीय है कि तिलकपंथियों ने विदर्भ में आर. एस. एस. के उदय में जम कर मदद पहुँचायी और कई मशहूर तिलकपंथी हिंदूसभाई बन गये। महाराष्ट्र और विदर्भ में कांग्रेस पर से तिलकपंथी ब्राह्मणों का वर्चस्व तोड़ने के लिए गाँधी तक को हर तरह की चालें चलनी पड़ी थीं और नागपुर के मारवाड़ियों के साथ खुला समझौता करना पड़ा था। डीइयू बेकर लिखते हैं[1] कि सी. पी. एंड बरार में तो जमनालाल बजाज को गाँधी ने तिलकपंथियों की इच्छा के विपरीत जबरन कांग्रेस का प्रदेश अध्यक्ष नियुक्त किया था।

एक मुद्रा का प्रचलन और बैंकिग की शुरुआत सूदखोरी पूँजी और दलाल व्यापारियों की ही मदद कर रही थी। भारतीय पूँजी का सौदागरी स्वरूप मुख्यतः कायम था और ब्रिटिश पूँजी के साथ उसके रिश्ते और घनिष्ठ व सुदृढ़ बने तथा वे भारत के औपनिवेशिक शोषण और आर्थिक दोहन के सबसे विश्वस्त आधार बन गये थे। उल्लेखनीय है कि कांग्रेसी अर्थशास्त्रियों और नेताओं, नौरोजी-रानाडे से ले कर जे. बी. जोशी तक की, केंद्रीय माँग थी भारतीय उद्योग-धंधों को प्रत्यक्ष ब्रिटिश संरक्षण। वस्तुतः चरम आर्थिक दोहन के चलते भारतीय पूँजी के संचय की गति इतनी धीमी थी कि अति शक्तिशाली ब्रिटिश पूँजी से लड़ कर विकास करने की वह सोच ही नहीं सकती थी। उल्लेखनीय है कि कपड़ा, जूट और कोयला खानों के अलावा रेलवे वर्कशॉपों, मिस्त्रीखानों और जूता दुकानों या करघों के अलावा कोई उल्लेखनीय उद्योग न था। 1890-1914 के बीच उद्योग के नाम पर कुछ पेट्रोल पंप तथा मैंगनीज, अबरख और शोरे की कुछ खदानें भर शुरू हुईं।

---

1. 'द चेंजिंग लीडरशिप ऑफ द कांग्रेस इन द सी. पी. एंड बरार, 1919-39', 'कांग्रेस एंड द राज', संपादक : डी. ए. लो, पृष्ठ 244

अनौद्योगीकरण की मात्रा और कृषि पर दबाव असह्य बनते जा रहे थे। 1891 से 1921 के बीच भारत की कुल आबादी 2 करोड़ 88 लाख बढ़ी, तो खेतिहर आबादी 5 करोड़ 53 लाख। बाद में चरखा और हस्तशिल्पों पर गाँधी ने जो जोर दिया, उसकी एक हद तक यही पृष्ठभूमि थी। जो हो, इसके चलते जमींदारों की निरंकुशता और जुल्म दोनों में बेतरह इजाफा हो रहा था। स्वभावतः खासी संख्या में किसानों और आदिवासियों के विद्रोह और आंदोलन हुए।

आतंकवादी ग्रुप बड़े सीमित अर्थ में क्रांतिकारी थे–केवल इस अर्थ में कि वे शस्त्रबल द्वारा स्वाधीनता अर्जित करना चाहते थे। अन्यथा सामाजिक-आर्थिक सोच के दृष्टिकोण से वे कट्टर ब्राह्मणवादी थे (भगत सिंह के उदय के पूर्व तक, महाराष्ट्र में इसके प्रतीक सावरकर थे और वे स्वयं हिंदूसभाई थे)। ब्रिटेन ने भी पुराने सतही सुधारवाद से मुँह फेर लिया था और ब्राह्मणवादी मूल्यों के साथ साफ समझौता कर लिया था। इस दौर के अनेक ब्रिटिश कानूनों में इसके स्पष्ट परिदर्शन होते हैं। 1891 में तो महारों को फौज में भर्ती करने पर प्रतिबंध तक लगा दिया गया था, हालाँकि महाराष्ट्र विजय में महारों ने अंग्रेजों के पक्ष से उसी तरह जी-तोड़ लड़ाई की थी, जैसे कभी शिवाजी के पक्ष से।[1]

दार्शनिक तौर पर यह सचमुच अँधेरे का युग था। पिछली शताब्दी के उत्तरार्ध से ले कर उन्नींसवी सदी के पूर्वार्ध तक जो उदारतावाद बुद्धिजीवियों का प्रिय विषय बना हुआ था, ब्रिटिश विरोध के नाम पर उससे भी पीछे हटा जा रहा था। इस दार्शनिक अँधेरे का ही प्रताप था कि राष्ट्रवाद और उदारतावाद एक-दूसरे के खिलाफ खड़े थे। कोई ऐसा दर्शन न था, जो नवजात भारतीय राष्ट्रवाद को, जिसका आधार मुख्यतः शिक्षित मध्य वर्ग और व्यापारी थे, आधुनिक चिंतन के साथ जोड़ता। उलटे ब्रिटिश शासन के साथ साँठ-गाँठ कर एक अल्पसंख्यक हिस्सा उसे अपदस्थ कर ब्राह्मणशाही को और मजबूत ही करना चाहता था। इसलिए अत्यंत स्वाभाविक रूप से सामाजिक परिवर्तन की भारतीय आकांक्षा के प्रतीक के बतौर ब्राह्मणवाद विरोधी आंदोलन पश्चिम और दक्षिण में फूट पड़े और भारतीय दार्शनिक क्षितिज पर एक नयी बहस उभरी।

पश्चिमी और दक्षिणी भारत ही इस बहस को जन्म दे भी सकते थे, क्योंकि एक तो उत्तर और पूर्वी भारत में ब्राह्मणों को अन्य उच्चवर्गीय जातियों को सत्ता और प्रतिष्ठा में साझीदारी देनी पड़ी थी, जबकि पश्चिम और दक्षिण में वे ही पुरोहित थे, वे ही योद्धा, यहाँ तक कि जमींदारों और व्यापारियों के भी एक बड़े अंश (वी. आइ. पाव्लोव का निष्कर्ष) वहाँ कोई दूसरी उच्चवर्णीय जाति न थी, जो बफर का काम करती।[2] दूसरे, महाराष्ट्र में राष्ट्रवाद थोड़ा मराठी स्पर्श और

1. गटेनबर्ग आयोग, 1857 की रिपोर्ट में तो यहाँ तक कहा गया था कि हमने शूद्रों के बल पर ही भारत जीता।
2. 'माडर्न इंडिया', सुमित सरकार, पृष्ठ 58

संकीर्ण ब्राह्मणवादी रुख लिये हुए था। पेशवा के वंशधर अतीत की याद से उबर नहीं पाये थे। क्या अजीब इत्तिफाक है कि तिलक, हेडगेवार, और आज बाल ठाकरे तीनों के प्रेरक शिवाजी महाराज हैं और यहाँ तक कि वामपंथियों के कुछ हिस्से भी शिवाजी की बड़ाई करते रहे हैं। वैसे उन्नीसवीं सदी के अंतिम और 20वीं सदी के प्रथम चरण, में हर जगह, खासकर शूद्रों और अछूतों के बीच, जाति संगठन की चेतना उभरने लगी थी और वे ठोस आकार ग्रहण करने लगे थे। सच पूछिए तो यह उनका अनुसंधान था भी नहीं। उच्च जातियों ने ही तो इसके पूर्व जाति-संगठन बनाये थे और उन्हीं को मिला कर कांग्रेस बनी थी। इस अर्थ में शूद्र और दलित वस्तुतः 'महाजनो येन गतः स पंथाः' का ही अनुसरण कर रहे थे।

तथापि फुले में इस सबसे ऊपर उठ कर सामाजिक क्रांति, सेठजी और भटजी के खिलाफ क्रांति, के बीज स्पष्ट रूप से मौजूद थे। श्रमिक आंदोलनों के साथ उनका जुड़ाव और 1950 के बाद उनके अनुयायियों की एक धारा का (नाना पाटिल के नेतृत्व में) सी. पी. आइ. में विलय इसी के गवाह हैं। मगर कांग्रेसी राष्ट्रवाद ने अपनी दार्शनिक मूढ़ता और गैर-जनवादी दृष्टिकोण का परिचय देते हुए फुले द्वारा प्रक्षेपित बहस की उपेक्षा कर दी। स्वाभाविक था कि युवा और पीड़ित आंबेडकर राष्ट्रवाद के बजाय फुलेवाद का ही रास्ता अपनाते।

1920 का दशक आते-आते फुले का सत्यशोधक आंदोलन एक बड़े मराठा सामंत--मराठा राजवंश के अवशेष साहू--के गिर्द चक्कर काटने लगा। मराठा राजवंश के ब्राह्मण विरोध का सार था पुणे के ब्राह्मणों द्वारा शिवाजी को क्षत्रिय मानने से इन्कार कर उनका राज्याभिषेक करने से इन्कार करना और उन्हें शूद्र राजा का दरजा देना। फिर ब्राह्मण पेशवाओं ने वस्तुतः मराठा राजाओं को कठपुतली बना रखा था। दूसरे, सत्यशोधक आंदोलन समृद्ध कुनबियों और मराठों के बीच अटक गया था। तीसरे, सवर्ण हिंदू-बहुल राष्ट्रवादी आंदोलन के तेज हो जाने के चलते अंग्रेजों ने अपनी सांप्रदायिक नीति में फिर फेरबदल की तथा अल्पसंख्यक हितों को प्रतिनिधित्व देने के नाम पर भारतीय समाज के अधिकतम विभाजन को अपना प्रस्थान बिंदु बना लिया। इन तीनों कारकों के संयुक्त प्रभाववश फुले की धारा दो उपधाराओं में बँट गयी और आंबेडकर क्रमशः दलितों के प्रतिनिधि के रूप में रूपांतरित हो गये।

कुछ प्रारंभिक प्रचार कार्य ('मूक नायक' और 'बहिष्कृत भारत' का प्रकाशन और संपादन) और आंदोलन (महाड मोर्चा और कलाराम मंदिर प्रवेश) के बाद उनकी टक्कर स्वभावतः गाँधी से हुई और उन्होंने राजनीतिक रूप से यह साबित कर दिया कि गाँधी जैसे भारत के सभी धर्मावलंबियों के प्रतिनिधि नहीं हैं वैसे ही वे हिंदुओं के दलित-सवर्ण तबके का भी प्रतिनिधित्व नहीं करते। एक छोटी-सी

अवधि के लिए वे कम्युनिस्टों के भी कुछ करीब जाते हैं, तथापि अपने जीवन की अधिकांश मंजिलों में आंबेडकर सत्ता के संरक्षण में और उसके जरिये अछूतों के हितों की सुरक्षा के लिए काम करते नजर आते हैं। 1920 के बाद गाँधी ने कांग्रेस को सामान्य जनता से जरूर जोड़ा, किंतु इसका यह अर्थ नहीं कि वे जनवादी अर्थात सामंतवाद विरोधी भी थे। गाँधी दर्शन में वर्णाश्रम धर्म और ब्राह्मणवाद तिलक की तुलना में जरूर उदार है, लेकिन वह अग्राधिकार ही पाये हुए है। इसलिए अछूत हितों के प्रति समर्पित बुद्धिजीवी आंबेडकर के लिए यह निष्कर्ष निकालना ही अस्वाभाविक होता कि ब्रिटिश-रहित भारत अछूतों के लिए स्वयंसिद्ध रूप से या कहें स्वाभाविक रूप से कल्याणकारी होगा। इसी तरह उनसे ऐसी आशा करना भी अव्यावहारिक ही कहा जायेगा कि वे असंगठित, विपन्न, हर तरह से, यहाँ तक कि सवर्णों की संयुक्त संख्या की तुलना में और अछूतों के प्रति उनके दृष्टिकोणों की बुनियादी समानता के चलते संख्या बल से भी, कमजोर तथा आपस में भी विभिन्न जातियों-उपजातियों में बँटे दलितों को आर्थिक समृद्धि और सामाजिक प्रतिष्ठा अर्जित करने के लिए वर्तमान सत्ता के साथ मोलतोल और समझौता करने के बदले हिंसक विद्रोह करने (जो जब कभी हुए, हमेशा असफल रहे) की सलाह देते। मोलतोल और समझौते की राजनीति वस्तुतः आंबेडकर के लिए कमजोरी नहीं, मजबूरी थी। लेकिन दुनिया बड़ी कठोर होती है। यहाँ मजबूरियों पर दया नहीं की जाती, उनका दोहन ही किया जा सकता है। अंग्रेजों और कांग्रेसियों दोनों ने उनके साथ यही किया। अंग्रेजों ने गोल-मेज कांफ्रेंस के दिनों में उनका इस्तेमाल गाँधी के खिलाफ किया तो द्वितीय विश्व युद्ध की पहली मंजिल में ट्रेड यूनियन मोर्चे पर कम्युनिस्टों के खिलाफ। कांग्रेसियों ने उन्हें अंतरिम मंत्रिमंडल में ले कर उन्हें सोशलिस्टों और कम्युनिस्टों दोनों से काट दिया। निस्संदेह स्वतंत्र भारत में कम्युनिस्टों, सोशलिस्टों और आंबेडकरपंथियों का संयुक्त मोर्चा नेहरू के लिए सबसे बड़ी विपत्ति साबित हो सकता था। इस राजनीतिक चुनौती के सामने कूढ़मगज कट्टरपंथियों, राजा-रजवाड़ा पार्टियों आदि की चुनौती कोई चुनौती ही नहीं थी। मोर्चाबद्ध होने के विपरीत भारतीय राजनीति की इन तीनों प्रगतिशील शक्तियों का 'एकला चलो रे' का निर्णय निस्संदेह एक ऐतिहासिक भूल थी, जिसके लिए तीनों, खासकर कम्युनिस्ट और सोशलिस्ट, लेकिन आंबेडकर भी, जिम्मेदार हैं। दरअसल, तीनों में से किसी ने इसकी अहमियत नहीं समझी।

जीवन के अंतिम क्षणों में आंबेडकर ने दो कदम उठाये। दोनों वस्तुतः निष्कर्षात्मक कदम हैं। एक है धर्मांतर (बौद्ध धर्म में) और दूसरा है दलितों की एक स्वतंत्र राजनीतिक पार्टी (रिपब्लिकन पार्टी ऑफ इंडिया : आर. पी. आइ) का सूत्रीकरण। स्पष्टतः दोनों का उद्देश्य दलितों को समुदायगत रूप से सामाजिक-राजनीतिक तौर पर सुदृढ़ करना था। भारतीय राजनीति की शिखर मंडली

के साथ जुड़े रहने के कारण उन्होंने यह अच्छी तरह महसूस कर लिया था कि कांग्रेस के अंदर अब (कम्युनिस्टों और सोशलिस्टों के निकल जाने के बाद) कोई वास्तविक प्रगतिशील जनवादी शक्ति नहीं बची है तथा उसका उदारपंथ अंततोगत्वा हिंदू कट्टरपंथ और ब्राह्मणवाद के सामने सिर झुकाने के लिए तैयार है (खासकर हिंदू कोड बिल के सवाल पर नेहरू द्वारा आत्मसमर्पण किये जाने के बाद)। इसलिए दलितोत्थान के लिए उन पर भरोसा करने के बजाय एक सुस्पष्ट स्वतंत्र राजनीतिक शक्ति के रूप में उन्हें खड़ा करना एकमात्र विकल्प था। धर्मांतर को वस्तुतः इसी के आधार का निर्माण करना था। जीवन ने उन्हें सिखाया था कि भारत में धार्मिक अल्पसंख्यक जातीय अल्पसंख्यकों से अधिक सुदृढ़ राजनीतिक इकाई का निर्माण करते हैं और कांग्रेस भी इसी की आदी रही है (मुस्लिम लीग का अनुभव)।

धर्मांतर के कुछ अन्य फायदे भी थे, जैसे पुराने बौद्धों और बौद्ध देशों की कुछ मदद हासिल कर लेना तथा सर्वोपरि कतिपय रूढ़ियों को दूर भगाना, जैसे वैवाहिक व अन्य परंपरागत हिंदू विधि-विधानों, संस्कारों और पूजाओं तथा इनसे जुड़े अंधविश्वासों से छुटकारा, दलित जातियों के जातिगत पूर्वाग्रहों को कुछ हट तक घटाना आदि, हालाँकि व्यवहार में जातिगत पूर्वाग्रह टूट नहीं सके, अंधविश्वासों ने चोला बदल लिया और अपेक्षाकृत पिछड़े क्षेत्रों और दूरस्थ राज्यों के दलितों ने दोनों धर्मों की उपासना पद्धतियों का बोझ अपनी छाती पर लाद लिया।

रिपब्लिकन पार्टी उनकी मृत्यु के बाद अस्तित्व में आयी और बड़ी जल्दी कांग्रेस के धूर्त नेताओं ने उसके नेताओं को खरीद कर धीरे-धीरे उसे राजनीतिक रूप से अस्तित्वहीन कर दिया, तथापि एक स्वतंत्र शक्ति के रूप में दलितों के खड़ा होने का चिंतन और हथियार जरूर स्पष्ट रूप से सामने आ गया।

यों आंबेडकर दलितों को जरूर एक स्वतंत्र राजनीतिक शक्ति में तब्दील कर दे सके, किंतु भारतीय सामाजिक क्रांति के संबंध में उनके 'विजन' में स्पष्टता नहीं रहने के कारण वे दलित मुक्ति के लिए कोई बुनियादी रणनीति सूत्रबद्ध नहीं कर सके। इसी कारण आज आंबेडकर के नाम पर उनका हर अनुयायी अपनी संकीर्ण कार्यनीतियाँ ले कर हाजिर है। कोई दलित मुक्ति के प्रश्न पर भविष्योन्मुखी या दूरगामी दृष्टि से सोचने के लिए तैयार नहीं है।

आंबेडकर के अन्य अवदान हैं—आरक्षण, अस्पृश्यता उन्मूलन कानून, हिंदू धर्म में सुधार के प्रयत्न और भारतीय संविधान के प्रणयन में पूँजीवादी जनवाद के कतिपय पहलुओं को समाविष्ट करना। यों पाकिस्तान के प्रश्न पर और उससे भी अधिक भाषा आधारित राज्यों के गठन के लिए नियुक्त आयोग में उनकी भूमिकाओं की भी आम तौर पर खूब सराहना की जाती है। बंबई महाराष्ट्र में रहे या गुजरात में अथवा दिल्ली के कब्जे में, इस विवाद में उनके हस्तक्षेप के प्रशंसक उनके कट्टर दुश्मन बाल ठाकरे भी हैं। स्वतंत्रता के पूर्व ट्रेड यूनियन आंदोलन

और ट्रेड यूनियन रिश्तों में से उनके कुछ कार्यों की समर्थक वामपंथी मंडली भी रही है, हालाँकि खासकर द्वितीय विश्व युद्ध के समय से इस मामले में वे कम्युनिस्ट विरोधी भूमिका में ही नजर आते हैं।

आरक्षण आंबेडकर की स्वतंत्र अवधारणा नहीं है। यह मूलतः पश्चिमी अवधारणा है और अंग्रेजों ने इसका इस्तेमाल सबसे पहले मुस्लिम अल्पसंख्यकों के लिए किया था। दलितों के लिए इसका इस्तेमाल करने को भी पहले अंग्रेजों ने ही सोची। आंबेडकर का योगदान यह है कि उन्होंने इसे दलितोत्थान का एक सुदृढ़ हथियार बना दिया। उल्लेखनीय है कि पिछड़े क्षेत्रों के लिए लेनिन और स्तालिन ने भी आरक्षण का उपयोग किया था, तथापि सीमित पैमाने पर और इसे अपने देश के अल्पसंख्यकों का हथियार उन्होंने कभी नहीं बनने दिया।

आरक्षण के फलस्वरूप एक ग्रामीण भूदास का एक नौकरशाह में रूपातंरण निस्संदेह एक भूकंपकारी परिघटना है। इसने निस्संदेह दलित निम्न-पूँजीपति वर्ग को अपनी संख्यागत और सामाजिक शक्ति के बतौर शक्ति वृद्धि करने और सुगठित होने में मदद की, तथापि इसने दो बड़े अपकार किये। एक तो, इसने दलितों के एलिट सेक्शन को कांग्रेस का दलाल बना दिया तथा दूसरे, दलितों के पिछड़े तबकों, खासकर गरीब-भूमिहीन किसान तबके, को एक स्वतंत्र राजनीतिक शक्ति के बतौर उठ खड़ा होने में भारी बाधाएँ डालीं। वैसे भी, आरक्षण के मैकेनिज्म में ऐसा कुछ नहीं है, जो दलितों की बहुसंख्या से समर्थित दलितों को ही विधानसभा और संसद में दलितों का राजनीतिक प्रतिनिधि बनने दे–उनको नहीं, जिन्हें सवर्ण उनका प्रतिनिधि बनाना चाहते हैं। फिर, इससे दलितों के अंदर बड़े पैमाने पर रियायतवाद ही पनपा है। तथापि इससे दलित बुद्धिजीवियों के अंदर कुछ सरकार विरोधी, कांग्रेस विरोधी जनवादी तत्व भी उभरे और उम्मीद की जानी चाहिए कि ये तत्व जनवादी और वामपंथी आंदोलनों में अधिक से अधिक शामिल होते जायेंगे। इसलिए जाति आधारित आरक्षण को कम्युनिस्ट एक आवश्यक बुराई मानते हुए भी उसका समर्थन करते रहे हैं। बहरहाल, आरक्षण के 45 वर्षों ने यही स्पष्ट किया है कि यह दलितों का उत्थान तो नहीं कर सका, उलटे इसने उनको अपने स्वाभाविक मित्रों, सवर्णों के दरिद्र तबके, का ईर्ष्याभाजन बना दिया।

अस्पृश्यता उन्मूलन एक कानूनी सवाल नहीं था, न कानून ने प्रत्यक्षतः इसे दूर करने में कोई योगदान ही किया। बहरहाल, आज अस्पृश्यता में जो ढिलाई आयी है, उसका श्रेय उससे कहीं अधिक आधुनिक विकास को दिया जाना चाहिए। फिर आंबेडकर का लक्ष्य जाति भेद उन्मूलन था। परवर्ती इतिहास ने साबित कर दिया है कि जातियों की आधारभूत पहचान आज अस्पृश्यता भले नहीं रही, किंतु उसने अन्य कई नयी पहचानें बना लीं और आज भी भारतीय राजनीति पर जातिगत विग्रहों का भारी असर है। यहाँ तक कि जाति भेद को सामने खड़ा कर ही कई

राज्य सरकारें बनी हैं और केंद्रीय सता पर भी कब्जा करने की कोशिशें की जा रही हैं।

आंबेडकर ने दलितों की स्वतंत्र राजनीतिक पार्टी बनाने की तीन बार कोशिशें कीं–सबसे पहले 1936 में स्वतंत्र मजदूर पार्टी के रूप में, फिर, 1942 में अनुसूचित जाति संघ के रूप में और अंतिम बार जीवन के अंतिम क्षणों में आर. पी. आइ. के रूप में, जो वस्तुतः उनकी मृत्यु के बाद बन सकी। पहली बार उन्होंने एक वामपंथी चेहरा रखने की कोशिश की और अंतिम बार एक जनवादी, किंतु किसी बार वे सफल नहीं हो सके। तीनों प्रयास मुख्यतः उनकी अपनी जाति आधारित और महाराष्ट्र आधारित ही रह गये। इस किस्म के सफल प्रयास में भी सबसे सकारात्मक बात केवल यह हो सकती है कि दलित निम्न-पूँजीपति वर्ग की पार्टी होने के कारण यह शायद कुछ जनवादी माँगों के पक्ष में खड़ी हो, तथापि खतरा केवल इस बात का ही नहीं है कि इसका नेतृत्व राजनीतिक अवसरवाद का शिकार हो जाये, जैसा कि दादासाहब गायकवाड़, खोब्रागड़े और गवई अथवा आज आठवले और कांशीराम हुए हैं, बल्कि सबसे बड़ा खतरा तो इस बात का है कि यह पार्टी अपनी जीवन रक्षा के लिए हमेशा अपनी दलित पहचान बनाये रखने पर आधारित हो जायेगी, जो वस्तुतः जातिविहीन समाज बनाने के इसके घोषित लक्ष्य की ही हत्या होगी।

जहाँ तक हिंदू धर्म में सुधारों का प्रश्न है, इस मामले में आंबेडकर के साथ कम्युनिस्टों के मतभेद के बहुत कम स्थान हैं। उलटे अन्य धर्म सुधारकों की तुलना में आंबेडकर का वस्तुवादी रुख और अंधविश्वासों तथा कुरुचिपूर्ण विधि-विधानों पर समझौताहीन आक्रमण तथा आधुनिकता की निस्संकोच पक्षधरता कम्युनिस्टों के लिए सहायक ही हैं, यद्यपि कम्युनिस्टों का तरीका इन पर प्रत्यक्ष आक्रमण करने की जगह सामाजिक आंदोलनों के जरिये हासिल जन-जागरण के बल पर वर्ग संघर्ष के साथ जोड़ते हुए इन्हें निर्मूल करना है।

संक्षेप में, आंबेडकर भारतीय इतिहास के एक ऐसे संधिक्षण में पैदा हुए थे, जब भारतीय राष्ट्र आजादी के लिए लड़ रहा था, किंतु उसके मनमस्तिष्क में एक ऐसा कोहरा छाया हुआ था, जिससे उसे यह सूझ नहीं रहा था कि आजादी पा कर वह करेगा क्या। लोग एक अति बुद्धिमान नेता के इशारे पर लड़ रहे थे, लेकिन वह बुद्धिमान नेता आजादी का जो अर्थ स्वयं समझ रहा था (ब्रिटिश अभिभावकत्व में खुदमुख्तारी), वह प्रचलित अर्थ से काफी भिन्न था और उसे केवल देशी पूँजीपति वर्ग ही भलीभाँति समझ रहा था, बाकी सब ठगे जा रहे थे। आंबेडकर ने ठगे जाने से अपने-आपको बचा लिया; गाँधी की सर्वाधिक निर्मम आलोचनाएँ उन्हीं की कलम से निकलीं; उन्होंने न केवल दलितों के प्रति गाँधी की गद्दारी की आलोचना की, बल्कि उन्होंने गाँधी के मजदूर द्रोह और किसान

द्रोह का भी बड़ी निपुणता के साथ भंडाफोड़ किया और यों गाँधी की वर्गीय अंतर्वस्तु (सामंतों, पूँजीपतियों और ब्राह्मणवाद के प्रतिनिधि; खुद उनके शब्दों में ब्राह्मण और बनिया के प्रतिनिधि) का पर्दाफाश किया। तथापि राष्ट्रीय आंदोलन से कटाव ने उनके जनवादी स्वर को एक संकीर्ण अर्थ दे दिया। इतिहास की द्वांद्विकता है कि इससे दलित हित ही सबसे अधिक प्रभावित हुआ, क्योंकि यह कांग्रेस ही है जो दशकों से दलितों को अपना वोट बैंक बनाये रही और कुछ अपवादों को छोड़ कर अधिकांश राज्यों में आज भी स्थिति यही है।

मार्क्स को चूँकि जगत विजेता पूँजीवाद का सामना करना पड़ा था, इसलिए उन्हें एक ऐसे दर्शन की तलाश करनी पड़ी जो दुनिया की केवल व्याख्या न करे, बल्कि उसे परिवर्तित करने का हथियार भी बने। इसी कारण उन्हें पूँजीवादी शोषण और सामाजिक उत्पीड़न के आर्थिक स्रोतों की तलाश करनी पड़ी तथा उन औजारों को ढूँढ़ना पड़ा, जो इस शोषणकारी-उत्पीड़नकारी विश्व को बदल सके। इसके लिए उन्हें विश्व सर्वहारा की आम रणनीति की भी तलाश करनी पड़ी।

आंबेडकर पर इतिहास ने एक दूसरी चुनौती डाल रखी थी। उन्हें जड़ीभूत भारतीय समाज की जड़ता के स्रोतों की तलाश करनी थी और उसमें नये पंख उगाने थे। इसलिए उनके अध्ययन का केंद्र बनी भारतीय ब्राह्मणशाही। उन्होंने ठीक ही चिह्नित किया कि ब्राह्मणवाद विरोध का सारतत्व है जाति भेद उन्मूलन। उन्होंने ठीक ही पहचाना कि भारतीय ग्राम समाज की अमरता के दो आधार थे–आर्थिक तौर पर भूमि की सामूहिक मिल्कियत और ढाँचागत अथवा सामाजिक तौर पर जाति प्रथा अर्थात जाति आधारित श्रम विभाजन। अंग्रेजों ने आर्थिक आधार को जरूर तोड़ा–जमीन को निजी संपत्ति में जरूर रूपांतरित कर दिया, लेकिन किसानों को जमींदारों-सूदखोरों (रैयतवारी क्षेत्रों में) का अर्धदास बना कर आमूल परिवर्तनों की राह भी अटका दी। आंबेडकर ने निस्संदेह चमत्कारपूर्ण ढंग से (बेशक स्वतंत्र रूप से, बिना मार्क्स को पढ़े) इस बात को पहचाना कि जाति भेद का उन्मूलन प्रचलित भूमि संबंधों में आमूल परिवर्तन के सवाल के साथ जुड़ा हुआ है। चूँकि आंबेडकर ने यह निष्कर्ष विशुद्ध भारतीय परिस्थितियों के आधार पर निकाला है, अतः इसकी विश्वसनीयता और अधिक बढ़ जाती है। इसी निष्कर्ष के चलते आप उन्हें बेधड़क भारतीय जनवादी क्रांति का शलाका पुरुष कह सकते हैं, क्योंकि भारत में जनवादी क्रांति का सार अर्थ है–पुराने भूसंबंधों का आमूल खात्मा (इससे उन सामाजिक व्यवहारों के विनाश की उपयुक्त परिस्थिति पैदा हो जाती है जो इन संबंधों पर टिके होते हैं) और जाति बंधनों का विनाश। जातियाँ प्राक्-पूँजीवादी रचना हैं, अतः आधुनिक विकास उनकी प्रकृति के अनुकूल नहीं बैठता। जाति विभक्त समाज में दरअसल जनवाद की कल्पना की ही नहीं जा सकती। समाज के सबसे निचले पायदान पर खड़े सर्ववंचित अछूतों को उसी हाल

में छोड़ कर समानता और भाईचारा की पताका फहराने का ख्वाब मूर्ख ही देख सकते हैं।

जो हो, आंबेडकर को भूसंबंधों के सवाल पर बार-बार लिखना पड़ा–'जातियों का उन्मूलन' से ले कर 'स्टेट्स ऐंड माइनारिटीज' तक में और इस सवाल पर उन्हें डाँगे से आमने-सामने बहस भी करनी पड़ी। यहाँ तक कि 1918 में भी, जब उन्होंने अभी राजनीति का ककहरा ही शुरू किया था, वे भूमि सुधार के प्रश्न पर चिंतित नजर आते हैं ("भारत की छोटी मिल्कियतें और उनका निदान')। इसी तरह 1929 में उन्होंने खोती प्रणाली (कोंकण में प्रचलित जमींदारी प्रथा का एक रूप) खत्म करने तक की माँग की। वतन प्रणाली (महारों को भूदास बनाने की पेशवाओं द्वारा शुरू की गयी प्रणाली; जमीन के एक टुकड़े की एवज में महारों से दासत्व कराना; पूर्वी भारत में हाल-हाल तक प्रचलित कमिया प्रथा से मिलती-जुलती प्रणाली) के खिलाफ तो वे आजीवन लड़ते रहे (1959 में उसका खात्मा हुआ, किंतु उलटे रूप में अर्थात महारों से जमीन छीन ली गयी)। इस ठोस यथार्थ का ही पहलू है कि आंबेडकर के हर किस्म के वारिसों की भी, आर. पी. आइ (1959 और 1964 के भूमि आंदोलन) और दलित पैंथर (छिटफुट आंदोलन) से ले कर बसपा तक को (हाल में उ. प्र. में सरकार बनाने के बाद बसपा ने निर्देश जारी किया है कि दलित गैरआबाद सरकारी भूमि पर कब्जा कर लें), जमीन के सवाल को उठाना पड़ा है, हालाँकि गायकवाड़ के बाद अन्य कोई इस सवाल पर समर्पित नजर नहीं आये, बल्कि सारा कुछ दलित जनाधार के दबाववश ही हुआ या हो रहा है। जिस समुदाय का 90 प्रतिशत से अधिक ग्रामीण सर्वहारा या गरीब किसान या कृषि-अर्थव्यवस्था से जुड़े दस्तकारों का हो, उसकी मुक्ति भूमि के प्रश्न को टाल कर भला कैसे संभव है ?

आंबेडकर के सामने भारतीय राजनीति के पाँच रूप थे–ब्रिटिश सरकार से हाथ मिलाये सुधारवादी, स्वराज्य (स्वाधीनता नहीं) कामी कांग्रेस, आतंकवादी क्रांतिकारी, कम्युनिस्ट और मुस्लिम लीग। सिद्धांततः भारतीय जनवाद की समझ के मामले में सभी उनसे पीछे थे। लेकिन एक समुदाय विशेष के हितों से बँधे होने के कारण (उन्होंने केंद्रीय मंत्रिमंडल से इस्तीफा देते समय संसद में रखे गये वक्तव्य में इसे स्वयं स्वीकार किया है) वे भारतीय राजनीति के इनमें से किसी स्वरूप में अपने को खपा न सके। वे स्वतंत्र राजनीतिक शक्ति के बतौर जरूर उभर सके, लेकिन छोटी-बड़ी तमाम जातियों के सर्वमान्य नेता न बन सके, जबकि भूमि का सवाल छोटी-बड़ी सभी जातियों से जुड़ा सवाल था। और, यही आंबेडकर की असफलता का सर्वप्रधान कारण बना।

अक्सर मार्क्स और आंबेडकर की तुलना करते समय लोग कुछ भ्रमों से शुरू करते हैं। पहले तो वे भारतीय समाज के बारे में सी. पी. आइ., सी. पी. एम.

के विश्लेषण और कृतित्व को भारतीय संदर्भ में प्रामाणिक मार्क्सवाद मान लेते हैं और इसी के आधार पर निंदा-प्रशंसा सूत्रबद्ध करते हैं। इस दृष्टिकोण को छोड़ना जरूरी है। सी. पी. आइ., सी. पी. एम. के लिए भूमि सुधार का प्रश्न कभी भारतीय समाज का केंद्रीय प्रश्न नहीं रहा और आज भी नहीं है। अतः सी. पी. आइ., सी. पी. एम. ने कभी आंबेडकरपंथियों से मैत्री करने का, सामयिक और सतही संयुक्त संघर्षों के बावजूद, दिली आवेग महसूस नहीं किया। सी. पी. आइ., सी. पी. एम. के लिए मार्क्सवाद कठमुल्ला सूत्र भर है, इसलिए वे मार्क्स के मृत शब्दों को ढो जरूर रहे हैं, लेकिन उसकी जीती-जागती आत्मा की रोशनी को पकड़ नहीं रहे हैं। वे तथ्यों से सत्य की तलाश करने, देश, काल और परिस्थिति के अनुसार भारतीय क्रांति की खुद अपनी राह तलाशने की हिम्मत खो चुके हैं तथा सत्ता या पूँजीपति वर्ग के एक हिस्से के संरक्षण में क्रांति करने की हद तक पतित हो चुके हैं। आज तो सी. पी. आइ. ने मार्क्स को भी पूरी तरह छोड़ दिया है। इसलिए हाशिये पर की नयी-पुरानी शक्तियों को अपने पीछे गोलबंद कर मार्क्सवाद के शस्त्रागार को नये अवदानों से समृद्ध करने और लीक से हट कर कुछ सोचने-करने का खयाल भी सी. पी. आइ., सी. पी. एम. के अंदर नहीं उठता।

यहाँ इस बात पर जरूर गौर किया जाना चाहिए कि सी. पी. आइ., सी. पी. एम. के विपरीत सी. पी. आइ. (एम-एल) की स्थिति भिन्न है। इस आंदोलन के मूलतः ग्रामांचल आधारित आंदोलन होने के कारण इसके दो ही मुख्य सामाजिक आधार रहे हैं–दलित और आदिवासी। खासकर बिहार में नक्सलवाद और दलित जागरण पर्यायवाची बने हुए हैं। फिर, सी. पी. आइ. (एम-एल) के लिए भारतीय जनवादी क्रांति का केंद्रीय प्रश्न भूमि सुधार है और वह इसी के लिए समर्पित है। सी. पी. आइ. (एम-एल) रूसी और चीनी चश्मों का परित्याग कर भारतीय प्रश्न को उसकी अपनी जटिलता में स्वतंत्रतापूर्वक देखने-समझने और मार्क्सवादी तरकस के लिए अब तक अपरिचित तीरों की ढलाई करने की पर्याप्त हिम्मत प्रदर्शित कर चुकी है। दलित पैंथर आंदोलन में नक्सलवाद की ही सशक्त उपस्थित के चलते दक्षिणपंथी राजा ढाले को भी कहना पड़ा था कि मार्क्सवाद और आंबेडकरवाद एक-दूसरे से हाथ मिला सकते हैं। फिर, इसी कारण एकाध गैर-दलित नक्सली कार्यकर्ता (जैसे सुनील दिघे) पैंथर की केंद्रीय कमेटी तक में शामिल रहे और यहाँ तक कि दलित पैंथर का प्रथम कार्यक्रम उलट जाइए–सी. पी. आइ. (एम-एल) के कार्यक्रम का अक्स इतना साफ नजर आयेगा कि आप इसे स्मगलिंग भी कह सकते हैं। सी. पी. आइ. (एम-एल) इन्हीं कारणों से न केवल दलितों और उनके लड़ाकू संगठनों के प्रति, बलिक धार्मिक, जनजातीय अल्पसंख्यकों सहित उन ढेर सारी शक्तियों से दोस्ती करने और उन्हें जनवादी आंदोलन की मुख्य धारा में खींच लाने के प्रति एक गहरी कशिश महसूस करती है, जो आम तौर

पर हाशिये पर ही खड़े हैं अथवा कांउटर वेट (समतोलकारी, पासंग) की भूमिका निभाने के लिए अभिशप्त हैं। आज मार्क्सवाद और आंबेडकरवाद के बीच तुलना करने के लिए यह समझना जरूरी है।

दूसरा भ्रम है यह मान्यता कि मार्क्स आर्थिक क्रांति के पक्षधर थे और आंबेडकर सामाजिक क्रांति के। यह एक मूर्खतापूर्ण सरलीकरण है और इसमें मार्क्स या आंबेडकर ही नहीं, सामाजिक क्रांति को भी ठीक ढंग से नहीं समझा गया है। मार्क्स ने हमेशा 'सामाजिक परिवर्तन', 'सामाजिक क्रांति' शब्द का इस्तेमाल किया है और उनका चिंतन समाज की आर्थिक बुनियाद, राजनीतिक इंजन और सांस्कृतिक इमारत तीनों को एक साथ समेटता है। यहाँ मार्क्स के उन वक्तव्यों को हाजिर करना हास्यास्पद है, जिनमें उन्होंने सांस्कृतिक सवालों पर और गहराई से अध्ययन करने की आवश्यकता पर बल देने के लिए यह कहा है कि वे ऐसा नहीं कर सके। समाजवादी क्रांति से मार्क्स का तात्पर्य है[1], मेहनतकश जनसमुदाय के अन्य हिस्सों के साथ संश्रय कायम कर मजदूर वर्ग द्वारा सत्ता दखल, पुरानी राज्य मशीनरी को तोड़ना और सर्वहारा अधिनायकत्व की स्थापना (अब इसका तात्पर्य नये ढंग से समझने की कोशिशें हो रही हैं), उत्पादन के साधनों पर सार्वजनिक मालिकाना कायम करना (इस संबंध में भी आज अनेक नये प्रयोग चल रहे हैं) और आर्थिक व सामाजिक प्रक्रियाओं के सामाजिक नियमन की पद्धति का निर्माण करना (इस दिशा में भी कुछ नये प्रयोग किये जा रहे हैं), शोषण व उत्पीड़न के तमाम रूपों का खात्मा, वर्गीय अंतर्विरोधों का खात्मा, समाजवादी जनवाद का विकास और सांस्कृतिक क्रांति (इस पहलू को भी नये सिरे से समझने की कोशिशे जारी हैं। इसे चीन की सांस्कृतिक क्रांति के साथ गड्डमड्ड नहीं कर देना चाहिए)।

क्रांति के प्रति आंबेडकर के नजरिये के सार को यों रखा जा सकता है : दलितों की सत्ता में भागीदारी की गारंटी करना, उन्हें आर्थिक-राजनीतिक विकास का भरपूर अवसर मुहैया कराना और तमाम ब्राह्मणवादी प्रवृत्तियों और प्रतीकों का विनाश। दरअसल, यह अफवाह सुधारवादियों ने उड़ा रखी थी कि आंबेडकरी दर्शन का सार है पहले सामाजिक संबंधों में परिवर्तन, तब तथाकथित आर्थिक और राजनीतिक संबंधों में परिवर्तन। यह चिंतन आंबेडकर को एक निरीह सामान्य समाज सुधारक में बदल देता है। आंबेडकर मूलतः एक राजनीतिज्ञ थे–मार्क्स की तुलना में कहीं अधिक 'मैन आफ पॉलिटिक्स' और उन्होंने दलित प्रश्न के राजनीतिक समाधान पर ही अपने को केंद्रित किया था। समुदाय विशेष का प्रतिनिधि होने के कारण चूँकि वे आर्थिक स्रोत को दुरुस्त करने की प्रक्रिया का नेतृत्व नहीं कर सकते थे, इसलिए उन्हें आर्थिक रियायतों तक सीमित रहना पड़ा। लिहाजा उनके

1. 'ए डिक्शनरी ऑफ कम्युनिज्म', पृष्ठ 203

सामने सत्ता में भागीदारी और सांस्कृतिक प्रश्नों को बलिष्ठतापूर्वक उठाने के अलावा और कोई चारा नहीं बचा था। सांस्कृतिक मुद्दे पर उनकी आवाज थोड़ी अधिक ठनकदार लगेगी ही, क्योंकि कम्युनिस्टों और समूचे समाज के अन्य प्रतिनिधियों को सामाजिक एकता के स्वार्थ में इस मुद्दे पर अपना स्वर मुलायम ही रखना पड़ता है।

राज्य के संबंध में मार्क्स और आंबेडकर की धारणाएँ परस्पर विरोधी की हद तक भिन्न हैं। मार्क्स स्पष्टतः मौजूदा राज्य को बलपूर्वक उखाड़ फेंकने और उसे सर्वहारा राज्य के जरिये स्थानांतरित करने के पक्षधर हैं। इस कारण मौजूदा राज्य के तमाम उपकरण–सेना, पुलिस, अदालत, जेल और कानून सभी–शोषक वर्गों द्वारा शोषित वर्गों के शोषण और उत्पीड़न के हथियार भर हैं, जबकि सर्वहारा राज्य पूँजीवाद के दमन से अपना जीवन शुरू कर खुद राज्य के उच्छेद तक की यात्रा करेगा और राज्य धीरे-धीरे प्रबंधकारिणी संस्थाओं में तब्दील हो जायेगा। आंबेडकर के लिए आधुनिक राज्य एक वर्ग द्वारा दूसरे वर्ग पर शासन करने और दमन करने का यंत्र नहीं, बल्कि बेहतर भविष्य के लिए मानवीय हितों को आगे बढ़ाने का हथियार है। वे राज्य को किसी वर्ग का हथियार नहीं मानते, बल्कि उसमें सभी वर्गों से आस्था रखने का आग्रह करते हैं। आधुनिक पूँजीवादी-जनवादी राज्य के बारे में आंबेडकर का यही भ्रम है, जो उन्हें किसी सामानांतर राजनीतिक प्रणाली के चिंतन की ओर बढ़ने से रोक देता है और वे एक सच्चे राष्ट्रीय समाजवादी की हैसियत से राज्य को कल्याणकारी राज्य बनाने के उपायों और योजनाओं पर अपना दिमाग खपाते हैं। इस अर्थ में आंबेडकर एक उदारवादी जनवादी से आगे की यात्रा करने में असमर्थ हो जाते हैं। स्वभावतः आंबेडकरवादियों और मार्क्सवादियों के बीच की बहस मौजूदा राज्य के परिवर्तन बनाम मौजूदा राज्य के ध्वंस और एक नये राज्य के निर्माण की बहस भी है।

राज्य के संबंध में यह धारणात्मक फर्क ही आंबेडकर को वर्ग-संघर्ष के विपरीत, जो मार्क्स के लिए एकमात्र राह है, 'समाज की सामाजिक और नैतिक चेतना' जगाने के आंदोलनों और राज्य के प्रयासों पर निर्भर बना देता है। इसलिए आंबेडकर के लिए संघर्ष का अर्थ सीमित हो कर केवल समाज का उदारीकरण रह जाता है।

इसलिए बात केवल यह नहीं है कि भारतीय समाज का मार्क्सवादी वर्गीकरण (वर्गों में विभाजन) और आंबेडकरी वर्गीकरण (जातियों में विभाजन) भिन्न रहने से उनके समाधान के भिन्न रास्ते निकलते हैं। भारतीय जातियों की सामुदायिक पहचान जितनी भी अधिक हो और भारतीय समाज का वर्ग विभाजन जितना भी आधा-अधूरा हो, भारतीय राज्य के चरित्र का मूल्यांकन ही असल बात है और आंबेडकर इस मामले में निस्संदेह गलत हैं–उतना ही जितना कि लोहिया

गलत थे और जितना कि सी. पी. आइ. गलत थी। उल्लेखनीय है कि तीनों घुमा-फिरा कर भारतीय पूँजीपति वर्ग की निर्माणात्मक भूमिका को ही प्रधान मान बैठते हैं।

मार्क्सवाद के संबंध में आंबेडकर ने कई जगह कई बातें कही हैं–अधिकांशतः बौद्ध धर्म के साथ तुलना के प्रसंग में (खासकर श्रीलंका में बुद्धिस्टों की एक सभा में दिया गया उनका भाषण द्रष्टव्य है)। उनके अनुससार मार्क्स के लक्ष्य के साथ उनका कोई मतभेद नहीं है, मतभेद है मार्क्स के साधनों के साथ। उनके लिए मार्क्स के साधन हैं हिंसा और सर्वहारा अधिनायकत्व। इसे आप मार्क्स के बारे में सतही समझ ही कह सकते हैं, हालाँकि यह भी सच है कि कई कम्युनिस्ट पार्टियाँ इसी बीमार चिंतन से ग्रस्त रही हैं। इसी दौरान उन्होंने इस बात को भी रखा है कि मार्क्सवादी उपायों से सत्ता में जाने पर भी नौकरशाही तो जस की तस रहेगी, जो मुख्यतः सी. पी. आइ. का सिद्धांत हो सकता है, मार्क्सवाद का नहीं। वस्तुतः आंबेडकर के लिए मार्क्स को जानने के दो रास्ते थे–मार्क्स के पश्चिमी आलोचक और सी. पी. आइ. व सोवियत संघ के व्यवहार। लिहाजा, आंबेडकर के लिए मार्क्स के चिंतन जगत में पहुँचना संभव ही नहीं हुआ (सवाल यह बिलकुल नहीं है कि उन्होंने मार्क्स की सारी किताबें पढ़ी थीं या नहीं, जिस पर कुछ लोग अकारण बहस करने लग जाते हैं)। इसके लिए अगर कोई आंबेडकर को दोषी ठहराता है, तो यह निस्संदेह गलती है। दरअसल, आंबेडकर के इर्द-गिर्द की सामाजिक परिस्थितियाँ ही इसके लिए मुख्य रूप से उत्तरदायी हैं। मार्क्सवाद का जो व्यवहार वे देख रहे थे, उनका निष्कर्ष उसी पर तो आधारित होता। फिर, दलित होने के नाते उनका आक्रोश सामंतवाद पर केंद्रित रहना ही स्वाभाविक था। उनकी गलती केवल इतनी है कि वे गाँधी का भंडाफोड़ जरूर कर सके, किंतु वे नेहरू से उसी तरह चकमा खा गये जिस तरह सी. पी. आइ. और सोशलिस्टों ने खाया था। उल्लेखनीय है कि मंत्रिमंडल से इस्तीफा देने के पूर्व उन्होंने नेहरू की कभी कोई आलोचना नहीं की। दरअसल, मार्क्स के चिंतन जगत में पहुँचने की राह भारतीय परिस्थिति में नेहरू की आलोचना थी, क्योंकि नेहरू ही भारतीय पूँजीपति वर्ग की सामाजिक भावनाओं के असली प्रतिनिधि बन कर उभरे। जीवन के अंतिम क्षणों में आंबेडकर ने नेहरू की आलोचना (गुटनिरपेक्षता आदि के संबंध में) कुछ दक्षिणपंथी झुकाव के साथ शुरू की थी। संभव है कुछ और वर्ष, जब इस नयी शासक मंडली के प्रति आम जनता का मोहभंग होने लगा, आंबेडकर को कुछ नये चिंतन के लिए बाध्य करते अथवा वार्धक्य उन्हें ऐसा करने से रोक भी दे सकता था। संभावनाओं और परिकल्पनाओं की इस उड़ान से कोई निष्कर्ष नहीं निकाला जा सकता, तथापि तथ्य यह भी है कि हिंदू कोड बिल के सवाल पर नेहरू ने उनके साथ जो धोखा किया था, उससे उन्हें यह झलक तो मिल ही गयी थी कि भारतीय पूँजीपति वर्ग का यह धूर्त प्रतिनिधि किस प्रकार भारतीय ब्राह्मणवाद

के साथ साँठ-गाँठ किये हुए है।

आंबेडकर की राज्य संबंधी अवधारणा चूँकि उदारवादी और राष्ट्रीय समाजवादी राज्य है, इसलिए उसके अंदर दलितों और कम्युनिस्टों की एकता का बिंदु भी छिपा हुआ है। राज्य की कल्याणकारी भूमिकाओं के लिए सामाजिक-आर्थिक परिस्थितियों के परिवर्तन पर आंबेडकर का आग्रह वह सूत्र है, जिस पर बहस जरूर तेज की जानी चाहिए, क्योंकि इस बहस से अंततोगत्वा सामाजिक-आर्थिक परिस्थितियों के परिवर्तन में राज्य के निर्णायक योगदान का प्रश्न सामने चला आता है और तब आज के दलित चिंतकों को मौजूदा राज्य के ध्वंस और नये राज्य के निर्माण की चेतना तक बढ़ने के लिए प्रेरित किया जा सकता है। कम्युनिस्ट राज्य की कल्याणकारी और सुधारवादी भूमिका का विरोध नहीं करते, अतः भूमि सुधार से ले कर सामाजिक-सांस्कृतिक सुधार तक का एक विशाल दायरा संयुक्त और एकताबद्ध कार्यवाहियों के लिए हाज़िर है।

दूसरे, राममोहन राय, फुले, रानाडे सबके विपरीत आंबेडकर दलित मुक्ति में राज्य और सत्ता में साझेदारी को निर्णायक भूमिका में रखते हैं। यह राजनीतिक सक्रियता उन्हें राजनीतिक ध्रुवीकरणों की ओर ले जाती है। दलित शक्तियों को अगर आज तक कांग्रेस या अन्य प्रतिक्रियावादी शक्तियाँ अपने पक्ष में ध्रुवीकृत कर लेती रही हैं, तो इसी तथ्य से यह स्पष्ट होता है कि कम्युनिस्टों द्वारा भी उन्हें अपने पक्ष में ध्रुवीकृत कर लेने की संभावनाएँ मौजूद हैं। अतः यह मूलतः कम्युनिस्टों पर निर्भर करता है कि वे दलित राजनीतिक शक्तियों को प्रतिक्रियावादी शक्तियों के खिलाफ संघर्ष कर कैसे अपने पीछे खड़ा होने के लिए मजबूर करते हैं।

तीसरे, दलितों का अधिकांश ग्रामीण सर्वहारा है। अपनी जाति और समुदाय के निम्न-पूँजीपति वर्ग से वह अवश्य प्रभावित होगा, तथापि इस ग्रामीण सर्वहारा को जैसे ही स्वतंत्र राजनीतिक शक्ति के रूप में खड़ा कर दिया जाता है, जैसा कि आज विहार में हुआ है, दलित निम्न-पूँजीपति वर्ग उन्हें राजनीतिक नेतृत्व देने में अक्षम हो जाता है (जैसे कि आज उत्तर प्रदेश में बसपा होती जा रही है) और उसे या तो तटस्थ बन जाना पड़ता है (सामाजिक रूप से) अथवा सर्वहारा नेतृत्व का प्रछन्न समर्थन करने के लिए बाध्य हो जाना पड़ता है। उल्लेखनीय है कि आंबेडकर के दौर में, जब बोल्शेविक पार्टी नागपुर के दलित सर्वहारा को अपनी स्वतंत्र वर्गीय भूमिका में खड़ा कर पाने में असफल रही, तो वे सब के सब आंबेडकर के साथ चले गये, सी. पी. आइ. के अधिकांश दलित कार्यकर्ता भी आंबेडकरवादी बन गये, किंतु आज बिहार में रामविलास पासवान द्वारा वर्षों भारी प्रयत्न करने के बावजूद किसी स्वतंत्र दलित राजनीतिक शक्ति का उदय नहीं हो सका तथा उत्तर प्रदेश की शानदार सफलता के बावजूद और उसका फल

सुदूर आंध्र प्रदेश, उड़ीसा और पश्चिम बंगाल में बटोरने के बावजूद, पूर्वांचल से, जो बसपा का सबसे ठोस गढ़ बना हुआ है, एकदम सटे भोजपुर-रोहतास में या समूचे बिहार में लाख कोशिशें करने पर भी कांशीराम एक प्रदर्शन तक आयोजित नहीं कर सके।

ऐसे किसी भ्रम में यकीन नहीं करना चाहिए कि दलित ही सर्वहारा है अथवा दलितों का अधिकांश सर्वहारा है। दोनों भिन्न समाजों–सामाजिक विकासों–की उपज हैं और इसलिए उनके आदर्श कदापि एक नहीं हो सकते। चूँकि दोनों ही युद्धरेखा की एक ही ओर खड़े है, इसलिए उनके हितों में आम समानता रहेगी, लेकिन इससे ज्यादा नहीं। सर्वहारा वर्ग का विखंडन समाजवाद की आखिरीं मंजिल–कम्युनिज्म की मंजिल–में होना है, जबकि दलित वर्ग का विखंडन पूँजीवादी मंजिल के अंदर ही हो जाना चाहिए था। चूँकि भारत में पूँजीवादी-जनवादी क्रांति अधूरी रही, इसलिए ऐसा नहीं हो सका। इसका अर्थ है कि दलित वर्ग का विखंडन समाजवाद की शुरुआती मंजिल में ही होगा, अन्यथा सामाजिक विकास रुक जायेगा और हम समाजवाद की आखिरी मंजिल की ओर बढ़ ही नहीं सकेंगे।

चौथे, वामपंथियों को ऐसी तमाम बहसों को हतोत्साहित करना चाहिए, जिनसे दलितों के उत्कर्ष का सीधा संबंध न हो। अक्सर दलितों के बीच के अवसरवादी तत्व ऐसे सवाल खड़ा कर देते हैं, जिनका संबंध दिमाग से अधिक दिल से होता है। कम्युनिस्टों को ऐसे मामलों में प्रचंड धीरज से काम लेना चाहिए, तथापि मार्क्सवादी प्रस्थापनाओं से किसी कीमत पर पीछे नहीं हटना चाहिए, खासकर मौजूदा समय में, जबकि दलित एलिटों ने कांशीराम के नेतृत्व में वामपंथ पर अकारण हमला कर दिया है। यह सचमुच समझ से परे की बात है कि दलित हितों के लिए किसी जिहादी को क्यों कम्युनिस्टों के खिलाफ जेहाद छेड़ना चाहिए, जबकि सच यही है कि दलितों पर जुल्म-अत्याचार में कांग्रेस, भाजपा और मध्यमार्गी पार्टियों का ही नाम उछलता रहा है, कम्युनिस्टों का नहीं। इसलिए आज कम्युनिस्टों के लिए जरूरी है कि वे अपनी सैद्धांतिक प्रस्थापनाओं को दृढ़ता के साथ पेश करते हुए दलितों के बीच सैद्धांतिक बहस को जन्म दें। यह बहस निस्संदेह दलितों के निम्न वर्ग को, ग्रामीण सर्वहारा को सामने आने के लिए विवश करेगा। और तभी दलित जागरण मार्क्सवादी जागरण में अधिक से अधिक रूपांतरित होगा।

ऐसे भ्रम में यकीन नहीं करना चाहिए कि आंबेडकर का बेवजह भजन करने से दलित बड़े खुश हो जायेंगे और कम्युनिस्ट बन जायेंगे। वस्तुतः दलितों को कम्युनिस्ट उनके जीवन की वास्तविक सच्चाइयाँ ही बना रही हैं और बनायेंगी। ऐसी भी बात नहीं है कि दलित आंबेडकर की कोई आलोचना बर्दाश्त ही नहीं करेंगे। दरअसल, आज के अधिकांश दलित संगठनों को 'समय बदल गया है' कह कर आंबेडकर से भिन्न कार्यनीतियों पर ही अमल करना पड़ रहा है। असल महत्व

की बात मौजूदा मुद्दे और मौजूदा कार्यनीतियाँ ही होती हैं।

अक्सर यह सब साफ नहीं रहने से ही मार्क्स और आंबेडकर को एक-दूसरे से गड्डमड्ड करने का चिंतन पैदा होता है। वास्तविक कार्यनीतियों और कार्यों के सामने आंबेडकरवादी होने या न होने के सवाल को हमेशा गौण बनाया जा सकता है।

दलित क्षेत्रों में मार्क्स और आंबेडकर की खिचड़ी तैयार करने का विचार भी उनके एक हिस्से में काफी लोकप्रिय है। दरअसल, इस खिचड़ी दर्शन से कोई सार नहीं निकलनेवाला। समाजवाद और कम्युनिज्म तक की यात्रा तो मार्क्सवाद के सहारे ही करनी होगी। इस बीच, खासकर तीसरी दुनिया की सैकड़ों छोटी-बड़ी जनपक्षी धाराओं को अपनाना होगा और उन सबके सकारात्मक तत्वों को स्वीकार करना होगा और उनसे मार्क्सवाद के ज्ञानकोश को समृद्ध करना होगा। स्वयं मार्क्सवाद जैसे अपने युग में समग्र दार्शनिक, समाजशास्त्रीय और अर्थशास्त्रीय विकासों को समेट कर मार्क्सवाद बना, वैसे ही मार्क्सोत्तर युग में मानव जाति के तमाम सकारात्मक चिंतनों को, जिसका सबसे बड़ा खजाना–पश्चिमी देशों में साम्राज्यवाद ने चूँकि दार्शनिक और समाजशास्त्रीय विकास को कुंठित और पथभ्रष्ट कर दिया है और चूँकि मार्क्सवाद के निर्माण में तीसरी दुनिया में बिखरी और लगातार उपज रही अनंत ज्ञान राशि को मार्क्सवाद समेट नहीं पा सका था–गरीब, गुलाम और पिछड़े देशों में छिपा है, समेट कर ही मार्क्सवाद का भी विकास करना संभव है। इसलिए आवश्यकता किसी अनमेल खिचड़ी की जगह आंबेडकरवाद के सारतत्व को मार्क्सवाद द्वारा अपना लेने की है। मार्क्स और आंबेडकर पर जब भी विचार किया जाना चाहिए, इसी दृष्टिकोण से विचार किया जाना चाहिए। इसी दृष्टिकोण से मार्क्सवादियों को आंबेडकर का जरूर अध्ययन करना चाहिए। वस्तुतः उनमें भारतीय सवालों से संबंधित मौलिक विश्लेषण का खजाना छिपा पड़ा है। दुर्भाग्यवश इस मौलिक खजाने का उपयोग भारतीय वामपंथियों द्वारा बहुत कम किया गया है।

बहरहाल, आंबेडकरवाद से जो चीज फौरन आत्मसात की जा सकती है, वह है यह निष्कर्ष कि किसी कम्युनिस्ट पार्टी को ब्राह्मणवाद विरोधी संघर्ष और दलितोद्धार को अपने कार्यक्रमों में प्रमुख स्थान देना ही होगा, अन्यथा भारतीय नवजनवादी क्रांति कदापि पूरी नहीं की जा सकती।

भारतीय कम्युनिस्ट पार्टियों, खासकर सी. पी. आइ. (एम-एल), को एक और पहलू पर ध्यान देना चाहिए। भूमि सुधार ग्रामीण दलितों को आकृष्ट करने की अमोघ शक्ति रखता है, तथापि दलित निम्न-पूँजीपति वर्ग को अपनी आर्थिक समृद्धि, सामाजिक सम्मान और सत्ता में साझेदारी की आकांक्षा इस नारे में केंद्रीभूत नजर नहीं आती। स्वभावतः इस वर्ग को अपनी ओर आकृष्ट करने के लिए कुछ

अतिरिक्त उपायों की जरूरत है, ताकि उन्हें प्रतीत हो सके कि कम्युनिस्ट पार्टी उनके लिए बनी पार्टी है। एक उपाय हो सकता है दलित निम्न-पूँजीपति वर्ग की विशिष्ट माँगों का स्पष्ट समर्थन। जैसे आंबेडकर के जमाने में दफ्तरों में सार्वजनिक घड़े से अछूत कर्मचारी पानी नहीं पी सकते थे। अथवा आज के जमाने में आरक्षण और सेक्टर प्रणाली। इस तरह की आज की अन्य विशिष्टताओं को देखा-तलाशा जा सकता है और इन विशिष्ट माँगों का खुला समर्थन किया जा सकता है। एक अन्य मुद्दे पर भी गौर किया जा सकता है। कभी सी. पी. आइ. (एम-एल) सदस्यता भर्ती में खेत मजदूर और कारखाना मजदूर वर्ग उत्पत्तिवालों को विशेष छूटें देती थी और समृद्ध वर्ग उत्पत्तिवालों के मामले में विशेष कठोर मानदंड अपनाये जाते थे। दलितों के बीच से पार्टी सदस्य बनाने के मामले में इस तरह की किसी रियायत के बारे में सोचा ही जा सकता है। तथापि इस मामले में खूब सतर्क रहने की भी जरूरत है, ताकि पार्टी दलित निम्न-पूँजीपतियों की जमात में न रूपांतरित हो जाये। इस मामले में लोहिया और सोशलिस्टों के नकारात्मक अनुभव से संजीदगी के साथ सीखना जरूरी है, क्योंकि पिछड़ावाद को उन्होंने इस कदर अपनाया कि सोशलिस्ट पार्टी कालांतर में पिछड़ी जाति के समृद्ध तबकों की जमात बन गयी। फिर भी, इस मुद्दे पर गौर करना जरूरी है, क्योंकि कुछ तो ऐसी ठोस बात हो जो दलित समुदाय के दिल में कम्युनिस्टों के प्रति स्वाभाविक आकर्षण पैदा करे। कम्युनिस्ट पार्टियों को निस्संदेह दलितों के प्रति खुल कर अपना प्रेम प्रदर्शित करना चाहिए। दलितों को तभी जीता जा सकता है।

दलितों का दर्शन क्या हो

धर्मवीर

समस्या के अनुरूप ही कोई समाधान निकला करता है। समस्या को जाने बिना समाधान देना एकदम गलत हो सकता है। समस्या को सही तरह से न जानने पर गलत समाधान प्रस्तुत कर दिये जाते हैं। फिर समस्या को सतही तौर पर जानने से कई तरह की भूलें हो सकती हैं। इसलिए किसी समस्या को पूरी गंभीरता में जाना जाना चाहिए।

दलितों की समस्या क्या है ? इस समस्या को तरह-तरह के नाम दिये जा सकते हैं, पर कुल मिला कर यह मानव के अपमान और उसके अस्तित्व के नकार की समस्या है। यह अपमान घुटन और दासता के रास्ते मनुष्य की मृत्यु है। जब कोई व्यक्ति अस्पृश्य कहा जाता है, तब वास्तव में उसे मानव नहीं माना जाता। अस्पृश्यता की दृष्टि मानव विरोधी दृष्टि है। मानव की इस गरिमा की रक्षा का व्यावहारिक पहलू देखा जाये कि दलित के पास क्या नहीं है। उत्तर में कहा जा सकता है कि कुछ चीजें हैं, जो उसके पास नहीं हैं। उसके पास लिखित ज्ञान और धर्मशास्त्र नहीं है। उसके पास शस्त्र और सत्ता नहीं है। उसके पास धन और धन की साख नहीं है। उससे लड़नेवालों ने उसे निहत्था कर दिया है। उसके विरोधियों ने उसकी ये सारी चीजें आपस में समझौता कर बाँट ली हैं। वह शास्त्रविहीन, शस्त्रविहीन और धनविहीन हो गया है। ऐसे वर्ग के गुलाम बनने में कोई कमी नहीं रह जाती। वास्तव में दलित वर्ग हिंदू धर्म का गुलाम वर्ग है।

दलित वर्ग को हिंदू धर्म की इस गुलामी से मुक्ति पानी है। यही समस्या है और इसी का समाधान खोजा जाना है। दलितों का दर्शन वही होना चाहिए, जो उन्हें इस दासता से पक्की तरह मुक्त कर दे। कुछ छिटपुट समाधान भी हो सकते हैं, पर दलित वर्ग को आर-पार ही देखना है। उसका हित पूर्ण प्राप्ति में है। यथार्थ जीवन से कट कर वह तर्क के हेत्वाभासों में जीना नहीं चाहेगा।

दलितों की समस्या यह है कि हिंदुओं ने इन्हें अलग कर रखा है, लेकिन

समय पड़ने पर वे इन्हें अलग होने देना नहीं चाहते। सवाल इनकी पहचान खोने का है। हिंदू इन्हें अपने शास्त्र नहीं पढ़ने देते। न वे इन्हें अपने मंदिरों में चढ़ने देते हैं और न ही वे इनके साथ रोटी-बेटी का व्यवहार रखते हैं। उन्होंने आर्थिक दृष्टि से इन्हें तोड़ कर रखा रहा है और शैक्षिक दृष्टि से निरा पंगु बना रखा है। हिंदू ग्रंथों के अनुसार दलितों का लोक में कोई हिस्सा नहीं है और शासन में इनका कोई दखल नहीं है। ये केवल सेवक के रूप में हैं, जिन्हें दास कहा जाना चाहिए।

ऐसी हालत में दलितों की समस्या दोहरी हो जाती है। पहले विकल्प में ये चाहते हैं कि हिंदू उन्हें सम्मान से स्वीकार करें। हर दलित चिन्तक अपने चिन्तन के आरंभिक काल में यही चाहता है। ज्ञातव्य है कि आरम्भ में स्वयं बाबा साहब आंबेडकर ने भी हिंदुओं के राम मंदिर में प्रवेश पाने के लिए लंबा संवर्ष किया था। लेकिन यह संभव नहीं हुआ है। इस अनुभव के बाद दूसरे विकल्प में ये चाहते हैं कि इन्हें हिंदुओं से पृथक वर्ग मान लिया जाये। लेकिन हिंदू इस दूसरे विकल्प को भी सम्भव नहीं होने देते। हिंदू मस्तिष्क की यही धौंस होती है कि दलितों को न साथ रहने दिया जायेगा और न इन्हें अलग होने दिया जायेगा। दलित को गुलाम बनाने की असली परिभाषा यही है कि दलित वर्ग हिंदू समाज का स्वतंत्र वर्ग नहीं है। यह अपने निर्णय आप नहीं ले सकता। इसे अपने हित में सोचने की मनाही है। वास्तव में दलित लोग हिंदू संस्कृति के बँधुआ मजदूर बन कर रहे हैं। आखिर गाँधी जी की इस घोषणा का कुछ अर्थ है, जब वे कहते हैं, 'मैं हिंदुओं से अस्पृश्यों को पृथक किये जाने के विरुद्ध हूँ।' (युगपुरुष बाबा साहब डॉ. भीम राव अंबेडकर, हिमांशु राय, पृष्ठ 56) गाँधी जी ने कहा था, 'मुझे परेशानी नहीं होगी यदि अस्पृश्य लोग इस्लाम या ईसाई धर्म में धर्मांतरित हो जाते हैं। मैं उसे सहन कर लूँगा। लेकिन मैं यह सहन नहीं कर पाऊँगा कि हिंदू धर्म को खतरा बनाते हुए देहातों में हिंदुओं के दो भाग बन जायें।' (डॉ. बाबा साहेब आंबेडकर : राइटिंग्स ऐंड स्पीचेज; खंड 9, पृष्ठ 69)।

गाँधी जी की बात रोक कर, क्योंकि गाँधी जी एक सवर्ण हिंदू थे, दलितों की दृष्टि से देखा जाये कि दलित हिंदुओं से किन रूपों में भिन्न हैं। क्या ये उनसे नस्ल में भिन्न हैं, या ये उनसे धर्म में भिन्न हैं ? नस्ल में ये हिंदुओं से भिन्न इसलिए नहीं कहे जा सकते, क्योंकि दासों की कोई शुद्ध नस्ल नहीं हुआ करती। हर विजेता जाति उनकी औरतों से अवैध बच्चे पैदा करती है। उस संतान को एंग्लो-इंडियन के रूप में स्वीकार किया जाये या न किया जाये, लेकिन हिंदुओं का पुराना साहित्य वर्ण संकर की समस्या से ग्रस्त है। वे वर्ण संकर वे हैं, जो जायज हैं, जिन्हें मान्यता मिलती है, जो अनुलोम और प्रतिलोम कहे गये हैं। लेकिन बड़ी संख्या में ऐसी संतानें नाजायज भी रही हैं। इस दृष्टि से आज के दलितों

में भारत में आनेवाली संसार की सभी जातियों का रक्त होना चाहिए। वास्तव में दलित हिंदुओं से धर्म के रूप में ही भिन्न हैं। धर्म की भिन्नता में ही समाज की भिन्नता भी समाहित हो जाती है। दलितों का धर्म क्या है और दलितों का दर्शन क्या है ? इन प्रश्नों के उत्तर से यह बात समझ में आ सकेगी कि दलितों का अगला रास्ता क्या होगा।

भारतीय समाज के संदर्भ में यह कोई जवाब नहीं है कि दलितों का धर्म हिंदू धर्म है। इससे हिंदू धर्म की परिभाषा को कोई लाभ नहीं है। दलित हिंदू धर्म के किसी भी धर्मग्रंथ को अपना धर्मग्रंथ नहीं मानते। वेद को या गीता को दलितों का धर्मग्रंथ बताने में दलितों का धार्मिक अपमान होता है। स्मृतियों और पुराणों से उन्हें संतुष्ट करना उनका मजाक करने के बराबर है। ऐसे ही उपनिषद उनके हितैषियों की रचनाएँ नहीं हैं। सही शब्दों में इनमें से कोई भी ग्रंथ उनका अपना नहीं है। फिर सिख धर्म में और बौद्ध धर्म में दलित वर्ग का अस्तित्व स्वीकार कर लिया गया है। पिछड़े वर्ग के रूप में दलितों की पहचान मुसलमानों और ईसाइयों तक में कर ली गयी है। ऐसे ही जनजातियों को धर्म के किसी एक बाड़े में नहीं रोका गया है। वास्तव में भारत का दलित वर्ग धर्मों के अजाबयघर में खड़ा है, जहाँ उसका अपना कुछ नहीं है।

दलितों को हिंदू कहने से काम यों भी नहीं चलता, क्योंकि 'हिंदू' एक नया शब्द है। यह एक विशेष कालखंड में शब्दकोश में आया हुआ शब्द है। दलितों का धार्मिक इतिहास इस शब्द के बहुत पहले का है। जब इस देश में यह शब्द नहीं था, तब भी दलित लोग अधार्मिक नहीं थे। दलितों को हिंदू धर्म ने धार्मिक नहीं बनाया है। उलटे विरोधियों ने उनसे उनका धर्म छीनने की कोशिश की है।

दलितों का अपना धर्म अलग ही है। यह उनकी अपनी परम्परा का धर्म है। वे धर्म के रूप में बहुत कुछ और बहुत दूर से मानते आ रहे हैं। उनके धर्म का आदि रूप भी था और वह विकसित भी हुआ है। कभी-कभी वह संघर्षों में दूसरों से प्रभावित हो कर चला है तो कभी उसकी अपनी धारा बहुत पवित्र हुई है। संसार के सभी अन्य धर्मावलम्बियों की तरह वह एक समय जादू-टोने में विश्वास करता रहा है, पर विकसित रूप में उसके धर्म की निर्मल काव्यधारा दलित संतों के निर्गुण गायक बनने में प्रवाहित हुई है। उत्तर भारत में इकतारे पर गदगद करते हुए बरसी रैदास की पवित्रता और कबीर की शक्ति उसके धार्मिक हृदय को हमेशा मोहे रहती है।

दलितों का दर्शन क्या हो ? कोशिश यही बताने की की जाती है कि जैसे इनका अपना कोई दर्शन न हो। वास्तव में इनका दर्शन लोकायत का था, पर वह सरस्वती की जलधारा की तरह इतिहास के मरुस्थल में सुखा दिया गया है। उसे क्रमिक रूप में विकसित नहीं होने दिया गया है। विरोधियों द्वारा उसके आदि

रूप को ही बुरा-भला कह दिया जाता है। खुद विरोधी लोग वेदों के देवतावाद से वेदान्त के एकेश्वरवाद तक पहुँच गये। परन्तु दलितों को उनके लोकायत में ईश्वर को समाहित नहीं करने दिया गया। हिंदुओं ने अपने दिग्दर्शन खड़े कर लिये, लेकिन लोकायत को अनीश्वरवाद और ईश्वरवाद की दो धाराओं में भी नहीं बहने दिया। उसे अनीश्वरवाद तक सीमित कर दिया और उस अनीश्वरवाद को भी आगे नहीं बढ़ने दिया। दलित से लिपि ज्ञान छीन लिया गया। वह लिख-पढ़ नहीं सकता था। उसे गूँगा-बहरा बना दिया गया। वह पंगु की मानिन्द जी रहा था। अपने दार्शनिक विकास में आज वह कहाँ का कहाँ पहुँच जाता, लेकिन वह मौखिक रूप में भी अपने ज्ञान को अपने शिष्यों को न दे दे, इसके लिए उसकी जबान काट ली गयी।

दलितों ने दर्शन के क्षेत्र में बहुत ही साफ-सुथरा रास्ता पकड़ा था। यह विज्ञान का और परीक्षण का रास्ता था। इससे आँखों पर पड़ी धुंध हटती जा रही थी। उस युग में इस दृष्टि ने औषधि विज्ञान में अचरज खड़े कर दिये थे। यह दर्शन दुनिया को दुनिया कह रहा था। इसने अपना नाम 'वेद' के विरुद्ध 'लोक' रखा था। यह 'वेद पाठ' के खिलाफ 'लोकवाद' था। संकट में यह इंद्र, वरुण, मरुत आदि देवताओं की स्तुति नहीं करता था, बल्कि प्राकृतिक शक्तियों की वैज्ञानिक खोज कर उन्हें अपने वश में करना चाह रहा था।

यह जान कर खुशी होती है कि भारत के दलित समाज ने डॉ. आंबेडकर के रूप में विश्व को बीसवीं शताब्दी का अपना महान पुरुष दिया है। इस शताब्दी में यदि कोई धर्मग्रन्थ रचा गया है, तो वह बाबा साहब द्वारा ही रचा गया है। इसका नाम 'द बुद्ध एंड हिज धम्म' है। इस ग्रंथ की लेखन शैली उन्होंने स्वयं खोजी थी। ब्रिटेन के प्रोफेसर आर. जी कोलिंगवुड द्वारा लिखित 'द न्यू लेवियेन' भी विशिष्ट शैली में लिखा गया ग्रंथ है। लेकिन उसका विस्तार और अर्थ समाज-दर्शन तक सीमित रहा था, जबकि बाबा साहब ने अपने ग्रंथ को धर्म-दर्शन की कसौटी पर कसा था।

दो राय नहीं कि बाबा साहब द्वारा दलितों के साथ बरती गयी ईमानदारी में संदेह करना भी अन्याय हो जायेगा। बौद्ध धर्म का चयन करने में और इस पुस्तक को लिखने में भी उनकी ईमानदारी पर उँगली नहीं उठायी जा सकती। वे दलितों के हितैषियों के बादशाह थे। उनके कोट की जेबों में दलितों के लिए बहुत कुछ रहता था। वे क्रिसमस के दिन आनेवाले उस बूढ़े बाबा की तरह हैं, जो अपने बच्चों को झोली में से भेंट के रूप में मीठे-मीठे प्रसाद बाँटते हैं। औरों से लड़-लड़ कर वे अपनी दलित संतान के लिए इज्जत लाये थे। उन्होंने दलितों को सम्मान से रहना सिखाया था। इसके लिए वे अपने समय के दिग्गजों से भिड़ पड़े थे। उन्होंने गाँधी जी और नेहरू को दलितों की समस्या का समाधान देने

के योग्य ही नहीं माना था।

यह बाबा साहब ने अच्छा किया कि दलितों की समस्या का मूल मर्म पकड़ लिया था। उन्होंने दलितों की समस्या को ठीक ही धार्मिक माना था। इसी के समाधान में वे विश्व की धार्मिक यात्रा पर निकल पड़े थे। इस यात्रा में उन्होंने अपने व्यस्त जीवन का 21 वर्ष का लंबा समय लगाया था। उन्होंने विभिन्न धर्मग्रंथ पढ़े और धार्मिक लोगों के अनुभव प्राप्त किये। यह उन्होंने फिर अच्छा किया कि संसार के सारे धर्मों में से एक बौद्ध धर्म को ग्रहण किया। इसका मतलब यह है कि अब उनकी दलित संतान को केवल बौद्ध धर्म पर अपना ध्यान केंद्रित करना है। अन्य धर्मों के अध्ययन में उन्हें समय नहीं देना है, बल्कि बौद्ध धर्म के बारे में मनन-विश्लेषण करना है।

पर क्या बाबा साहब ने बौद्ध धर्म ग्रहण कर दलितों के धार्मिक चिंतन पर रोक लगा दी है ? ऐसा बिल्कुल नहीं है। बल्कि 'भगवान बुद्ध और उनका धर्म' नाम की पुस्तक लिख कर उन्होंने अपनी दलित संतान के धार्मिक चिंतन की शुरुआत की है। उनकी यह पुस्तक दलितों के सामने एक बानगी है। वे बता रहे हैं कि आगे इस तरह बढ़ा जा सकेगा। इस चयन में उन्होंने दलितों के लिए बाकी धर्मों की अनुपयोगिता सिद्ध की है, पर वे बौद्ध धर्म को स्वीकार करने में भी काफी हिचकिचाये हैं। उनकी समस्या यही थी कि वे इल्हामी ज्ञान में विश्वास नही करते थे। इसी कारण वे बुद्ध के शिष्य बन गये। पर क्या उनकी दलित संतान भी अपने महापुरुष को बुद्ध के सामने छोटा देखना चाहेगी ? बाबा साहब ने ऐसा अपनी उदारता दिखाते हुए कह दिया, तो क्या उनकी संतान सच में ही उन्हें बुद्ध से छोटा मानने लगेगी ? सच्चाई यह है कि बुद्ध की बाबा साहब से कोई तुलना नहीं होनी चाहिए। बाबा साहब ने खुद कोई नया धर्म खड़ा नहीं किया, तो क्या इसका अर्थ यह ले लेना चाहिए कि वे नया धर्म खड़ा करने के योग्य नहीं थे ? क्या भारत का दलित समुदाय अपना नया धर्म खड़ा नहीं कर सकता ?

मूल प्रश्न यही है कि दलितों की समस्या धार्मिक है, पर यह वर्ग कब तक धर्मांतरणों के फेर में पड़ा रहेगा ? इसके पास लोकनाद का धारदार दर्शन है और दलित संतों के हृदय की निर्मल वाणी है–फिर इतनी समृद्ध परंपरा को ले कर भी यह अपना चिंतन संसार को क्यों नहीं दे सकता ? अपनी महानता में इसके पास किस चीज की कमी है ? इस महानता में सबसे बड़ा और आखरी योगदान स्वयं बाबा साहब के चिंतन का है। दलितों की समस्या को ले कर बाबा साहब संसार के किसी महापुरुष से छोटे नहीं पड़ते। वास्तव में यदि बाबा साहब के पास उस समय भारत के तमाम दलित संतों का साहित्य उपलब्ध होता, तो वे बुद्ध की शरण जाने के बजाय अपने संतों के ढिग बैठते। तब वे त्रिपिटक में

माथापच्ची कर सिर खपाने के बजाय निर्गुण शब्द वाणी की गंगोत्री में आनंद स्नान करते। उन्हें मजबूरी में ही इतनी दूर जाना पड़ा था, अन्यथा वे अपना ही महत्व बनाते। यहाँ बौद्ध धर्म की आलोचना करने का अवसर नहीं है। लेकिन लगता है कि धार्मिक युद्ध के इस हौदे में बाबा साहब ठीक से बैठ नहीं पाये हैं। बौद्ध धर्म से कुछ लेने के बजाय उन्हें उसे देना ज्यादा पड़ गया है। बौद्ध धर्म दलितों को क्या दे सकता था ? उलटे दलितों का काम यह हो गया है कि वे बौद्ध धर्म पर लगाये गये ऐतिहासिक लांछनों को अपने सिर पर ढोयें। सही बात यह है कि बाबा साहब ने बौद्ध धर्म अख्तियार कर दलितों की जो समस्याएँ उभार कर बतायी हैं, उन्हें छोड़ा या भुलाया नहीं जा सकता। पर उनका समाधान अंतिम रूप से हमारा दलित संत है। बौद्ध दर्शन में हिंदुओं के मोक्ष से छुटकारा मिलता है, पर निर्वाण के सिद्धांत का नया झमेला खड़ा होता है। जरूरी यह है कि मोक्ष, कैवल्य और निर्वाण की पूरी शब्दावली को ही छोड़ा जाये। बौद्ध धर्म में जा कर भी पुनर्जन्म और परलोक के सिद्धांतों का ठीक से खंडन नहीं हो पाता, जिसकी दलितों को बहुत आवश्यकता पड़ती है। बौद्ध धर्म से वर्ण व्यवस्था, जाति प्रथा और अस्पृश्यता का भी गृहस्थ जीवन में खंडन नहीं हो पाता–वह इनका खंडन केवल भिक्षु वर्ग में कर पाता है। यहाँ कबीर का चिंतन ही कमल की तरह खिलता है कि 'बहुरि हम काहे आवेंगे ?' तथा 'जो तू बाभन ब्राह्मणी जाया, आन बाट काहे नहिं आया ?'

फिर अगली बात पर आया जाये, जो समाज की है। आज दलितों को एक अलग सामाजिक वर्ग के रूप में मान्यता मिल चुकी है। शासन के क्षेत्र में इनके अस्तित्व को ब्रिटिश भारत में ही स्वीकार कर लिया गया था। अब हर कोई मानता है कि इन दोनों क्षेत्रों में दलित वर्ग की एक अलग पहचान है। अच्छी बात यह है कि इन दोनों क्षेत्रों में दलित वर्ग के अपने संघर्ष रहे हैं। अपनी पहचान इन्होंने खुद प्राप्त की है। अब ये अपने चिंतन में नगण्य और अस्पृश्य नहीं रह गये हैं। ये दबने को तैयार नहीं हैं।

सामाजिक वर्ग के रूप में अभी ये लोग अस्पृश्यता को मिटाने तक गये हैं। इस क्षेत्र में अस्पृश्यता को मिटाने के सिवाय ये अधिक कुछ नहीं कर पाये हैं। ये स्वयं इस बात से संतुष्ट नहीं हैं कि इन्होंने कोई तीर मार दिया है। शासन के क्षेत्र में इनका अस्तित्व वोट डालने तक का है। वोट डालने का कानूनी अधिकार मिल जाने के बाद अब मतपेटी में वोट डालने के वास्तविक अधिकार के लिए संघर्ष चल रहा है। कई बार ये अपने बलबूते पर वोट नहीं डाल पाते। विरोधी वर्ग को वोट देना कोई खास बात नहीं है, वह बिना डाले भी पड़ सकता है, लेकिन उन वर्गों के खिलाफ वोट देने के लिए अन्य शक्तिशाली वर्गों का सहारा लेना पड़ता है।

दलित वर्ग को इन क्षेत्रों में अभी बहुत कुछ करना है। यह यात्रा का शुरुआती दौर है। इन्हें आगे बहुत दूर जाना है। इतिहास अपना समय लेता है, पर कुछ परिवर्तन गुणात्मक भी हो सकते हैं, जो लंबी यात्रा को जल्द तय कर लेते हैं।

बात सामाजिक सामंजस्य और सामाजिक समरसता की उभर कर आती है। यह एक अच्छी माँग है कि समाज में समरसता रहनी ही चाहिए। समाज के सभी लोग आपस में सदा झगड़ा करते हुए नहीं रह सकते। आर्थिक व्यापार इतना लंबा-चौड़ा हो और शासन में मत के आधार पर बहुमत द्वारा सभी कुछ तय होता हो, तो कोई भी एक वर्ग बाकी समाज से अलग-थलग बँटा हुआ नहीं रह सकता। यदि दलितों के हाथ में गेहूँ उगाने का पेशा आता है तो इसका मतलब है कि आर्थिक रूप में वे हर गेहूँ खानेवाले कीड़े तक से जुड़ गये हैं। यदि जूता-चप्पल बनाने का काम उन्हें सौंपा जाता है, तो हर व्यक्ति जूता-चप्पल पहनता है। जुलाहे के बिना सारा समाज दिगम्बर होने के लिए मजबूर हो जायेगा। दर्जी के बिना सैनिक सीमाओं पर युद्ध भी नहीं लड़ सकेंगे। इस प्रकार सामाजिक सामंजस्य के बिना कोई समाज जीवित नहीं रह सकता। पर इस सामाजिक सामंजस्य का मतलब यह नहीं हो सकता कि दो वर्गों में एक दास और दूसरा मालिक बना रहे। मजदूर अपनी मजदूरी का हक माँगना छोड़ दे, तो क्या इससे समाज में शांति स्थापित हो जाती है ? क्या ऐसी व्यवस्था में न्याय का गला नहीं घुट जाता ?

आवश्यकता मात्र इतनी नहीं है कि दलित वर्ग हिंदू समाज से सामंजस्य रखे। बड़ी आवश्यकता यह है कि दलित वर्ग पूरे भारतीय समाज से सामंजस्य रखे। पूरे भारतीय समाज में बहुत कुछ आ जाता है। इसमें हिंदू, मुसलमान, सिख, ईसाई, जैन, पारसी, बौद्ध और यहूदी भी हैं। एक हिंदू के साथ ही क्यों, बल्कि दलित वर्ग को बाकी सबके साथ भी सामाजिक रूपरसता में रहना है। हिंदुओं की यह अपेक्षा उचित नहीं है कि दलित लोग केवल उनके बन कर रहें। इसके विपरीत, दलित लोग बृहत्तर भारतीय समाज के साथ घुल-मिल कर रहना चाहते हैं। इस बात को एक उदाहरण से समझा जा सकता है। इस देश में हिंदू और मुसलमान रहते हैं। उनके घरों की छतें आपस में जुड़ी हुई हैं। उन्हें हमेशा संतों ने और सूफियों ने यही सलाह दी है कि वे आपस में मिल-जुल कर रहा करें। इस मिलने-जुलने का मतलब यह कदापि नहीं है कि हिंदू और मुसलमान अपने-अपने धर्मों और समाजों को छोड़ दें। हिंदू हिंदू रहते हुए और मुसलमान मुसलमान रहते हुए सामाजिक सामंजस्य की आवश्यकता महसूस करते हैं। दलित और हिन्दू को ठीक इस तुलना में देखा जा सकता है। दलित के लिए हिंदुओं से सामाजिक समरसता दिखाने के लिए यह आवश्यक नहीं है कि वह उनके धर्मग्रंथों में खुद को दास कहलवाने में गौरवान्वित महसूस करे। इसके विपरीत सच यह है कि दलित हिंदुओं के धर्मग्रंथों से अपने आपको सदा पृथक बनाये रखेगा। यदि हिंदुओं

को अपने वर्ण धर्म की खानापूरी के लिए चौथे शूद्र वर्ण की निहायत आवश्यकता है और वे इस चौथे वर्ण के बिना नहीं रह सकते, तो 'गुण-कर्म विभागशः' के अनुसार वे अपनी संतानों में से उसे पुनःसृजित कर सकते हैं। उनके समाज दर्शन के अनुसार उन्हें अपनी अयोग्य संतान को सफाई कर्मचारी का काम देने में कोई दिक्कत और हिचक पेश नहीं आनी चाहिए। आखिर दलितों की हिंदुओं से बालक की अपने माँ-बाप से शिकायत नहीं है–उलटे यह उनका अपनी दासता को समाप्त करने के लिए संघर्ष है। वे अपनी सत्ता खो कर हिंदुओं के साथ बौद्धिक सामंजस्य नहीं बरत सकते, वे किसी के दास रह कर भावात्मक समरसता के लिए कुरबान नहीं हो सकते। सामंजस्य और समरसता रखने के लिए पहले उनका स्वतंत्र और बराबरी का अस्तित्व स्वीकार होना चाहिए।

आज देश में लोकतंत्र चल रहा है। केंद्र सरकार, प्रान्तीय सरकारों और स्थानीय सरकारों के तीनों स्तर पर वोट का राज्य है। राजनीतिक पदों पर सभी लोग प्रत्यक्ष या अप्रत्यक्ष रूप से चुनाव लड़ कर ही आते हैं। दलितों को लोकतंत्र में सभी के समान समान मत का अधिकार प्राप्त है। ये अपने मत का उपयोग भी कर रहे हैं, हालाँकि इन्हें इसके लिए कभी-कभी लाठी और बंदूक का सामना करना पड़ता है। लेकिन दलितों को इससे अधिक के लिए तैयार रहना है। अब मत देने के लिए लाठी-बंदूक का प्रहार सहना पड़ता है। परंतु यदि मत के बिना सीधे लाठी-बंदूक का प्रहार होने लगे, तब क्या किया जायेगा ? दलितों को खुद को उस बुरे समय के लिए तैयार रखना पड़ेगा, जब सभी कुछ पुनः लाठी-बंदूक से तय होने लग सकता है। विरोधी वर्ग वोट के अधिकार को तभी तक माना करता है, जब तक वह इस माध्यम से चुना जाता रहता है। जब उसे लगने लगेगा कि वह इस माध्यम से चुना नहीं जा रहा है, तो वह लोकतंत्र के रास्ते को त्याग कर राज्य प्राप्ति के अन्य तरीके अपनाना चाहेगा। तब वह जनता के सामने शासन प्रणाली के नये-नये प्रस्ताव रखेगा। उसकी बात नहीं मनेगी, तो वह कपट से सत्ता को हथियाना चाहेगा। ऐसे में वह वर्ग कुछ भी गलत-सलत कर सकता है। इतिहास इस बात का साक्षी है कि इन्हीं कारणों से इस देश में विदेशी लोग आते रहे हैं।

वैसे आज भी जब दलितों की शहरों में झुग्गियों में और गाँवों में झोपड़ियों में आग लगती है, तो उनका सामना किसी भी रूप में लोकतांत्रिक प्रणाली से नहीं होता। उन्हें खालिस गुंडा तंत्र से जूझना पड़ता है। वे हत्या, लूट, आगजनी और बहन-बेटियों के बलात्कार के शिकार होते हैं। दलितों को इन बुराइयों के प्रतिकार में सामूहिक रूप में संगठित होने की जरूरत रहेगी।

और यह खतरा बना रहेगा, टलेगा नहीं। इस खतरे के मिट जाने के कोई आसार नहीं हैं। हिंदुओं को भी अपने धर्मग्रंथ प्यारे हैं और उनके धर्मग्रन्थों में

दलित विरोध भरा पड़ा है। उलटे शास्त्र के रूप में हिंदू धर्म को 'शूद्र-विरोध' का नाम दिया जा सकता है। इसीलिए हिंदुओं के लिए उनके धर्मशास्त्र पूज्य रहने पर उनके मनों से शूद्र विरोध की फाँस निकल नहीं सकेगी। दलितों को इस बात से शिकायत भी नहीं रहनी चाहिए। हिंदुओं के धर्मग्रंथ बदलने का उन्हें कोई अधिकार नहीं है। हिंदू स्वयं ही अपने धर्मग्रंथों में संशोधन कर सकते हैं या उनमें प्रक्षिप्त अंश ढूँढ़ सकते हैं। लेकिन दलितों को इस बारे में कुछ भी कहने-सुनने की आवश्यकता नहीं है। उनका काम ऐसे शास्त्रीय आक्रमण को नाकारा करने का है। उन्हें इस काम में कभी नहीं उलझना चाहिए कि हिंदू शास्त्रों में ऐसा क्यों लिखा है। यह बात उन्हें अच्छी तरह समझ लेनी है कि ये शास्त्र उनके नहीं हैं। हिंदुओं के धर्मशास्त्र के खंडन में उनका एक पल भी नहीं लगना चाहिए। यह इन शास्त्रों की चाल है कि चेतने पर दलितों की सारी ऊर्जा इन शास्त्रों का विरोध करने में बीत जाती है। वे जीवन में नकारात्मक होने के लिए अभिशप्त कर दिये गये हैं। अपने लाभ के लिए उन्हें हिंदू शास्त्रों का विरोध करते रहने के पचड़े से निकल कर जीवन और जगत के प्रति स्वस्थ और सकारात्मक दृष्टिकोण अपनाना चाहिए। यह माना जा सकता है कि जब तक दलित लोग हिंदू शास्त्रों के खंडन में लगे रहेंगे, तब तक वे बीमार हैं। यह उनके पास कुत्ते के मुँह में दी गयी आलोचना की हड्डी है, जिसमें से खुद उनके मुँह से खून निकलता है। इसमें उनके समय, धन और मन की बरबादी होती है। उन्हें इस बरबादी से जरूर बचना चाहिए। कोई दूसरा अपने धर्मग्रंथ में कुछ भी लिखे, इससे उन्हें क्या मतलब है ? उन्हें दूसरों की निंदा न कर केवल अपनी बात सामने रखनी चाहिए।

शिक्षा के क्षेत्र में भी दलितों का अपना एक दर्शन ठहरता है। इस क्षेत्र में दलितों का हित अपने आप नहीं हो जायेगा। इसके लिए एक सुविचारित दृष्टि की आवश्यकता है।

सबसे पहली बात यही है कि दलितों को लौकिक शिक्षा चाहिए। इनके विषय कला, विज्ञान और समाज विज्ञान हैं। ये लोग श्रमिक होते हैं, इसलिए इन्हें भाग्यवादी फलित ज्योतिष का ज्ञान रखने की कोई जरूरत नहीं है। इन्हें वेद-वेदांग पढ़ने से कुछ मिलनेवाला नहीं है। देवताओं की स्तुति से इनका कोई सुफल नहीं सधता। इन्हें मेडिकल और इंजीनियरिंग शिक्षा पर ज़ोर देना है। इनकी विश्व दृष्टि वेद के पुरुष सूक्त को कंठस्थ करने से नहीं, बल्कि गणित, भौतिकशास्त्र, रसायनशास्त्र, जीव विज्ञान और वनस्पति विज्ञान के आधार पर निर्मित होगी। ये भूगोल और खगोल के मालिक बनना चाहते हैं।

अपनी लौकिक दृष्टि में दलित लोग जन्म और मृत्यु के ठीक-ठीक अर्थ समझना चाहते हैं। इस क्षेत्र में ये बैठे ठाले पुनर्जन्म के सिद्धान्त की खोज नहीं करते। ये स्वर्ग-नरक की कल्पनाओं को कविता के क्षेत्र तक सीमित रखना चाहते

हैं। ये दूसरे धर्मों के पाप-पुण्य के भेद को नहीं मानते, लेकिन अपनी नैतिक चेतना के आधार पर अच्छे और बुरे आदमी का भेद करना चाहते हैं।

माध्यम के रूप में दलित लोग ज्ञान को जन भाषाओं से जोड़ना चाहते हैं। ये शिक्षा को दुरूह बनाना नहीं चाहते। ये अपने देश में विदेशी भाषाओं के प्रचलन को अच्छा नहीं समझते। इन्होंने संस्कृत को जनभाषाओं की दुश्मन भाषा माना है। ये अपनी देशी भाषाओं को विकसित करना चाहते हैं। इनकी भाषाओं के देशी बोल संस्कृत, फारसी और अंग्रेजी के शब्दों से भिन्न 'देशज' हैं। लेकिन दूसरे लोग शिक्षा को अनावश्यक रूप से महँगी कर उसे दलितों के लिए अनुपलब्ध रखना चाहते हैं। वे अपनी अयोग्य संतान को विदेशी भाषाओं की ए. बी. सी. डी. पढ़ा कर उन्हें दलितों के बच्चों के मुकाबले में फर्जी रूप से योग्य सिद्ध करने पर तुले रहते हैं। दलित शिक्षा सिद्धांत मानता है कि अपनी भाषाओं की उपेक्षा कर विदेशी भाषाएँ पढ़ने पर ऐसे पढ़े-लिखे बच्चे विदेशी हो जाते हैं, परंतु गुणवान और योग्य नहीं। दलित शिक्षा का दर्शन विदेशी भाषा के आधार पर खड़ी की गयी 'मेरिट' के विरुद्ध लड़ता है।

दलितों का अर्थ दर्शन भी सबसे अलग है। अब तक ये बाकी समाज के दास बने रहे हैं। हिंदुओं के धर्मशास्त्रों में इनका अधिकार दूसरों की सेवा करने के सिवाय कुछ नहीं माना गया है। इनके बाजार नहीं हो सकते और ये बाजार में कोई दुकान नहीं खोल सकते। बाजार में इनके हाथ से कोई चीज नहीं खरीदेगा। इनके हाथ का पानी पीना भी मना था। ये व्यापार नहीं कर सकते और इनके कारोबार इनसे जब चाहे छीन लिये जाने का विधान था। इनको निजी सम्पत्ति रखने का कोई अधिकार नहीं था।

अब सरकारी सेवाओं में आरक्षण मिलने के बाद इन लोगों ने कुछ मुद्रा देखी है। अब कहीं-कहीं ये साग-सब्जी बेचने की दुकान भी कर लेते हैं। भूमि सुधार के बाद थोड़ी कृषि भूमि भी इनके कब्जे में आयी है। लेकिन एक शक्तिशाली सामाजिक वर्ग के रूप में विकसित होने के लिए यह थोड़ी-सी मुद्रा पर्याप्त नहीं है। एक जाति के रूप में इन्हें आर्थिक क्षेत्र में स्वावलंबी बनना चाहिए। ऐसा हो कि यदि कभी आगे खराब वक्त आने पर दोबारा कोई इनका सामाजिक बहिष्कार करने की कोशिश करे, तो बचाव में ये लोग अपनी आर्थिक दुनिया आप हों। उस हालत में इन्हें रोटी के लाले न पड़ जायें। इनके हाथ में यदि आर्थिक जगत के प्रत्येक क्षेत्र में समुचित और प्रभावशाली हिस्सा नहीं आता, तो कम से कम उसके कुछ क्षेत्र पूर्ण रूप से इनके हाथों में आ जायें, ताकि ये आक्रमण होने पर पूरी अर्थव्यवस्था को प्रभावित कर सकें। इन्हें दूसरे की मोहताजी नहीं देखनी है। वैसे सरकार ने इस विषय में और भी सूझबूझ से काम लिया है। सरकार दलित वर्ग को आर्थिक जगत के किसी एक या दो क्षेत्रों में सीमित रहने देना नहीं चाहती।

केंद्र सरकार राज्य सरकारों का बजट आबंटन इस प्रकार करती है कि हर आर्थिक गतिविधि में इन वर्गों का उस प्रदेश में इनकी जनसंख्या के अनुपात में हिस्सा हो। उद्देश्य यही है कि इससे इन वर्गों का सर्वांगीण विकास होगा।

दलितों को अपने परिवारों के बारे में भी बहुत सोचना है, क्योंकि विजेता जातियों के परिवारों की दशा विजित जातियों के परिवारों की दशा से भिन्न होती है।

मूल समस्या नारी को ले कर है। इसके लिए सभी धर्मों ने अपने-अपने समाधान दिये हैं, जब कि देश और जाति को थामने की जिम्मेदारी पुरुष ने अपनी ज्यादा मानी है। वही एक धर्म को दूसरे देशों तक ले गया है तथा उसी ने अपने धर्म की स्वदेश में बाहरी आक्रमणों से रक्षा की है। वही अपनी बहू-बेटियों को पराये मर्दों की कुदृष्टि से बचाता है, तो इस प्रक्रिया में उसने नारी पर नियंत्रण भी रखा है। मन चंचल हो सकता है। सुंदरता को देख कर कोई अपनी नीयत बिगाड़ सकता है। इसलिए इस्लाम ने नारी को नख से शिख तक बुर्के से ढक दिया था। हिंदुओं के द्विज समाज ने अपनी औरतों को विधवा विवाह और पुनर्विवाह की मनाही कर उन्हें सती होने तक के लिए विवश कर दिया था। खुद यूरोप की हालत देखी जा सकती है कि वहाँ नारी को पुरुष से स्वतंत्र होने के लिए कितना संघर्ष करना पड़ रहा है। लेकिन नारियों को ले कर भारत के दलितों की कहानी दूसरी है। डॉ. पी. वी. काणे अपनी पुस्तक 'धर्मशास्त्र का इतिहास' के पहले भाग में बोधायन धर्म सूत्र (1/11/14-16) के हवाले से बताते हैं कि 'वैश्य एवं शूद्र अपनी स्त्रियों को नियंत्रण में नहीं रख पाते और स्वयं खेती-बारी एवं सेवा के कार्य में लगे रहते हैं।' वैश्यों ने अपने आपको जैसे भी सँभाला हो या न सँभाला हो, लेकिन कई देशों में शूद्रों की हालत अभी तक ज्यों की त्यों चल रही है। ये अभी तक अपनी स्त्रियों पर नियंत्रण नहीं रख पाये हैं।

दलितों को दूसरी कौमों से संघर्ष में पहले अपने घरों को जरूर देखना है। आखिर दलित जातियाँ दूसरी जातियों से मुक्ति किस-किस रूप में प्राप्त करना चाहती हैं ? दूसरी जातियों के पुरुषों से अपनी बहू-बेटियों की रक्षा की बात बहुत जरूरी है। पर तब क्या किया जाये, जब इनकी बहू-बेटियाँ खुद दूसरी जातियों के पुरुषों के साथ भागना चाहती हों ? इसी दूसरी बात के लिए दलित स्त्रियों पर नियंत्रण रखना जरूरी है। दलित एक जाति के रूप में अब तक इस काम में चूकते रहे हैं। इसी से इनकी औरतें स्वतंत्र होने के बजाय उच्छृंखल हो जाती हैं। वे परपुरुषों के साथ व्यभिचार कर बैठती हैं। वैसे भी गुलाम लोगों की बहू-बेटियों की इज्जत कभी सुरक्षित नहीं समझी जा सकती।

दलितों का एक परिवार दर्शन होना चाहिए। विवाह और तलाक, बच्चे और भरण पोषण, सम्पत्ति और गोद के बारे में इनकी अपनी अलग समाज संहिता

होनी चाहिए। भिन्न परंपराओं के कारण इनका तलाक वैसा नहीं हो सकता, जैसा द्विज समाज का होता है। द्विज समाज में कानून आ जाने के बाद भी तलाक असंभव है, जबकि दलित समाज की औरतें कानून उपलब्ध न होने पर भी भागती फिरती हैं। जब तक इस गैर-जिम्मेदारी पर रोक नहीं लगेगी, दलित परिवार शिक्षा आदि के क्षेत्र में आगे नहीं बढ़ पायेंगे। कई दलित स्त्रियाँ अपने बच्चों की शिक्षा पर कहर बन कर बैठ जाती हैं। कहने का तात्पर्य यह है कि गृहस्थ जीवन में दलित की समस्या के लिए गैर-दलितों का समाधान नहीं चल सकता। तलाक और भरण-पोषण के मामले में इन्होंने अपनी समस्याओं का समाधान अपने ढंग से निकाल रखा था। इनमें हत्या और आत्महत्या से पहले तलाक हो जाता था। बच्चे माँ के साथ भी पल जाते थे और बाप के साथ भी। माँ के साथ आया पीछे का बच्चा अगले घर भी इज्जतदार इन्सान होता था। अपनी काबिलियत के आधार पर वह नये बाप के गाँव में चौधरी तक बन जाता था। यह ठीक नहीं है कि गृहस्थ जीवन में इनकी समस्याएँ ज्यों की त्यों बनी रहें और इनसे इनके ऐतिहासिक समाधान छीन लिये जायें। इससे समाज में नंगापन ही बढ़ता है।

अंत में भावी दलित दर्शन का एक छोटा-सा खाका खींचा जा सकता है कि परंपरा के रूप में या मौखिक वाणी के रूप में जो उनका निजी बचा है, उसे ही सुरक्षित रखना है। यह धर्मांतरण के द्वारा ओढ़ा हुआ या थोपा हुआ जीवन-दर्शन नहीं होना चाहिए। इनका जो अब तक श्रेष्ठ बचा है, वह लोकायती परंपरा, दलित संत वाणी, तलाक की मान्यता और देशी भाषाएँ हैं। इनकी ये संपत्तियाँ कम नहीं हैं और इनमें बिना मीन-मेष निकाले इन चारों को एक साथ स्वीकार किया जाता है।

कहा जा सकता है कि लोकायत और निर्गुण संतों का मिलन ठीक से नहीं बैठता है, लेकिन यह सच नहीं है। लोकायत कोई जड़ परंपरा नहीं थी। इसे विकसित होना था। वेद भी वेदांत तक विकसित हुआ है। इसी प्रकार लोकायत भी संत मत तक विकसित हुआ है। वैदिक षड्दर्शन में कई दर्शन ईश्वर को नहीं मानते। यही कहानी लोकायत से संत मत तक की है। लोकायत और निर्गुण संतमत दो भिन्न परंपराएँ नहीं हैं। बल्कि यह एक ही महानदी है, जो भारत में प्रवाहित हुई है। जहाँ यह धारा सूखती हुई दीखती है, वहाँ यह दलितों के हृदयों में सरस्वती की तरह भीतर-भीतर बही है। लोकायत के निर्गुण संत मत बनने में कुछ भी अजूबा नहीं है। इस देश में सबसे बड़ा दार्शनिक अजूबा शंकराचार्य के उस वेदान्त में था, जिसमें एक गाल से अद्वैतवाद की प्रतिष्ठा की जा रही थी और दूसरे गाल से अस्पृश्यता का व्यवहार किया जा रहा था। दलित संतों के निर्गुण धर्म को 'स-ईश्वर लोकायत' कहा जा सकता है। खुद लोकायत दर्शन को 'निरीश्वर निर्गुण

धर्म' का नाम दिया जा सकता है।

'दलित' शब्द की व्याख्या की बात शेष रह जाती है। इस शब्द को ले कर कई लोगों को खासी परेशानी हो जाती है। आज 'दलित वर्ग' अंग्रेजी के 'डेप्रेस्ड क्लासेस' का अनुवाद है। इसका अर्थ समाज के उस वर्ग से है, जो सताया गया है। लेकिन कालान्तर में यह वर्ग सताया हुआ रहनेवाला नहीं है। यह हिंदुओं से पृथक पहचान के लिए सदैव दलित कहलवाता रहने के लिए तैयार नहीं है। यह विरोधी शक्तियों से इसीलिए संघर्ष कर रहा है, ताकि यह आज का दलित न रह सके। पर जब यह वर्ग आज के अर्थ का दलित नहीं रह जायेगा, तब इस शब्द के साथ क्या होगा ? एक उत्तर यह है कि तब दलित समुदाय को संबोधित करने के लिए कोई नया शब्द ले लिया जायेगा, जिसमें कुछ भी बुराई नहीं होगी। इसका दूसरा उत्तर यह है कि 'दलित' शब्द का अर्थ सताया हुआ ही नहीं रह जायेगा। आखिर 'दलित' शब्द 'दल' से बना है, जिसमें 'दलवीर' और 'दलेल' जैसे वीरता के सूचक शब्द बनते हैं। केरल के एक महान क्रांतिकारी का नाम कुछ और नहीं, बल्कि 'वेलुत्तम्पि दलवा' था। यह उपनाम 'दलवा' अपना सार्थकता दर्शाता है। तब 'दलित' का अर्थ यह हो जायेगा कि वे लोग जो समाज में दल के अर्थात समूह के रूप में संगठित रहते हैं। यह दलित के गैर-दलित होने तक की यात्रा होगी।

अगर मैं दलित होता

राजकिशोर

अगर मैं दलित होता–यह वाक्य उस प्रकार का नहीं है जैसा यह कि अगर मैं प्रधानमंत्री होता। अगर मैं प्रधानमंत्री होता या राष्ट्रपति होता तो क्या करता–इस तरह के लेख अक्सर लिखे या लिखाये जाते हैं। लेकिन हर कोई जानता है कि प्रधानमंत्री या राष्ट्रपति होना संयोग की बात नहीं है। लेकिन दलित होना शुद्ध संयोग की बात है। वस्तुतः कोई दलित होता नहीं, दलित पैदा होता है। यह बंधन जन्म से मृत्यु तक का है। अगर किसी का जन्म दलित परिवार में हो गया है, तो वह आजीवन दलित ही रहेगा। इस दृष्टि से 'दलित' शब्द स्थिति का पूरा-पूरा वर्णन नहीं करता। 'दलित' कहने से ऐसा जान पड़ता है कि अमुक व्यक्ति को दबा कर रखा गया है। इस अर्थ में कोई ब्राह्मण या कायस्थ भी दलित हो सकता है। वर्ग के रूप में ये संपन्न जातियाँ हैं, किंतु इन जातियों का प्रत्येक सदस्य संपन्न नहीं है। उड़ीसा के अनेक ब्राह्मणों की स्थिति पश्चिमी उत्तर प्रदेश के चमारों से बदतर ही नहीं, काफी बदतर है। लेकिन सिर्फ भौतिक खुशहाली के स्तर पर। सामाजिक स्तर पर गरीब ब्राह्मण की स्थिति भी खुशहाल चमार से लाख गुने बेहतर है। इस प्रकार दलित एक वर्गीय शब्द ठहरता है। मनमोहन सिंह के बावजूद भारत एक गरीब देश है। यहाँ की आधी से ज्यादा आबादी आर्थिक दृष्टि से दलित ही है। यह एक राष्ट्रीय दंश है। लेकिन जिन्हें दलित कहा जाता है, उनका दंश कुछ और है। 'दलित' शब्द उन जातियों के अर्थ में रूढ़ होता जा रहा है जिन्हें पहले अछूत या हरिजन कहा जाता था। इसके लिए कानूनी शब्द 'अनुसूचित जाति' है। जब मैं यह कहता हूँ कि 'अगर मैं दलित होता' तो मेरा अभिप्राय 'अनुसूचित जाति' का होने से ही है। इन जातियों के लोग भारतीय समाज में तिरस्कार के पात्र माने जाते हैं। इन्हें बहुत नीचा माना जाता है। यह पात्रता उन्होंने स्वयं अर्जित नहीं की है। यह उन्हें जन्म से मिली है। अपने जन्म पर किसी का वश नहीं होता। अतः कोई दलित नहीं है, तो उसे अपने ऊपर गरूर नहीं करना चाहिए।

यह संयोग की बात है कि वह एक गैर-दलित परिवार में पैदा हुआ। इसी संयोगवश उसका जन्म किसी दलित परिवार में भी हो सकता था। इसी अर्थ में मैं सोचता हूँ कि अगर मैं दलित होता, तो क्या करता। यह कुछ इस तरह की भी बात है जैसे कोई स्त्री यह सोचे कि उसका सामना किसी बलात्कारी से हो जाता, तो वह क्या करती। मुझे ऐसा लगता है कि इस तरह सोचने से न केवल हमारी संवेदना और समझ का विस्तार हो सकता है, बल्कि हम दूसरों के संघर्ष के प्रति भी एक दृष्टि बना सकते हैं।

प्रधानमंत्री या राष्ट्रपति सत्ता के पद हैं। डॉक्टर या इंजीनियर के पास हुनर होता है। जब हम यह सोचते हैं कि अगर मैं प्रधानमंत्री होता तो क्या करता या डॉक्टर होता तो क्या करता, तो यह प्रतिपादित करते हैं कि सत्ता या हुनर का किस तरह इस्तेमाल होना चाहिए। इस तरह के विचार लगातार आने चाहिए। लेकिन विचार इस तरह के भी आने चाहिए कि अगर मैं कुली होता तो क्या करता या अगर मैं चपरासी होता तो क्या करता। इससे यह शिक्षा मिल सकती है कि जिनके पास किसी प्रकार का हुनर या सत्ता नहीं है, उन्हें क्या करना चाहिए। लेकिन इस तरह के निबंध देखने में नहीं आते। क्या इसलिए कि लोग सोचते हैं कि सत्ता से ही स्थितियों में बदलाव लाया जा सकता है ? मसलन प्रधानमंत्री तो चीजों को बदल सकता है, किंतु उसका अर्दली नहीं। किसी भी प्रकार का परिवर्तन लाने के लिए सत्ता हासिल करना शायद जरूरी है। लेकिन सारे परिवर्तन ऊपर से ही नहीं होते। परिवर्तन नीचे से भी किये जाते हैं। जब कोई मार्क्सवादी यह लिखता है कि मजदूरों को क्या करना चाहिए, तो वह ऐसे ही नीचे से परिवर्तन के लिए आह्वान करता है। लेकिन अन्य वर्गों के लिए इस तरह की शिक्षाएँ नहीं लिखी जातीं, इससे पता चलता है कि या तो शक्तिहीनता के विभिन्न प्रकारों के प्रति हम सजग नहीं हैं या यह नहीं जानते कि उन्हें क्या करना चाहिए। एक बात और है। मजदूरों को क्रांति के लिए तैयार किया जाता है, ताकि वे सत्ता पर कब्जा कर सकें। सत्ता पर सही लोगों का कब्जा हो, यह जरूरी है। लेकिन जिन्हें सत्ता पर कब्जा नहीं करना है, ऐसे लोग या वर्ग भी समाज में होते हैं। मसलन एक बेटी को अपने पिता या भाई पर कब्जा नहीं करना होता है। पत्नी को पति पर कब्जा नहीं करना है। यदि ये दलित या दमित हैं, तो इन्हें क्या करना चाहिए ? जो समाज में पूर्ण परिवर्तन की इच्छा रखते हैं, उन्हें बताना चाहिए कि समाज के प्रत्येक घटक का क्या कर्तव्य है। क्रांति के बाद सब कुछ ठीक-ठाक हो जायेगा, यह आशा क्या हर जगह दुराशा नहीं साबित हुई है ? या, जिस क्रांति की बात हम किताबों में पढ़ते हैं वह अभी तक कहीं हुई ही नहीं ?

तो क्या मैं यह निबंध दलित शिक्षा के लिए लिख रहा हूँ ? नहीं। मेरी इतनी योग्यता नहीं है। जिन्हें मैं ठीक से जानता तक नहीं, उनके कर्तव्यों की

सूची बनाना मेरे लिए उचित भी नहीं है। हाँ,कुछ सामान्य चर्चा जरूर हो सकती है। लेकिन यह निबंध लिखने का मेरा प्रयोजन कुछ और है। दरअसल, पिछले दिनों दलितों से संबंधित कुछ साहित्य मैंने पढ़ा। अब भी पढ़ रहा हूँ। इसी सिलसिले में मेरे मन में यह सवाल उठता रहा कि अगर मैं दलित होता तो मैं क्या करता ? एक तरह से यह एक निजी खोज है, हालाँकि इस खोज से उन्हें भी मदद मिल सकती है जो दलित हैं। मेरे लिखे से या किसी भी गैर-दलित के लिखे से अपने लिए मदद हासिल करना उन्हीं का काम है। पर इसमें उन्हें सावधान भी रहना चाहिए, क्योंकि गैर-दलित तो गैर-दलित हैं–कब उनके सवर्ण संस्कार सक्रिय हो जाते हैं, यह नहीं कहा जा सकता। साथ ही, यह भी अमानवीय होगा कि सभी गैर-दलितों को हमेशा संदेह की निगाह से देखा जाये। सावधानी एक चीज है, संदेह करते रहना बिल्कुल दूसरी चीज। दरअसल, एक दलित को सावधान तो अपने दलित नेतृत्व से भी रहना चाहिए। जो हमारे जितना नजदीक होता है, वह हमें उतना ही ज्यादा धोखा दे सकता है। दूसरी ओर, संदेह संबंध को हमेशा दूषित करता है। जब कोई गैर-दलित दलित की ओर हाथ बढ़ाता है, तो वह हमेशा अपने वर्ग का प्रतिनिधित्व नहीं करता। व्यक्ति के रूप में उस पर संदेह न करने से ही उसकी शुभ वृत्तियों को प्रोत्साहित किया जा सकता है।

जैसे स्त्री होने की वेदना को कोई पुरुष समझ नहीं सकता, उसी तरह दलित होने के दंश का सटीक अनुभव कोई गैर-दलित नहीं कर सकता। कल्पना की हमेशा एक सीमा होती है। फाँसी पर चढ़े बगैर यह कल्पना नहीं की जा सकती कि फाँसी पर चढ़ते वक्त कैसा अनुभव होता है। जाहिर है, कल्पना हम अपने अनुभव और जानकारी के आधार पर ही करते हैं। हममें से कितनों को दलित जीवन का ज्ञान है ? कम से कम मेरा अपना ज्ञान किताबी ही ज्यादा है। अतः ये पंक्तियाँ लिखते समय सबसे पहले मैं यह प्रतिज्ञा करता हूँ कि जितनी जल्द हो सके, दलित जीवन के बारे में अपना प्रत्यक्ष ज्ञान बढ़ाऊँगा। वस्तुतः यह न केवल दलित को जानना होगा, बल्कि अपने को और अपने समाज को ही जानना होगा। वास्तविक जीवन में दलित से दूर रह कर दलित समस्या पर विचार करने का कोई खास अर्थ नहीं है।

यहाँ एक तात्विक प्रश्न उठता है कि क्या दलित हिंदू समाज का अंग हैं ? गाँधी और आंबेडकर के बुनियादी मतभेदों में एक यह भी था। गाँधी का मानना था कि दलित हिंदू समाज का ही हिस्सा हैं, जबकि आंबेडकर यह प्रतिपादित करते रहे कि दलित हिंदू नहीं हैं। अगर मैं दलित होता, तो उस प्रश्न से उलझता ही नहीं। दलित किसी प्राचीन काल के विजित समुदाय के लोग हैं या वे स्थानीय लोग हैं, जिन्हें आर्यों ने अपनी विशिष्ट व्यवस्था के तहत दास बनाया और लगभग मुफ्त में उनसे सेवा लेते रहे–यह बहस मेरे लिए बहुत सार्थक नहीं होती। इतिहास

के विद्यार्थियों को इन सब मामलों में लगातार शोध करना चाहिए, ताकि हम अपने अतीत को और मानव स्वभाव तथा मानव व्यवस्थाओं को बेहतर ढंग से समझ सकें। लेकिन जहाँ तक मौजूदा समाज की चुनौतियों का सवाल है, उनका सामना तो वर्तमान के आधार पर ही किया जा सकता है। चूँकि मेरे लिए यह महत्वपूर्ण नहीं होता कि मेरे पूर्वज हिंदू थे या नहीं और चूँकि मेरे लिए हिंदू होना या न होना, दोनों ही समान रूप से अप्रासंगिक हैं, इसलिए मैं अपनी मुक्ति के लिए धर्मांतरण की कोशिश भी न करता। मुझे लगता है कि धर्मांतरण मुख्यतः एक प्रतिशोध का मामला है : तुम्हारे समाज ने हमें इतना कष्ट दिया, अतः लो, मैं तुम्हारा धर्म छोड़ता हूँ। हिंदू समाज के अलावा और कहीं अस्पृश्यता का विधान नहीं है, फिर भी सिर्फ इस कारण मैं धर्म परिवर्तन का समर्थन नहीं कर पाता।

धर्म परिवर्तन के विरुद्ध मेरे कई तर्क हैं। एक, मैं सभी धर्मों को समान रूप से असत्य मानता हूँ। मुझे लगता है कि हिंदू होना भी उतना ही अवैज्ञानिक है जितना मुसलमान या ईसाई होना। इस दृष्टि से बौद्ध धर्म कुछ बेहतर है, क्योंकि उसमें आत्मा, परमात्मा आदि के लिए कोई गुंजाइश नहीं है। वह बुनियादी रूप से एक नैतिक व्यवस्था थी, लेकिन अंततः उसने भी एक धार्मिक व्यवस्था का रूप ले लिया। फलस्वरूप बौद्धों की अपनी रूढ़ियाँ भी बन गयीं। महायान शाखा ने तो, जो ज्यादा लोकप्रिय है, बौद्ध धर्म को तरह-तरह से भ्रष्ट कर डाला। अतः बौद्ध धर्म को स्वीकार करने के पीछे भी कोई तर्क नहीं है। मनुष्य को इतना बुद्धिमान होना चाहिए कि उसका काम किसी धर्म या ईश्वर के बगैर चल सके, अन्यथा उसकी स्वतंत्रता तरह-तरह से खंडित होती रहेगी तथा उसका तरह-तरह से शोषण होता रहेगा।

धर्म परिवर्तन के विरुद्ध दूसरा तर्क यह है कि इसके कारण भारतीय समाज में विभिन्न धर्मों के बीच हमेशा एक प्रतिद्वंद्विता चलती रहती है। ऐसी प्रतिद्वंद्विता, जो अनिवार्य रूप से सामाजिक अस्थिरता और असंतुलन को जन्म देती है, अच्छी बात नहीं है। दलितों में कुछ बौद्ध बने, कुछ मुसलमान बने, कुछ ईसाई और कुछ सिख। इसके कारण इन सभी धर्मों से हिंदू समाज का रिश्ता तनाव का बना है। कहा जा सकता है कि सवर्ण हिंदू इस तरह अपने ही पापों की सजा पा रहा है। लेकिन यदि उसे इस बात का एहसास नहीं होता और वह प्रायश्चित्त नहीं करता, तो इस सजा का अर्थ क्या है ? इसके कारण वह और ज्यादा संकीर्ण तथा शंकालु हो सकता है तथा जिन दलितों ने धर्म परिवर्तन नहीं किया है, उनके प्रति उसका मनोभाव और सख्त हो सकता है। उसे दलित अपने बीच हमेशा पंचमाँगी की तरह दिखाई पड़ेगा।

दलितों का धर्म परिवर्तन एक ही स्थिति में उपयोगी हो सकता है। वह स्थिति यह है कि देश के सारे दलित एक ही दिन अपना धर्म बदल लें। तब

दलित समस्या ही एक तरह से खत्म हो जायेगी। लेकिन डॉ. आंबेडकर जैसा नेता भी यह संभव नहीं कर सका। अब तो यह और भी असंभव है। अतः धर्म परिवर्तन से कोई खास लाभ दिखाई नहीं देता। एक और बात है। धर्म परिवर्तन से वर्ग परिवर्तन नहीं होता। सिर्फ एक ऐसे समाज की सदस्यता मिल जाती है, जो आपको अस्पृश्य नहीं मानता। आपकी बाकी स्थितियाँ पूर्ववत रहती हैं। अतः जीवन की कठिनाइयाँ कम नहीं होतीं। धर्म परिवर्तन करनेवाले व्यक्ति के बारे में यह मालूम रहता है कि उसने इस्लाम या ईसाइयत में श्रद्धा के कारण धर्म नहीं बदला है–बल्कि वह स्पृश्यता की तलाश में यहाँ आया है, अतः उसके प्रति बाद में कोई विशेष प्रेम भी नहीं रह जाता। वह नव-बौद्ध या नव-मुसलमान कहलाता है। यदि धर्म परिवर्तन से शिक्षा और रोजगार मिलते हों, तो यह एक ठोस लाभ हो सकता है। यह हो, तो शायद भारत के सभी गरीब धर्म बदल लें। लेकिन किसी भी धर्म के पास देने के लिए इतना पैसा नहीं है। न अपने धर्मावलम्बियों से इतना प्रेम है। प्रेम होता तो भारत और बाँग्लादेश के मुसलमान इतने गरीब न होते। धर्म परिवर्तन मुझे सिर्फ एक ही स्थिति में नैतिक लगता है। जब मैं किसी खास धर्म के सिद्धांतों का कायल हो जाऊँ। धर्म के पास सिर्फ धार्मिक उद्देश्य से जाना चाहिए; किसी अन्य उद्देश्य से धर्म के पास जाने से जीवन में जटिलता ही बढ़ती है। सच तो यह है कि दलितों को एक नया धर्म नहीं, बल्कि एक नया समाज चाहिए। जहाँ तक समाज का सवाल है, भारत के सभी धर्मों का हाल एक जैसा ही है।

अगर मैं दलित होता, तो कम से कम स्पृश्यता की तलाश में मैं किसी अन्य समुदाय की शरण में न जाता। मैं यह मानता कि अस्पृश्यता मूलतः हमारी, यानी हम दलितों की, समस्या नहीं है–यह उनकी समस्या है, जो हमें अछूत मानते हैं। जो हमें अस्पृश्य मानता है, उनसे छुआ जाना मैं स्वयं पसंद नहीं करता। हाँ, वह प्रेम से मुझे गले लगाता, तो मैं जरूर गले लग जाता। पर किसी दबाव से–कानून के दबाव से या जनमत के दबाव से–वह मुझे छूता है या मेरे साथ बैठ कर भोजन करता है, तो वह मेरा–मेरे व्यक्तित्व का अपमान करता है। अस्पृश्यता यदि कलंक है–मानवता के प्रति अपराध है, जैसा कि गाँधी जी ने कहा, तो यह कलंक मेरा नहीं है, उनका है जो अस्पृश्यता में यकीन रखते हैं। अपने कलंक के प्रक्षालन की चिंता उन्हें होनी चाहिए। हाँ, इस प्रथा के कारण मेरे कानूनी अधिकार छीने जायेंगे, तो मैं जरूर वैधानिक उपाय अपनाऊँगा या सत्याग्रह करूँगा। लेकिन गाँव के कुएँ से यदि मुझे पानी भरने नहीं दिया जाता तो मैं उस कुएँ के पास नहीं फटकूँगा। यदि कुआँ सरकार ने खुदवाया है, तो उस पर मेरा भी हक है। उस हक के लिए मैं अपनी जान भी दे सकता हूँ। लेकिन कुआँ यदि गैर-दलितों का है, तो यह उनका अधिकार है कि वे उसका पानी किसे लेने देते हैं। जिस कुएँ

को सवर्ण अपना मानते हैं, वह मेरा कैसे है ? यह कहना कि वह पूरे गाँव का कुआँ है, एक अर्धसत्य है। जिस गाँव में भी दलित हैं, वह एक बँटा हुआ गाँव है। सवर्णों के हिस्से का गाँव मेरा नहीं है। उस पर जबरदस्ती मुझे कब्जा नहीं करना चाहिए। इसके बजाय मैं कोशिश करूँगा कि सारे दलित मिल कर अपना अलग कुआँ खोद लें। एक कुआँ खोदने में इतनी लागत नहीं आती कि हम उसका खर्च न उठा सकें।

इसी तर्क से मैं उन मंदिरों का भी बहिष्कार करता, जहाँ हमारे घुसने की मनाही है। मंदिर धर्म स्थान है। यदि उनका धर्म कहता है कि दलित वहाँ न जायें, तो दलितों को वहाँ नहीं जाना चाहिए। कहा जा सकता है कि यह धर्म की आज्ञा नहीं है, एक हानिकर रूढ़ि है। लेकिन सच्चा धर्म क्या है, इसकी शिक्षा मैं उन्हें कैसे दे सकता हूँ ? जिस बात में मेरा कुछ स्वार्थ है, उसे वे स्वीकार क्यों करेंगे ? उनके लिए तो वही उनका धर्म है, जिसका वे पालन करते हैं। यदि वह अच्छा नहीं है, तो बुद्धिमान होने पर वे स्वयं उसका परित्याग कर देंगे। वैसे चूँकि मैं धर्म मात्र को अस्वीकार कर देता, अतः मंदिर जाने की मुझे जरूरत ही नहीं होती। मेरे जिन साथियों को मंदिर जाने की इच्छा होती, उन्हें भी मैं यही समझाता। यदि मैं देखता कि बिना ईश्वर या धर्म के उनका काम नहीं चलने वाला, तो मैं कहता, अपना ईश्वर खुद गढ़ लो और उसकी पूजा कर लो। जिस ईश्वर के दरबार में मनुष्य-मनुष्य समान नहीं है, वह ईश्वर हमारा कैसे हो सकता है ?

क्या यही बात दुकानों पर भी लागू होती है ? यदि नाई मेरे बाल नहीं काटता, यदि चायवाला दुकान की प्याली में मुझे चाय नहीं देता, तो मैं क्या करता ? ये प्रश्न निश्चय ही परेशान करनेवाले हैं। यह तो निश्चित है कि इन अधिकारों के लिए मैं किसी का सिर नहीं फोड़ता। कोशिश यही करता कि इस सबके बिना काम चला सकूँ। जहाँ तक कानून का सहारा लेना संभव होता, मैं यह सहारा जरूर लेता। सामूहिक रूप से थाने में जाता, जिलाधिकारी के पास अपील करता और आपस में चंदा कर अदालत में भी जाता। फिर भी सफलता न मिलती, तो अनुकूल समय की प्रतीक्षा करने के अलावा मैं और क्या कर सकता था ? मैं इतना तो समझ ही सकता था कि कोई व्यक्ति मुझे अछूत मान रहा है, तो यह उसका व्यक्तिगत निर्णय नहीं है। यह चेतना की एक कैद है, जो सैकड़ों-हजारों वर्षों से चली आ रही है। इस कैद में उसके पिता-पितामह रहे और उनके पिता-पितामह भी। यह एक सामाजिक व्यवस्था का प्रश्न है और न तो एक दिन में बनी थी न एक दिन में टूटेगी। इसे बनने में यदि सैकड़ों वर्ष लगे हैं, तो टूटने में भी एकाध शताब्दी लग जा सकती है। कल टूट जाये, तो बहुत अच्छा। लेकिन नहीं टूटती, तो हम दलित क्या करें ? हमारे पास न तो शास्त्र का बल है कि इन

सबको धर्म-विरुद्ध घोषित कर दें, न शस्त्र का बल है कि हमारी बात न माननेवालों का सिर कलम कर दें और न सरकार पर हमारा अधिकार है कि प्रगतिशील कानून तुरंत लागू करा दें। हम सामाजिक अल्पसंख्यक हैं और धीरे-धीरे ही सौहार्द और विवेक पैदा कर बेहतर दिनों की आशा कर सकते हैं।

इसके अलावा हम एक काम और कर सकते हैं और वह है हड़ताल। दलित समाज में ऐसे बहुत-से काम करते हैं, जिनके बिना समाज का काम चलनेवाला नहीं है। हम अगर सामूहिक हड़ताल कर दें, तो गैर-दलितों को झुका सकते हैं। लेकिन हर हड़ताल की तरह इतनी तैयारी होनी चाहिए कि हम भूखों न मरने लगें। उसके बाद वर्गीय एकता टूटने लगती है और काफी समय तक संघर्ष नहीं हो पाता। अतः मैं यह कोशिश भी करता कि अपने क्षेत्र में दलितों को ऐक्यबद्ध करता तथा यथासंभव सामाजिक बराबरी के लिए पर्याप्त तैयारी के बाद बाकायदा पूर्व-सूचना दे कर हड़ताल करा देता। इसे आप हड़ताल न कह असहयोग भी कह सकते हैं। यह पूरी तरह जायज होता, क्योंकि यदि सवर्ण हमारे साथ सहयोग नहीं करते, तो हम उनके साथ सहयोग क्यों करें? यदि वे अपने ढंग से चलना चाहते हैं, तो हम भी अपने ढंग से चलेंगे। इसके लिए उन्हें या हमें चाहे जितना कष्ट सहना पड़े। यदि मैं अपने साथियों में पर्याप्त स्वाभिमान पैदा कर सकता, तो इस असहयोग के चलते हम बड़ी से बड़ी कुरबानी के लिए तैयार रहते। मैं यह नहीं मानता कि हमारी इतनी गहरी निष्ठा देखने के बाद भी सवर्ण समाज अपनी अतार्किक जिद पर अड़ा रह पाता।

यही बात जाति प्रथा के बारे में भी कही जा सकती है। धर्म के बारे में मेरे इन विचारों से इस बात का कुछ अनुमान किया जा सकता है कि जाति व्यवस्था के बारे में मेरे क्या विचार होते। मैं बेशक कहता कि जाति व्यवस्था को समाप्त होना चाहिए, लेकिन सबसे पहले मैं दलित समाज के अन्दर जाति प्रथा को समाप्त करने की कोशिश करता। यह कोशिश दलित नेता भी नहीं करते, क्योंकि उन्हें भय होता है कि इससे दलित एकता खतरे में पड़ जायेगी। यह एक वाहियात बात है। दलित आबादी स्वयं अनेक जातियों-उपजातियों में बँटी हुई है, लेकिन शेष समाज के लिए इन सबकी पहचान एक ही है यानी ये दलित हैं। फिर भी जाति प्रथा के प्रति दलितों में मोह बना हुआ है, यह आश्चर्यजनक है। यदि दलित अपने भीतर की जाति व्यवस्था समाप्त नहीं कर सकते, तो वे सवर्ण समाज से यह माँग कैसे कर सकते हैं? दलितों से जाति प्रथा हटेगी, उनके बीच अंतर्जातीय विवाह होंगे, तो इससे इस समाज के भीतर एक नया ऊर्जा का संचार होगा। शायद यह देख कर ही सवर्णों में कुछ शर्म पैदा हो और आत्म-परीक्षण का भाव जगे। लेकिन जब तक दलित समाज में जाति व्यवस्था खत्म नहीं होती, यह सिद्ध नहीं हो सकता कि जाति के मुद्दे पर दलित सचमुच गंभीर हैं। यह सिद्ध करना

कई दृष्टियों से बेहद जरूरी है। जाति प्रथा से संघर्ष आवश्यक है, किंतु यह मुख्यतः सवर्णों का ही काम है। एक तो उनकी संख्या ज्यादा है, दूसरे, यह उन्हीं की बनायी हुई है। दलित सिर्फ यह कामना कर सकते हैं कि सवर्ण समाज में यह शुभ बुद्धि जल्द से जल्द पैदा हो। जाति प्रथा सिर्फ दलितों के हित में नहीं, बल्कि सवर्ण समाज के हित में भी टूटनी चाहिए। इसलिए मैं इस संघर्ष को एक-दूसरे के खिलाफ विद्वेष बढ़ानेवाली कार्रवाई न बनने देता। अतः मैं गैर-दलितों को उत्तेजित करनेवाला कोई बयान नहीं देता और अपने साथियों को भी ऐसा बयान देने या उनके लिए अपशब्द का प्रयोग करने से रोकता। हम सभी को जब एक साथ ही रहना है, तो फिर आपस में द्वेष बढ़ाने से क्या फायदा। यह उचित नहीं है कि हम एक ओर उनके विशेषाधिकार कम करने की कोशिश करें और दूसरी ओर उन्हें गुस्सा भी दिलायें। गुस्से में तो वे अपने विशेषाधिकारों से और ज्यादा चिपटना चाहेंगे। हमें पता है कि वे अन्याय कर रहे हैं। अन्यायी अभद्र हो सकता है, किंतु जो न्याय माँगने या न्याय स्थापित करने चला है, वह अभद्र नहीं हो सकता। शोषित के पास हमेशा शोषक से बेहतर जीवन दर्शन होना चाहिए।

इसके लिए जरूरी है कि दलितों में शिक्षा और ज्ञान का प्रसार हो। अज्ञान के द्वारा अज्ञान से नहीं लड़ा जा सकता। अतः मैं यह कोशिश जरूर करता कि दलितों में साक्षरता का ज्यादा से ज्यादा प्रसार हो, वे किताब पढ़ना सीखें और आपस में खूब विचार-विमर्श करें। दलित के पाँव में जूते भले ही न हों, किंतु उसके हाथ में एक किताब होनी चाहिए। जूता सिर्फ धूल-गर्द से, सर्दी-गर्मी से रक्षा करता है, जबकि किताब सभी तरह के अन्यायों के खिलाफ संघर्ष करने का औजार देती है। यह मैं दलित समाज के लिए शर्म की बात समझता कि हमारे बीच सिर्फ एक आंबेडकर पैदा हुआ है। हमें दर्जनों आंबेडकरों की जरूरत है। जिस तरह महात्मा गाँधी ने हर गाँव-हर शहर में एक छोटा-मोटा गाँधी पैदा कर दिया था, उसी तरह हर गाँव और हर कस्बे को एक छोटे-मोटे आंबेडकर की जरूरत है। आंबेडकर के हृदय में हजारों सालों के शूद्र तिरस्कार की वेदना पुंजीभूत थी। इस वेदना के साथ उसके ज्ञान और उनकी तर्क शक्ति का सम्मिश्रण हुआ, तभी उनके व्यक्तित्व में ओज पैदा हुआ। इस ओज की जरूरत हर दलित को है। मध्य युग के भक्त कवियों ने इस संसार को सारहीन घोषित कर यह ओज अर्जित किया था। फक्कड़पन ने उनकी मुक्ति की भूमिका बनायी। मैं इस संसार को यथार्थ मान कर सामूहिक ओज की साधना करता और जीवन की आवश्यकताओं के तिरस्कार से नहीं, बल्कि सुव्यवस्थित सुंदर जीवन के बीच से फक्कड़पन अर्जित करने का रास्ता निकालने की कोशिश करता।

लेकिन भौतिक सुख-सुविधाएँ कुछ व्यक्तियों के चाहने से किसी समाज में उपलब्ध नहीं हो जातीं। गरीब से गरीब समाज में भी कुछ लोग संपन्न हो सकते

हैं, किंतु असली चुनौती यह है कि किसी समाज में आम तौर पर संपन्नता कैसे आये। इस तरह का दर्शन तैयार करने का दायित्व पूरे भारतीय समाज का है, लेकिन यह गरीबों और दलितों का विशेष दायित्व है, क्योंकि वे अभाव और विषमता के दुहरे शिकार हैं। आंबेडकर गाँवों को घृणा की दृष्टि से देखते थे, क्योंकि गाँवों में गरीबी है, गंदगी है, अंधविश्वास है और सामाजिक जकड़न है। इसीलिए ग्राम स्वराज्य का नाम सुनते ही आंबेडकर का रक्त चाप बढ़ने लगता था। लेकिन गाँवों की आध्यात्मिक गरीबी उनकी भौतिक गरीबी की भी एक अभिव्यक्ति है। जरूरत से ज्यादा धन मनुष्य को विकृत करता है, पर जरूरत से कम धन भी यही करता है या कर सकता है। अतः मेरे दलित दर्शन का एक हिस्सा यह जरूर होता कि गाँवों की गरीबी कैसे दूर की जाये। मैं यह अनुभव करता कि छोटा किसान खेत मजदूरों को उचित मजदूरी नहीं दे पाता, तो इसीलिए कि उसे खेती से पर्याप्त आय नहीं हो पाती। अतः हमारा दलित समाज किसानों की ऐसी सभी माँगों का समर्थन करता, जिससे उनकी आय बढ़े। दूसरी ओर हमारी खेती पर आबादी का बोझ भी बहुत ज्यादा है। अतः मैं कोशिश करता कि दलित जातियाँ कारीगरी के धंधे में आगे बढ़ें। मैं दलितों के बीच सहकारी बैंक की स्थापना करता और प्रयत्न करता कि उससे थोड़ा-बहुत पूँजी निर्माण हो। दलित सूअर ही क्यों पाले–वह मुर्गी या भैंस क्यों न पाले ? सम्पन्नता की कोशिश व्यक्तिगत और सामाजिक, दोनों स्तरों पर होनी चाहिए।

राजनीति के प्रति मेरा क्या रुख होता ? यह जरा मुश्किल सवाल है। लेकिन इतना तो मैं देख ही पाता कि हमारे कुल-गुरु डॉ. आंबेडकर ने लोक सभा और विधान सभाओं में दलितों के लिए सीटों के आरक्षण से जो उम्मीदें की थीं, उनका शतांश भी पूरा नहीं हुआ है। दलित चेतना के अभाव में इस व्यवस्था का ज्यादातर लाभ स्वयं कांग्रेस ने उठाया है, जो शुरू में इस आरक्षण के खिलाफ थी। अव इसका लाभ भाजपा को भी मिल रहा है तथा आगे और ज्यादा मिल सकता है। संसदीय आरक्षण के कारण हुआ यह है कि विभिन्न राजनीतिक दलों के लिए दलितों की विशेष चिंता करना आवश्यक नहीं रह गया है। दलित सांसद और विधायक दलित अत्याचार की घटनाओं पर ज्यादातर चुप ही रहते हैं। दलित सत्ता में आये हैं तो अपनी ताकत के बल पर, सामान्य सीटों पर चुनाव लड़ कर। अतः मैं शायद संदीय आरक्षण को खत्म करने की माँग ही करता।

क्या मैं दलितों की एक अलग पार्टी बनाता ? शायद नहीं। मुझे इससे कुछ विशेष लाभ नहीं दिखता। राजनीति देश के लिए की जानी चाहिए, सरकार के पूर्ण लोकतांत्रिक इस्तेमाल के लिए की जानी चाहिए, न कि किसी वर्ग विशेष के हितों की रक्षा के लिए। फिर तो देश में मजदूरों की, किसानों की, दुकानदारों की, उद्योगपतियों की, ब्राह्मणों की, कायस्थों की, आदिवासियों की, स्त्रियों की,

लेखकों और पत्रकारों की–सबकी अपनी-अपनी राजनीतिक पार्टी होनी चाहिए। राजनीतिक दल के गठन का आधार यह नहीं हो सकता। जिस तरह किसी भी गैर-धार्मिक प्रयोजन से धर्म के पास नहीं जाना चाहिए, उसी तरह सीमित या संकीर्ण उद्‌देश्यों से राजनीति नहीं की जानी चाहिए। जैसे भगवान को सबका माना जाता है, वैसे ही राजनीति भी सबकी होनी चाहिए। राजनीतिक दल सिर्फ विचारधारा तथा राष्ट्रीय समस्याओं की अपनी-अपनी समझ के आधार पर बनाये जाने चाहिए। जहाँ तक राष्ट्र के निर्माण का सवाल है, सभी मौजूदा दल समान रूप से अक्षम और निरर्थक सिद्ध हुए हैं। अतः मैं कोशिश करता कि देश में कोई नया दल बने, जो संपूर्ण लोकतंत्र, तथा आर्थिक-आर्थिक समता के दर्शन पर आधारित हो। ऐसे किसी दल की इच्छा देश के अनेक वर्गों में है। हम इन सभी से संपर्क करते और एक नया अखिल भारतीय दल बनाने की कोशिश करते। जब तक यह नहीं होता, हम एक राष्ट्रीय माँग-पत्र बनाते और जनता के बीच तथा सभी दलों के राजनीतिक कार्यकर्ताओं के बीच उसका प्रचार-प्रसार करते। यह माँग पत्र सिर्फ दलित माँग पत्र नहीं होता। यह पूरे भारतीय समाज की पुनर्रचना का माँग पत्र होता। दलित जब सबके लिए सोचेंगे, तभी उनके प्रति सबका प्रेम बढ़ेगा।

इसका मतलब यह नहीं है कि दलितों का कोई अपना माँग पत्र नहीं हो सकता। इस समय भारतीय समाज में सबसे बड़ा माँग पत्र तो उन्हीं का होगा। यह पूर्ण राजनीति का एक महत्वपूर्ण स्तंभ होगा। यानी पूरी राजनीति इन लक्ष्यों को प्राप्त करने का प्रयास करेगी। किंतु राजनीति की सीमाएँ हैं। वह ऐसे काम करने के लिए ज्यादा सक्षम है, जो राज्य शक्ति के इस्तेमाल से हो सकते हैं। किंतु सामाजिक परिवर्तन सिर्फ राज्य शक्ति से नहीं होता। कानून बनाना और डंडे फटकारना एक बात है, मनुष्य के संस्कारों को बदलना दूसरी बात। इसलिए दलित माँग पत्र सिर्फ ताकत के इस्तेमाल से या संघर्ष से पूरा नहीं हो सकता। इतना ही जरूरी है प्रेम और सद्‌भाव पैदा करना। दोनों अपने आपमें अधूरे हैं। इसीलिए संत कुछ विशेष नहीं कर पाये और इसीलिए कानून में परिवर्तन या राज्य सत्ता में हिस्सेदारी से एक सीमा तक ही स्थिति सुधार पायी। दलितों की ट्रेजेडी इस मायने में भयानक है कि वे न केवल कमजोर हैं, बल्कि अल्पसंख्यक भी हैं। लेकिन जब वे कुछ अन्य समूहों के साथ मिल कर संसद या विधान सभा में बहुसंख्यक हो जायेंगे, तब भी बुनियादी चुनौतियाँ खत्म नहीं होंगी। फिर यह भी जरूरी नहीं कि यह बहुसंख्यक गठबंधन क्रांतिकारी राजनीति ही चलायेगा। लेकिन जो अनिवार्य है, वह है दलितों में एक 'एलीट' का निर्माण। तब एक नहीं, कई छोटे-बड़े जगजीवन राम होंगे। उनका निहित स्वार्थ इस बात में होगा कि जाति व्यवस्था न टूटे, बल्कि समाज में जाति चेतना बनी रहे और उसके आधार पर टिका तनाव भी खत्म न हो। वस्तुतः इस रास्ते से दलित नेतृत्व का उभरना दलित राजनीति की विजय

नहीं, लोकतंत्र के संख्यावाद की जीत है। लेकिन संख्या का गुणात्मक इस्तेमाल न किया जाये, तो फर्क सीमित और सतही ही रहता है। मैं अगर दलित होता, तो मुझे इससे ज्यादा फर्क नहीं पड़ता कि सत्ता किसके हाथ में है। सत्ता के चरित्र का मेरा मूल्यांकन यही होता कि दलित माँग पत्र का कितना हिस्सा पूरा हुआ।

कहने की जरूरत नहीं कि यह एक अत्यन्त अधूरा कार्यक्रम है, क्योंकि अगर मैं दलित होता, तो मेरे सामने असंख्य नयी-नयी परिस्थितियाँ और नयी-नयी कठिनाइयाँ आतीं। उनका मैं क्या समाधान निकालता, अभी से नहीं कहा जा सकता। लेकिन इतना निश्चित है कि किसी भी स्थिति में मेरा जो भी कार्यक्रम होता, उसका आधार ये विचार-सूत्र होते : (1) व्यवस्था परिवर्तन, (2) सद्भाव निर्माण, (3) संघर्ष तथा (4) अहिंसक संबंधों का विकास। अल्पकालीन लक्ष्य मेरे लिए महत्वपूर्ण होते, लेकिन तभी जब वे दीर्घकालीन लक्ष्यों के पूरक हों। यह भी कहने की जरूरत नहीं कि हो सकता है मैं यह सब कुछ न करता और अपने लिए सुख-सुविधा का जीवन जुटा कर सिर्फ भाषणबाजी और लेखन करता तथा अपने दलित भाई-बहनों को उनकी किस्मत पर छोड़ देता। अभी भी मैं क्या लगभग यही नहीं कर रहा हूँ ?

इसी से यह प्रश्न पैदा होता है कि एक गैर-दलित के रूप में मेरे क्या कर्तव्य हैं ? यानी गैर-दलितों का एजेंडा क्या हो ? इसका कुछ उत्तर शायद मेरे उपर्युक्त वक्तव्य में ही निहित है। गैर-दलितों को कम से कम वह तो करना ही चाहिए, जिससे दलित उद्देश्यों की प्राप्ति शीघ्र से शीघ्र संभव हो। इस प्रक्रिया में वे पायेंगे कि उनके भीतर भी क्रांतिकारी परिवर्तन हो रहा है। मैं अपने को इस प्रक्रिया के प्रति प्रतिश्रुत करता हूँ और संकल्प करता हूँ कि जहाँ तक संभव होगा, अपने एजेंडा के अनुसार काम करने से कभी पीछे नहीं हटूँगा।

विचार और चरित्र के बीच हमेशा खाई होती है। इसीलिए हम अपने विचारों को नहीं जी पाते और न अपने चरित्र का परिमार्जन कर पाते हैं। हममें से प्रत्येक को यह खाई कम से कम करने की कोशिश करनी चाहिए। जाहिर है, यह बात मैं अपने लिए भी कह रहा हूँ। बल्कि शायद अपने लिए कुछ ज्यादा कह रहा हूँ। लेकिन इसका मतलब यह नहीं है कि यदि मुझमें आत्म-परिष्कार तथा नेतृत्व की क्षमता नहीं है, तो मैं दलित या गैर-दलित एजेंडा पर विचार ही न करूँ। जिन विचारों पर हम स्वयं अमल नहीं कर पाते, वे इसलिए भी समाज के सामने रखे जाने चाहिए, ताकि शायद कोई और उन पर अमल कर सके।

शूद्र राजनीति का भविष्य

किशन पटनायक

जनतांत्रिक राजनीति में जातिवाद, क्षेत्रीयतावाद, यहाँ तक कि संप्रदायवाद भी अस्वाभाविक नहीं है। हानिकारक भी नहीं है, जब तक यह एक गौण कारक के रूप में मतदाताओं के स्तर पर सक्रिय है। मतदाता अपने को जिस समूह का सदस्य मानता है, उसके स्वास्थ्य के बारे में सोचेगा। इसके कुपरिणाम तब निकलते हैं जब जाति, धर्म या इलाका राजनीति का मुख्य कारक होने लगता है, जब नेतृत्व करनेवाले लोग सत्ता प्राप्ति के औजार के रूप में इसका इस्तेमाल करते हैं और जाति विशेष, धर्म विशेष या क्षेत्र विशेष की भावनाओं को संगठित करने लगते हैं।

1952 से ही, जब भारत का प्रथम आम चुनाव हुआ, जातिवाद एक कारक के रूप में सक्रिय हुआ। दक्षिण की राजनीति में 1947 के पहले से ब्राह्मण विरोधी आंदोलन का प्रभाव था। दक्षिण के राज्यों के हिंदू समाज में हिंदी भाषी राज्यों से एक भिन्नता है–वहाँ ब्राह्मण और शूद्रों के बीच की शास्त्रसम्मत द्विज जातियाँ (भूमिहार, राजपूत, बनिया, कायस्थ) नहीं या नगण्य हैं। इसलिए ब्राह्मणों के विरुद्ध सामाजिक तथा राजनैतिक विद्रोह पहले और शीघ्र हो गया। जनतांत्रिक चुनाव पद्धति लागू होने के बाद से दक्षिण तथा महाराष्ट्र की राजनीति पर ब्राह्मण वर्चस्व खत्म होने लगा। शूद्रों का सत्ताभिषेक वहाँ पहले हो गया। उन राज्यों के मुख्यमंत्रियों की सूची में ब्राह्मण मुख्यमंत्री कभी-कभी धूमकेतु के तौर पर ही दृष्टिगोचर होते हैं। तमिलनाडु को छोड़ कर बाकी राज्यों में यह सारा परिवर्तन शासक दल कांग्रेस के अंदर होता रहा। प्रथम हरिजन मुख्यमंत्री भी कांग्रेस दल में ही हुआ।

उत्तर भारत में शूद्र राजनीति की अग्रगति 1960 के दशक में लोहिया के नेतृत्ववाले समाजवादी आंदोलन के माध्यम से हुई। 1967 के चुनाव में बिहार, उत्तर प्रदेश की गैरकांग्रेसी जीत के पीछे शूद्र जनों की राजनैतिक चेतना और महत्वाकांक्षा थी। चरण सिंह, कर्पूरी ठाकुर आदि का मुख्यमंत्री बनना केवल विरोधी

जनमत का द्योतक नहीं था, उसमें एक नयी सामाजिक शक्ति के अभ्युदय का तत्व ज्यादा महत्वपूर्ण था। 1979 में भारत का पहला शूद्र प्रधानमंत्री बना। अभी तक कोई दूसरा बना नहीं है। जाट एक द्विज जाति नहीं है यानी शास्त्रसम्मत ऊँची जाति नहीं है। जब वह अकेली रहती है, तो द्विज न होने पर भी एक उच्च जाति के रूप में रहती है, क्योंकि संपन्न है और मंडल आयोग की कसौटियों के मुताबिक पिछड़ी नहीं है। लेकिन शूद्र होने के कारण राजनीति में यादव, कुशवाह, कुर्मी आदि से मेल बना कर शूद्र राजनैतिक खेमे का नेतृत्व कर सकता है। चरण सिंह ने यह किया। बिहार के सहरसा जिले में किसी चुनाव के वक्त उनका एक निवेदन वहाँ के यादवों से था; 'अगर जाति के हिसाब से वोट देना है तो मुझसे ज्यादा बुजुर्ग यादव और कौन है ?' अपने उम्मीदवार के लिए वे वोट माँग रहे थे। पिछड़ों का नेतृत्व करने में देवी लाल और अजित सिंह असमर्थ हुए। देवी लाल आरक्षण विरोधी हुड़दंगीपन के कारण और अजित सिंह सत्ता पद के लिए बेसब्री के कारण।

हिंदी भाषी राज्यों में कांग्रेस विरोधी राजनैतिक मोर्चा बनने के साथ-साथ पिछड़ों का उत्थान और शूद्र राजनीति का अभ्युदय हुआ है। गैर-कांग्रेसवाद की राजनीति के प्रारंभिक काल में सामाजिक अन्याय और आर्थिक शोषण दोनों के विरुद्ध मुहिम थी। खासकर बिहार-उत्तर प्रदेश में, जहाँ गैर-कांग्रेसी राजनीति का नेतृत्व समाजवादियों के हाथ में रहा, आर्थिक परिवर्तन के कार्यक्रमों को विशेष महत्व दिया जाता था। बिहार और पूर्वी उत्तर प्रदेश जैसे इलाकों में जो आर्थिक रूप से कमजोर वर्ग है, वह (या उसका बहुत बड़ा अंश) सामाजिक व्यवस्था में पिछड़ा और दलित भी है। इसी वजह से सामाजिक और आर्थिक दोनों प्रकार की अन्याय-विरोधी चेतना तेज होने लगी थी। लेकिन अन्य इलाकों में, जैसे मध्य प्रदेश की गैर-कांग्रेस राजनीति में, भारतीय जनता पार्टी की प्रमुखता की वजह से यह स्थिति नहीं बन पायी। वहाँ सामाजिक अन्याय विरोधी चेतना मुखर या व्यापक नहीं हो सकी। आर्थिक अन्याय विरोधी चेतना भी भ्रष्टाचार के मुद्दे तक सीमित रह गयी। जैसे-जैसे समाजवादियों की राजनीति सत्ता-केंद्रित और घोर अवसरवादी होती गयी, बिहार-उत्तर प्रदेश में भी आर्थिक अन्याय के मुद्दे गौण होते गये। सामाजिक न्याय का मुद्दा सत्ता राजनीति की सफलता के लिए ज्यादा उपयोगी साबित हुआ। कर्पूरी ठाकुर और चरण सिंह के उत्तराधिकारी लालू प्रसाद और मुलायम सिंह हैं। दोनों आर्थिक अन्याय के मुद्दे को गौण कर शूद्र एकता का कौशल अपना कर नयी राजनैतिक धारा चला रहे हैं। आर्थिक अन्याय के मुद्दे को नजरअंदाज करने से सामाजिक न्याय की राजनीति विशुद्ध जातिवाद का रूप ले रही है।

नवंबर 1993 के उत्तर प्रदेश विधान सभा चुनाव से शूद्र एकता का एक

नया मॉडल स्थापित हो गया है। इसे पिछड़ा-दलित एकता या शूद्र-अतिशूद्र एकता कहा जा रहा है। तमिलनाडु में अन्ना दुराई की राजनैतिक सफलता का सामाजिक आधार भी यही था। बाद में एम. जी. रामचंद्रन की राजनीति का यही आधार बना रहा। मुख्यमंत्री बनने के बाद बिहार के लालू प्रसाद ने पिछड़ों, दलित और आदिवासियों की राजनैतिक एकता बना कर अपनी शक्ति का प्रदर्शन किया। लेकिन मुलायम सिंह और कांशीराम के सपा-बसपा गठबंधन की नाटकीय सफलता के कारण यह एक मॉडल के रूप में स्थापित हुआ है। भाजपा को गद्दी पर आने से रोक कर धर्मनिरपेक्षतावादियों और प्रगतिशील समूहों को इस गठबंधन ने संघ परिवार के आतंक से मुक्त किया। तब से इस मॉडल ने सत्ता प्राप्त करने के लिए एक सहज उपाय के तौर पर शूद्र नेताओं का ध्यान आकर्षित किया है। इस मॉडल को अपना कर शीर्षस्थ पदों पर पहुँचने का सपना न सिर्फ शूद्र नेता देखने लगे हैं, बल्कि उच्च जातियों के शीर्षस्थ नेताओं के दिमाग में भी यह खयाल आ गया है कि अपने-अपने संगठनों के मझले स्तरों पर शूद्र-अतिशूद्र चेहरों को दिखा कर वे खुद पिछड़े-दलित जनसाधारण का समर्थन प्राप्त कर लेंगे और सर्वोच्च स्थानों पर बैठे रहेंगे।

भारतीय समाज में जनतांत्रिक संविधान के कारण राजनीति में जाति का प्रभाव जितनी मात्रा में आयेगा ही, उससे अधिक मात्रा में राजनीति को जाति द्वारा प्रभावित करने का कौशल जातिवाद है। इसलिए जातिवाद एक सामाजिक वास्तविकता नहीं है, यह एक राजनैतिक हथकंडा है। यह भी एक वास्तविकता है कि जातिवाद का राजनीति पर इतना नियंत्रण हो चुका है कि फिलहाल उसका एक सीमित इस्तेमाल किये बगैर जातिवाद से भी नहीं लड़ा जा सकता। यह परिस्थिति की द्वंद्वात्मकता है। कोई नेता कह सकता है कि उसका जातिवाद असल में इसी उद्देश्य से प्रेरित है। लेकिन उसकी एक कसौटी है, जिस पर वे खरे नहीं उतरते हैं। कसौटी इस प्रकार है : जाति या धर्म के सवालों को गौण रख कर, कम से कम दो नंबर पर रख कर किसी आर्थिक या राष्ट्रीय सवाल को सर्वोच्च प्राथमिकता देनेवाला राजनैतिक दल कौन है ? विडम्बना की बात यह है कि इस कसौटी पर कांग्रेस ही सबसे कम जातिवादी साबित होती है। यह दूसरी बात है कि उसका जो एक नंबर का मुद्दा है—आर्थिक सुधार कार्यक्रम का, वह देश के लिए प्रतिगामी है। कांग्रेस सबसे कम जातिवादी है, इसलिए हरेक जातिवाद के साथ मेल बैठाने की सामर्थ्य उसमें है।

हिंदू सांप्रदायिकता को ब्राह्मण-बनिया जातिवाद के रूप में जो लोग नहीं देख पा रहे थे (इस बात को समझाने के लिए इस लेखक ने अपने 'धर्मनिरपेक्षता का घोषणापत्र' में जो प्रयास किया था, चुनाव नतीजे से वह मजबूत हुआ है), अब उनकी आँखें खुलनी चाहिए। सपा-बसपा शूद्र जातिवाद ने हिंदू सांप्रदायिकता

को प्रतिहत कर दिय. तो कैसे कर दिया ? इसलिए कि यह सांप्रदायिकता खुद शूद्रेतर जातिवाद पर आधारित थी। यानी शूद्र जातिवाद ने ब्राह्मण-बनिया जातिवाद को रोक रखा है। हिंदू सांप्रदायिकता को इस रूप में समझने का एक फायदा होगा। सारे धर्मनिरपेक्षतावादियों का ध्यान इस तरफ जायेगा कि हिंदू धर्म या हिंदुत्व को गाली देने या फासीवाद का खतरा बनाने से सांप्रदायिकता नहीं मिटेगी। भारतीय समाज की जाति व्यवस्था और सामाजिक विषमता को तोड़ कर ही सांप्रदायिकता की शक्ति को क्षीण किया जा सकता है। लगभग सारे जाने-माने धर्मनिरपेक्षतावादी उच्च जाति के लोग हैं और उनका एक बड़ा हिस्सा शूद्रों के उत्थान को पसंद नहीं कर रहा है। उसे जातिवाद कह कर जाति की समस्या को भूल जाता है। इसलिए उपर्युक्त प्रतिपादन महत्वपूर्ण है। धर्मनिरपेक्षतावादी द्विज अपने अंतर्विरोध को समझें।

शूद्र राजनीति में सांप्रदायिकता विरोधी संभावना कितनी है ? जो जितना अधिक उच्च जातियों के द्वारा लांछित और अवहेलित है, वह उतना ही कम मुसलमान द्वेषी होगा, यह तो स्वाभाविक है। जब तक शूद्र अपनी चेतना में ब्राह्मण विरोधी नहीं है, तब तक सांप्रदायिकतावादी नेतृत्व उसका इस्तेमाल मुसलमानों के विरुद्ध कर लेगा। ब्राह्मणवाद विरोधी चेतना बढ़ने के साथ-साथ शूद्रों की उपयोगिता सांप्रदायिकता के लिए कम हो जायेगी। शूद्र-अति शूद्र गठबंधन में ब्राह्मणवाद का विरोध निहित है, इसलिए यह गठबंधन स्वभावतः गैर-सांप्रदायिक होगा।

परंतु राष्ट्रीय स्तर पर शूद्र-अति शूद्र या पिछड़ा-दलित गठबंधन का बनना अभी असंभव है। यह एक कठिन काम है, कठिन कार्य के लिए किसे धैर्य है ? राज्य के स्तर पर कुछ स्थानों में जो संयुक्त नेतृत्व दिखाई पड़ रहा है, उसका आग्रह राजनैतिक एकता तक सीमित है। सामाजिक समीपीकरण के बिना जातियों का राजनैतिक एकीकरण अस्थायी होगा और राजनीति में उसका सकारात्मक प्रभाव फीका पड़ता जायेगा। राजनैतिक महत्वाकांक्षा की तात्कालिकता की वजह से शूद्रों के राजनीतिक एकीकरण का रूप 'संघीय' बनता जा रहा है। यानी विभिन्न शूद्र जातियों का अलग-अलग जातिवाद हो रहा है और इन जातिवादों को एकत्र या समन्वित करने का भी एक ढाँचा बन रहा है। बिहार में इस तरह का एक विकास बहुत खुले ढंग से शुरू हुआ है। इस प्रकार के जातिवाद का इस्तेमाल कब कौन करेगा, यह नहीं कहा जा सकता। बिहार की कुर्मी महा रैली का उपयोग लालू यादव या जनता दल के पक्ष में नहीं हो सका–यह एक महत्वपूर्ण घटना मानी गयी। कभी-कभी शूद्रों का एक जातिवाद दूसरे जातिवाद के खिलाफ हो जायेगा और राजनैतिक दिशा एक-दूसरे के विपरीत हो जायेगी। कभी-कभी एक ही जातिवाद के दो टुकड़े हो जायेंगे और वे अलग-अलग राजनीति का समर्थन करेंगे। कई शूद्र जातियों में उपजातियों का महत्व अभी भी है और उसी को विभाजन रेखा

बना कर जातिवादी एकता को तोड़ने का काम भी राजनैतिक नेतृत्व करेगा। इस प्रकार के परिदृश्य में शूद्र जातिवाद की कोई प्रगतिशील भूमिका नहीं हो सकती।

सपा-बसपा गठबंधन का इस्तेमाल मुलायम सिंह अपनी राजनीति के लिए और कांशीराम अपनी राजनीति के लिए करना चाहते हैं। दोनों का इस्तेमाल केंद्र का कांग्रेस दल भी कर रहा है। ऐसा हो सकता है कि सबसे अधिक फायदा कांग्रेस को मिले, क्योंकि कांग्रेस की एक दूरगामी राजनैतिक दिशा स्पष्ट रूप में दिखाई देती है। दूरगामी तौर पर और देश के पैमाने पर सपा या बसपा क्या चाहती है, यह उतना स्पष्ट नहीं है। फिलहाल भारतीय जनता पार्टी को सपा या बसपा से कोई लाभ नहीं मिल रहा है। यह स्थिति का एक तात्कालिक पहलू है, क्योंकि (1) सपा-बसपा का गठबंधन दलित-पिछड़ा गठबंधन के रूप में बना हुआ है और (2) उत्तर प्रदेश की राजनीति में भाजपा की कोशिश सपा-बसपा को गद्दी से हटाने की है। परिवर्तित स्थितियों में अगर उत्तर प्रदेश का राजनैतिक ध्रुवीकरण बदल जायेगा और सपा-बसपा गठबंधन कमजोर पड़ जायेगा, तब भाजपा भी सपा या बसपा के जातिवाद का फायदा ले सकती है। अगर अखिल भारतीय स्तर पर कांग्रेस और भाजपा के बीच राजनीति का ध्रुवीकरण रहेगा और शूद्र जातिवाद की राजनीति राज्य स्तरीय हो कर रहेगी, तो ऐसी संभावनाएँ जल्दी साकार हो सकती हैं। मुलायम सिंह और कांशीराम अलग-अलग कारणों से कांग्रेस के साथ जुड़ रहे हैं। कुछ खास स्थितियों में कांग्रेस खुद इन दोनों को आपस में लड़ा सकती है। उस हालत में शूद्र जातिवाद का इस्तेमाल करने के लिए भाजपा को भी अवसर मिलेगा।

शूद्र राजनीति को इस तरह की दिशाहीनता से बचाने का एक ही रास्ता है : शूद्र राजनीति एक तीसरा राजनैतिक खेमा बनाये। लेकिन इसके लिए जाति की राजनीति को बदलना होगा, शूद्र राजनीति का सिलसिला जारी रखते हुए जातिवाद को गौण करना होगा, आर्थिक, राजनैतिक तथा अन्य राष्ट्रीय महत्व के तथा अंतर्राष्ट्रीय सवालों पर अपना एक स्वतंत्र दृष्टिकोण घोषित करने के साथ-साथ इन सवालों पर कार्यक्रमों की निरंतरता बनाये रखनी होगी, ताकि यह एक विचारधारा का खेमा हो सके। कांग्रेस और भाजपा के मुकाबले एक बेहतर राजनैतिक चरित्र का भी दावा करना होगा। वह जमाना समाप्त हो चुका है, जब कांग्रेस-भाजपा के विकल्प के रूप में वामपंथी विकल्प की घोषणा होती थी। वामपंथ खत्म हो चुका है। उसका स्थान शूद्र राजनीति का खेमा लेगा। जातिवाद को पूरी तरह खत्म कर देना अगर अव्यावहारिक है, तो उसे प्रच्छन्न रख कर भी इस नये खेमे को बनाने का काम शुरू हो सकता है।

नवबंर के चुनाव में मुलायम सिंह यादव को जो जनादेश मिला है, वह संभवतः यही है। अगर मुलायम सिंह के मुख्यमंत्री बनने के पीछे कोई जनादेश है तो यही

है। कांग्रेस के ऊपर अपनी निर्भरता बढ़ाते जाने का मतलब यह है कि मुलायम सिंह इस जनादेश के प्रति अन्याय कर रहे हैं। 'मतदाताओं का एक बहुत बड़ा अंश हम हैं जो कांग्रेस और भोजपा से अलग और बेहतर राजनीति चाहते हैं, दोनों से मुक्ति चाहते हैं। चूँकि हम ज्यादातर शूद्र हैं, लंबे समय तक हम तुम्हारा साथ देंगे। तुम अच्छे काम के लिए हम पर भरोसा कर जोखिम उठाओ, कुछ करो जिससे देश का मंगल हो।'–यह शायद उस जनादेश की वाणी है। उत्तर प्रदेश के जनादेश को केवल भाजपा विरोधी जनादेश समझना एक घातक भूल होगी। दूरदृष्टिविहीन धर्मनिरपेक्षतावादी समूह इस भूल को प्रोत्साहित करता है। वह समझ नहीं पाता है कि कांग्रेस और शूद्र राजनीति का गठबंधन कांग्रेस को मजबूत करेगा, कांग्रेस मजबूत होगी तो भाजपा भी मजबूत होगी। आज की तात्कालिक परिस्थिति में एक भ्रम यह भी हो सकता है कि शूद्र राजनीति का खेमा वी. पी. सिंह बनायेंगे। वी. पी. सिंह के हाथ से मौका निकल चुका है। अब वे शूद्र राजनीति का प्रतिनिधित्व नहीं कर सकेंगे। मुलायम सिंह उनसे ज्यादा प्रासंगिक हैं।

एक नया, तीसरा राजनैतिक खेमा बनाने का पहला सूत्र है कि सामाजिक न्याय के साथ-साथ आर्थिक अन्याय का सवाल खड़ा करना है। कृषि श्रमिकों की मजदूरी बढ़ा कर या 1950 में लोहिया के दिये हुए 'भूमि सेना' कार्यक्रम को दोहरा कर सपा-बसपा सरकार देश या प्रदेश की गरीब जनता की आर्थिक समस्या को भेद नहीं सकेगी। देश के तीन चौथाई जनसाधारण की आर्थिक पीड़ा को इस सब बीस सूत्रीनुमा कार्य सूची द्वारा परिभाषित नहीं किया जा सकता, क्योंकि आर्थिक अन्याय की नयी विश्व व्यवस्था कायम हो चुकी है, जिसका मुकाबला तीसरी दु.िया के हरेक राष्ट्र के गरीब और पिछड़े वर्ग को करना पड़ेगा। शूद्र राजनीति करने-वाले इस नये सत्य से परिचित हैं, लेकिन उसकी ओर से आँख मूँदना चाहते हैं।

नौकरियों में आरक्षण–केवल इसी मुद्दे को ले कर राष्ट्रीय स्तर पर कोई नया राजनैतिक खेमा खड़ा नहीं किया जा सकता है। राज्यों की राजनीति में भी कुछ अरसे के बाद यह निर्णायक मुद्दा नहीं रह जायेगा। आरक्षण को मजबूरी में स्वीकृति देने के बाद इसे वस्तुतः प्रभावहीन कर देने के लिए कांग्रेस और भाजपा दोनों के समर्थन से उदारीकरण की जिस अर्थनीति को लागू किया जा रहा है, उससे दरअसल एक ऐसी ब्राह्मणवादी अर्थव्यवस्था पैदा हो रही है जो मनुस्मृति की समाज व्यवस्था का ही अन्य रूप है। इसलिए इससे जूझने की रणनीति न बना पाना शूद्र राजनीति की बहुत बड़ी हार है।

हालाँकि भारतीय समाज में मुसलमानों और शूद्रों की राजनैतिक एकता के लिए पर्याप्त आधार है, यह अभी तक नहीं हो पाया है। शायद शुरू भी नहीं हुआ है। कारण मुसलमान और शूद्र दोनों की संकीर्णताओं में निहित हैं। एक

लंबे अरसे से शूद्र रणनीति की विपरीत दिशा में मुसलमान राजनीति चलती रही है। हिंदी भाषी इलाकों में शूद्र राजनीति की दिशा 1962 के बाद से कांग्रेस विरोधी रही है। मुसलमान राजनीति मूलतः कांग्रेस का पक्षधर अभी भी है। कारण, यह संख्यालघुवाद (यानी सामाजिक अलगाव) पर आधारित है। कांग्रेस के ब्राह्मणवाद ने उसे प्रोत्साहित किया और भाजपा के ब्राह्मणवाद ने उस पर हमला किया। भाजपा के ब्राह्मणवाद से बचने के लिए वह कांग्रेस के साथ इतना अधिक जुड़ गयी है कि कांग्रेस की कमजोरी की स्थिति में वह चाहते हुए भी बाहर नहीं निकल पा रही है। सिर्फ जहाँ यह दिखाई देता है कि कांग्रेस निश्चित तौर पर हार रही है, वहाँ वह किसी गैर-कांग्रेसी समूह का समर्थन करती है। जीतनेवालों के साथ चलने की यह नीति मुसलमानों की एक सकारात्मक या वैचारिक राजनीति नहीं बनने देती। जीतनेवालों को ढूँढ़ने के क्रम में उसका संयोग बिहार-उत्तर प्रदेश में शूद्र राजनीति के साथ हुआ है। लेकिन कभी-कभी आकस्मिक संयोग से भी सही दिशा का भान होता है। अगर शूद्रों की राजनीति जातिवादी न हो कर व्यापक अर्थ में शूद्र राजनीति होती, तो उससे मुसलमानों का जुड़ना जल्दी हो सकता था। मुसलमानों को एक अपनी कोशिश यह करनी पड़ेगी कि उनकी राजनीति का एकमात्र आधार सामाजिक अलगाव नहीं होना चाहिए। संख्यालघु होने के अलावा उसका कोई अन्य सामाजिक, आर्थिक या सांस्कृतिक परिचय है या नहीं ?

लेखक परिचय

ओमप्रकाश वाल्मीकि : उदीयमान कवि एवं प्रखर कहानीकार। 4, न्यू रोड स्ट्रीट, कलालोंवाली गली, देहरादून-248001

वालेश्वर राय : विशिष्ट शैली के उदीयमान लेखक एवं कहानीकार। भारतीय भाषा परिषद के सहायक पुस्तकाध्यक्ष। 16, लॉर्ड सिन्हा रोड, कलकत्ता-700071

प्रवीण मू. वक्षी : विधिवेत्ता तथा कानून से सम्बन्धित अनेक पुस्तकों के लेखक। विधि आयोग के पूर्व सदस्य। बी/21 ए, गंगोत्री एनक्लेव, नयी दिल्ली-110019

नीलम गुप्ता : सजग एवं सक्रिय पत्रकार। स्त्री जीवन के विविध पक्षों पर रिपोर्टिंग एवं लेखन। हथकरघा मजदूरों के संघर्ष से संबद्ध। आजकल जनसत्ता, नयी दिल्ली के सम्पादकीय विभाग में। 16 बी 1, हिन्दुस्तान टाइम्स अपार्टमेंट्स, मयूर विहार-I, दिल्ली-110091

अरुण कुमार त्रिपाठी : अध्ययनशील एवं विचारवान पत्रकार। आजकल जनसत्ता, नयी दिल्ली के सम्पादकीय विभाग में। 24, आनन्द विहार, दिल्ली-110092

कँवल भारती : दलित जीवन एवं राजनीति पर नियमित लेखन। डॉ. आंबेडकर के दर्शन और दलित साहित्य पर लगभग एक दर्जन पुस्तकों के प्रणेता। 1979-80 में 'मूक भारत' का संपादन। सिरवारा रोड, सुलतानपुर-228001

विनोद अग्निहोत्री : सक्रिय युवा पत्रकार। आजकल नवभारत टाइम्स, नयी दिल्ली के महानगर संवाददाता। जी 86, सेक्टर 27, नोएडा, उत्तर प्रदेश।

पुरुषोत्तम अग्रवाल : सम्मानित आलोचक एवं टिप्पणीकार। साम्प्रदायिकता विरोधी आंदोलन के सक्रिय कार्यकता। जवाहरलाल नेहरू विश्वविद्यालय में हिन्दी के प्राध्यापक। एस. डब्ल्यू. 1, सतलज, जवाहरलाल नेहरू विश्वविद्यालय, नयी दिल्ली-110067

मस्तराम कपूर : अनेक विधाओं के यशस्वी लेखक और राजनीतिक टिप्पणीकार। समाजवादी आंदोलन से संबद्ध। 79 बी, पॉकेट 3, मयूर विहार-I, दिल्ली-110091

गणेश मंत्री : सम्मानित पत्रकार एवं स्तंभ लेखक। समाजवादी आन्दोलन से सम्बद्ध। 'धर्मयुग' के पूर्व सम्पादक। भारतीय राजनीति एवं समाज पर कई पुस्तकों के लेखक। 80, पत्रकार, मधुसूदन कालेलकर मार्ग, बांदरा (पूर्व), मुंबई-400051

अशोक कुमार : लगभग दो दशकों से सी. पी. आइ. (एम-एल) के पूर्णकालिक कार्यकर्ता। किसान-मजदूर मोर्चे से ले कर लेखन एवं पत्रकारिता तक में सक्रिय। 1988 से 1990 तक और फिर 1993 से 'लोकयुद्ध' के संपादक। आजाद मार्केट, पीरमुहानी, पटना-800003

धर्मवीर : अनेक विधाओं के लेखक एवं प्रखर दलित चिंतक। लगभग एक दर्जन पुस्तकें प्रकाशित। भारतीय प्रशासनिक सेवा के अधिकारी। जनता शू स्टोर, डी-2, मेन मार्केट, शकरपुर, दिल्ली-110092

राजकिशोर : नवभारत टाइम्स, नयी दिल्ली में वरिष्ठ सहायक संपादक। 139, सहयोग अपार्टमेंट्स, मयूर विहार-I, दिल्ली-110091

किशन पटनायक : डॉ. राममनोहर लोहिया के सहयोगी और पूर्व सांसद। समाजवादी नेता तथा विशिष्ट चिंतक। 'सामयिक वार्ता' के संपादक। द्वारा : वाणी मंजरी दास, शिक्षक, सी. आर. पी. एफ., भुवनेश्वर-751011

■■